Fastos
Fasti

EDIÇÃO BILÍNGUE

Públio Ovídio Nasão

FAS TOS

Fasti

EDIÇÃO BILÍNGUE

TRADUÇÃO
Márcio Meirelles Gouvêa Júnior

REVISÃO DA TRADUÇÃO
Júlia Batista Castilho de Avellar

autêntica C|L|Á|S|I|C|A

Copyright da tradução © 2015 Márcio Meirelles Gouvêa Júnior
Copyright © 2015 Autêntica Editora

Título original: Fasti

Todos os direitos reservados pela Autêntica Editora. Nenhuma parte desta publicação poderá ser reproduzida, seja por meios mecânicos, eletrônicos, seja via cópia xerográfica, sem a autorização prévia da Editora.

AUTOR
Públio Ovídio Nasão

COORDENADOR DA COLEÇÃO CLÁSSICA, EDIÇÃO E PREPARAÇÃO
Oséias Silas Ferraz

REVISÃO
Lúcia Assumpção
Carla Neves

CAPA
Diogo Droschi

PROJETO GRÁFICO
Conrado Esteves

DIAGRAMAÇÃO
Christiane Morais

Dados Internacionais de Catalogação na Publicação (CIP)
(Câmara Brasileira do Livro, SP, Brasil)

Públio Ovídio Nasão
  Fastos / Ovídio ; tradução Márcio Meirelles Gouvêa Júnior ; revisão da tradução Júlia Batista Castilho de Avellar. -- 1. ed. -- Belo Horizonte: Autêntica Editora, 2015. -- (Coleção Clássica).

  Título original: Fasti
  Edição bilíngue: português/latim.
  Bibliografia.
  ISBN 978-85-8217-656-6

  1. Poesia latina 2. Ovídio I. Gouvêa Júnior, Márcio Meirelles. II. Série.

15-05653   CDD-871

Índices para catálogo sistemático:
  1. Poesia : Literatura latina 871

Belo Horizonte
Rua Aimorés, 981, 8º andar . Funcionários
30140-071 . Belo Horizonte . MG
Tel.: (55 31) 3214 5700

Televendas: 0800 283 13 22
www.autenticaeditora.com.br

São Paulo
Av. Paulista, 2.073, Conjunto Nacional,
Horsa I . 23º andar, Conj. 2301 . Cerqueira César .
01311-940 . São Paulo . SP
Tel.: (55 11) 3034 4468

A Coleção Clássica

A Coleção Clássica tem como objetivo publicar textos de literatura – em prosa e verso – e ensaios que, pela qualidade da escrita, aliada à importância do conteúdo, tornaram-se referência para determinado tema ou época. Assim, o conhecimento desses textos é considerado essencial para a compreensão de um momento da história e, ao mesmo tempo, a leitura é garantia de prazer. O leitor fica em dúvida se lê (ou relê) o livro porque precisa ou se precisa porque ele é prazeroso. Ou seja, o texto tornou-se "clássico".

Vários textos "clássicos" são conhecidos como uma referência, mas o acesso a eles nem sempre é fácil, pois muitos estão com suas edições esgotadas ou são inéditos no Brasil. Alguns desses textos comporão esta coleção da Autêntica Editora: livros gregos e latinos, mas também textos escritos em português, castelhano, francês, alemão, inglês e outros idiomas.

As novas traduções da Coleção Clássica – assim como introduções, notas e comentários – são encomendadas a especialistas no autor ou no tema do livro. Algumas traduções antigas, de qualidade notável, serão reeditadas, com aparato crítico atual. No caso de traduções em verso, a maior parte dos textos será publicada em versão bilíngue, o original espelhado com a tradução.

Não se trata de edições "acadêmicas", embora vários de nossos colaboradores sejam professores universitários. Os livros são destinados aos leitores atentos – aqueles que sabem que a fruição de um texto demanda prazeroso esforço –, que desejam ou precisam de um texto clássico em edição acessível, bem cuidada, confiável.

Nosso propósito é publicar livros dedicados ao "desocupado leitor". Não aquele que nada faz (esse nada realiza), mas ao que, em meio a mil projetos de vida, sente a necessidade de buscar o ócio produtivo ou a produção ociosa que é a leitura, o diálogo infinito.

Oséias Silas Ferraz
[coordenador da coleção]

Com meus agradecimentos ao Oséias Ferraz,
que me mostrou os *Fastos*,
e à Júlia Avellar, que tanto me ajudou nesta tradução.

11 *Fastos* de Ovídio: uma introdução

33 Livro I – Janeiro

79 Livro II – Fevereiro

131 Livro III – Março

183 Livro IV – Abril

239 Livro V – Maio

283 Livro VI – Junho

333 *Fastos Prenestinos* de Marco Vérrio Flaco

353 Notas

Fastos de Ovídio: uma introdução

1. Os *Fastos* e seu tempo

Da farta produção literária ovidiana, talvez a obra mais representativa de seu tempo seja os *Fastos* – o grande, embora incompleto, calendário poético composto em dísticos elegíacos, no qual o poeta ambicionou que fossem reunidas as principais efemérides político-religiosas, astronômicas e meteorológicas, e suas causas, etimologias e etiologias, celebradas em Roma no início da era imperial. Seus primeiros versos sintetizam o conteúdo programático:

> *Tempos e causas no latino ano dispostos*
> *e o pôr-se e o vir dos astros cantarei. (Fastos 1.1-2)*

Distanciando-se da temática essencialmente amorosa das primeiras produções artísticas de Ovídio, embora ainda antes do começo da fase de sua poética de exílio, é nos *Fastos* que se encontra seu único empreendimento literário efetivamente cívico-patriótico, que tem a *romanitas*, o conjunto de valores essencialmente romanos, como núcleo da composição poética. O objeto de seu canto deixou de ser o sentimento do poeta, como fora nos *Amores*, na *Arte de Amar* ou nos *Remédios de Amor*, para privilegiar o dia a dia das cerimônias religiosas, forenses, políticas e laborais dos cidadãos. Ele próprio anunciou a grandiosidade pretendida em sua empresa, considerando obras de menor importância os seus antigos escritos:

> *Primeiro, ide, elegias, com mais velas:*
> *éreis antes, recordo, obra menor. (Fastos 2.3-4)*

Por isso, ao apresentar sua recusa literária em desenvolver o tema épico das guerras e das façanhas do imperador, Ovídio anunciou com grandiloquência o novo assunto de que trataria: o calendário das festas religiosas e cívicas, inserindo-se nessa esfera toda a dimensão propagandística do regime augustano:

> De César que outro as armas cante; eu canto as aras
> e o dia que somou entre os sagrados. (Fastos 1.13-14)

Nessa mudança de temática poética, ele comparou o ofício de escritor a uma espécie de dever patriótico, similar à prestação do serviço militar exigida de todo cidadão romano: *essa é minha milícia: empunho as armas que posso* (Fastos 2.9). Ele parece ter considerado que a obra poética de difusão do tempo augustano e das datas nacionais[1] se equiparasse, ou mesmo suplantasse em importância, às conquistas dos exércitos. A seu juízo, qualquer um poderia ser perito nas artes bélicas, enquanto apenas o poeta poderia elevar à condição de monumento o tempo augustano: *nessas armas, qualquer um pode ser perito* (Fastos 2.14). Mais importantes do que a força das tropas, os *Fastos* ditariam o ritmo das festas diárias que celebravam os ritos romanos e os títulos do imperador, afirmando, na constância essencial desse novo calendário, a expectativa de perenidade do tempo de esplendor alcançado pelo *Princeps*.

Quanto ao título da obra, os *Fastos* buscaram-no na denominação de uma das modalidades de inscrições latinas existente com profusão na epigrafia e nos grandes murais pintados com indicações cívico-religiosas, e espalhados pelos locais públicos e santuários.[2] As inscrições em mármore dos *Fasti Antiates Maiores*, provenientes da colônia de Âncio, e datadas de entre 84 a 55 a.C., são o mais antigo registro preservado desses calendários públicos.[3]

Em uma análise ampla do título da obra, os *fastos* eram, como já dito, os calendários de consulta diária que continham as informações da prática político-religiosa dos cidadãos romanos. Mas, por derivação, eram também os extensos róis de nomes que dispunham os protagonistas dos grandes eventos da cronologia romana, como as listas de jogos seculares, aos cônsules que governaram Roma de 483 a.C. a 13 d.C., e de todos os generais que receberam as honras dos triunfos desde a fundação da Urbe, em 753 a.C. até o mesmo ano de 13 d.C., quando esses *Fasti Capitolini Consulares et Triumphales* foram inscritos no Arco de Augusto.

Mais especificamente, porém, tanto o título dos *Fastos* ovidianos quanto o nome dessas listas de nomes e dos calendários públicos derivaram da denominação dos dias em que havia atividades judiciais, ou expediente forense, chamados *dias fastos* (*dies fasti*), e marcados nas inscrições pela letra **F**. À lista desses dias chamou-se de *fastos*, cuja acepção, por indução, derivou-se para as demais listas de cronologias políticas, religiosas ou laborais romanas. Porém, quanto à precisa etimologia do termo *fastus*, que adjetiva o substantivo *dies*, a palavra provém do verbo latino *for, fari*, que se traduz, no infinitivo verbal português, por *falar, dizer*. Desse modo, o termo *dies fasti* pode ser traduzido como a denominação das datas quando era lícito *dizer* ou *falar*, em referência à autorização legal conferida ao pretor para pronunciar as três palavras formulares sacramentais utilizadas nos julgamentos: *do, dico, addico* – dou, digo e aprovo,[4] referindo-se, respectivamente, às faculdades do magistrado de conceder ou negar uma ação, de declarar o direito a ser aplicado no caso concreto e o poder de constituir o direito a favor de uma das partes.

No entanto, em complementação, e para compreensão das demais inscrições existentes nos *Fasti ovidiani,* e nos demais *fasti latini*, os dias em que não havia decisões judiciais, ou seja, quando não podiam ser pronunciados pelo pretor os verbos formulares processuais, também eram marcados nos calendários, já, então, pela letra **N**, como indicação de que eram dias *nefastos*, ou sem expediente forense. Por sua vez, havia ainda nos calendários os dias chamados de comiciais, marcados pela letra **C**, a indicar as datas quando podia haver a convocação dos *Comitia*, ou seja, quando poderiam ser reunidas as Assembleias do Povo, para a votação das legislações e os julgamentos de crimes. Havia ainda os dias que, sendo divididos em *fastos*, pela manhã, e *nefastos*, à tarde, eram chamados de *divididos*, ou *endotercisus*, marcados pelas letras **EN**. Finalmente, registravam-se também os dias marcados com as letras **NP** (*nefas piaculum*), que correspondiam aos dias em que havia os sacrifícios públicos de expiação. A elucidação quanto à regra desses dias é fornecida no próprio corpo do poema, sob a explicação preliminar de que o poeta a apresentava preliminarmente para não precisar interromper o curso de sua narrativa (*Fastos* 1.45-62). Vê-se a razão por que os *fastos* eram a relação da sucessão cronológica anual da atividade dos dias romanos, e que serviu de linha de construção para a urdidura do poema ovidiano.

E Ovídio fez registrar poeticamente essas novas datas festivas augustanas no arranjo de efemérides estabelecido pelas alterações que Júlio César implementara no calendário, em 46 a.C., quando corrigiu as distorções do modelo republicano, e que só naqueles anos do início do primeiro século ganhava sua efetiva formulação[5] – apenas no ano de 8 d.C. haviam sido implementadas as últimas correções patrocinadas por Augusto.[6] Até então, o calendário utilizado pelos republicanos era aquele atribuído ao lendário rei Numa Pompílio, que teria reformado o calendário arcaico composto de dez meses lunares, de 304 dias, pretensamente elaborado por Rômulo nos míticos anos da fundação de Roma, por um novo calendário, desta vez de doze meses. Ovídio descreveu esses calendários de Rômulo e de Numa em duas ocasiões nos *Fastos*: logo após o proêmio do mês de janeiro e antes do início do mês de março (*Fastos* 1.27-44; 3.151-166).

No entanto, como o alinhamento do calendário de Numa ainda era de matriz lunar, a composição do ano computava 355 dias, sendo necessárias diversas e intrincadas correções para a sincronia com os calendários solares, ligados, por sua própria natureza sazonal, ao regime das colheitas, das guerras e das navegações. César, na volta de sua campanha do Egito, recebera o auxílio do matemático alexandrino Sosígenes para estabelecer esse novo calendário do ano solar, fazendo-o, assim e a partir dele, coincidir com o ano cívico. Sob argumento de incorporações científicas, ele alterou o número de dias do ano de 355 para 365 ¼, e estabeleceu o ano bissexto a cada quatro anos. Finalmente, adicionou 90 dias ao ano de 46 a.C., para pôr fim ao que Macróbio chamou de último ano de confusão (*annus confusionis ultimus*[7]). Assim, além de completar a reforma astronômica, César não só liberava o poder estatal do controle dos pontífices, que se diziam os guardiões das datas religiosas, como, sobretudo, racionalizava na sociedade seu próprio poder, com o estabelecimento de seu culto pessoal e das datas de festas políticas por ele criadas.[8]

Quanto à datação dos *Fastos*, é consenso que Ovídio tenha se posto a escrevê-los por volta do ano 2 d.C.[9] Não há indicações precisas ou definidas quanto a essa data, nem testemunhos que a afiancem de forma cabal. Porém, principalmente em razão da existência das referências ao templo de Cibele, também conhecido como templo da Grande Mãe, dedicado em 191 a.C., reconstruído por Metelo Caprário, após o incêndio de 111 a.C., e restaurado por Augusto em 3 d.C.,[10] e que foi citado por Ovídio na narrativa sobre Cláudia Quinta e sobre a chegada do culto a

Cibele no Lácio, pode-se supor que o *terminus a quo* de sua elaboração tenha sido na proximidade daquele ano: *Não permanece o autor do templo: agora é Augusto, antes era Metelo (Fastos* 4.347-348). Naquela época, havendo publicado suas elegias amorosas, Ovídio finalizava as cartas amorosas das *Heroides* e já compunha o conjunto de narrativas épico-mitológicas das *Metamorfoses*,[11] podendo, portanto, ser considerado como um dos momentos de maior produtividade do poeta. Foi, ademais, o período do apogeu do principado de Augusto, que já anunciava a transição para o período de Tibério.

Como Virgílio fizera ao dedicar as *Geórgicas* a Mecenas, ou Horácio, ao dedicar a *Arte Poética* aos Pisões, ou ainda o autor do *Culex*, ao dedicá-lo ao jovem Otávio, e, além do mais, por se tratar de um poema de temática cívico-religiosa com todas as implicações políticas daí decorrentes, Ovídio ofereceu os *Fastos* a Augusto. Sua adesão ao projeto político augustano era uma opção bastante viável e esperada dos intelectuais romanos, inserido que estava o poeta inteiramente no campo ideológico do regime.[12] Ecos dessa dedicatória encontram-se presentes na informação da interrupção do poema, existentes nos seus lamentos registrados nos *Tristia*: *Esse poema, César, que foi escrito sob teu nome e a ti dedicado, meu azar o interrompeu.*[13] Outros ecos dessa dedicatória encontram-se também na abertura do mês de fevereiro, quando Ovídio pediu a César que lesse seus versos, se lhe vagasse algum tempo na tarefa de impor a paz (*Fastos* 2.7-18). Como o anúncio do estabelecimento da *Pax Romana* era a parte principal da propaganda augustana, que se esforçava por consolidar o poder imperial, era Augusto o César ali exaltado pelo poeta. No entanto, a dedicatória que abre o mês de janeiro, desta vez direcionada a Germânico, leva à evidência de uma alteração na composição do poema, efetuada após os conturbados anos do degredo de Ovídio e de seu exílio em Tomos, quando se podem imaginar o *terminus ad quem* do poema e a razão de sua incompletude.

As causas do degredo de Ovídio são inencontráveis, mas na única referência que há delas, extraída dos *Tristia*, o poeta diz que um poema e um erro – *carmen et error*[14] – o haviam perdido. É provável que o poema referido por Ovídio seja a *Arte de Amar*, por seu conteúdo licencioso e erótico, contrário à moral imposta pelo regime augustano, com suas leis de restrição dos costumes. Em contraste com a legislação de Augusto, que fizera promulgar a *Lei Júlia de Coerção dos Adultérios*, de 17 a.C., o manual poético de técnicas amorosas, publicado por volta do ano

16 | COLEÇÃO CLÁSSICA

1 a.C., foi banido das bibliotecas públicas.[15] Já o erro, para que a ira de Augusto não recrudescesse, jamais foi explicitado ou insinuado pelo poeta, deixando-se como assunto de hipóteses acadêmicas. O certo é que em 8 d.C., quando os *Fastos* se encontravam pela metade, ele interrompeu a obra, antes do início do mês de julho – assim ele mesmo afirma nos *Tristia*:

> Seis livros dos Fastos eu escrevi, e todos os capítulos
> terminam com o mês respectivo.[16]

A dedicatória a Germânico, porém, e a reformulação do início do mês de janeiro levam à suposição de que Ovídio tenha retomado a composição dos *Fastos* após a morte de Augusto, apesar de nunca ter terminado os meses faltantes. Talvez por se tratarem dos meses mais problemáticos ideologicamente, quando deveriam ser relacionadas as principais homenagens a Júlio César e a Augusto nos meses de julho e agosto, Ovídio tenha se desinteressado por prosseguir a obra;[17] talvez, convencido de que os elogios a Augusto ou a Germânico não fossem agradar a Tibério, desafeto deste, Ovídio tenha considerado inútil seu esforço poético voltado à súplica pelo perdão e pelo direito de retornar a Roma, como se manteve na poesia de exílio até sua morte, em 17 d.C.

Quanto, porém, à decisão poética de Ovídio, tomada no auge de sua fama literária, de compor um calendário em versos elegíacos, essa iniciativa parece acompanhar a particular e concentrada tendência de difusão dos calendários epigráficos e dos relógios de sol espalhados por Roma e pela extensão do império, ocorrida durante aqueles anos de transição entre a república e os principados de Augusto e Tibério.[18] Os fragmentos ainda existentes de vinte e um *fasti Iuliani* desse período foram reunidos por Theodor Mommsen,[19] o que permite hodiernamente a reconstrução integral das festas do ano romano. Além disso, ainda persiste em Roma o obelisco de Montecitório, de trinta metros de altura, que fora trazido de Heliópolis por Augusto como símbolo da conquista do Egito e que foi transformado no *gnomon* do *Solarium Augusti*, o grande relógio de sol construído no Campo de Marte, cuja sombra tocava o Altar da Paz no equinócio de outono, na exata data do aniversário de Augusto. Simbolizava-se, assim, a missão augustana de impor a paz romana ao mundo, tornando-se os calendários e relógios instrumentos de integração da imagem imperial de Augusto na esfera política romana e na estrutura social, com o ajuste de sua ideologia ao tempo e à história. Desse modo, é provável que o interesse coletivo pelos calendários e efemérides tenha influenciado Ovídio em sua decisão de conferir uma feição poética a esse esforço estatal de difusão das novas festas cívicas e de consolidação do culto imperial.[20]

Por isso, os *Fastos* de Ovídio já foram considerados uma obra de propaganda do regime de Augusto, composta essencialmente para a função de agradar a Augusto.[21] Segundo esse primeiro ponto de vista, os *Fastos* seriam um poema de temática predominantemente política, com propósitos encomiásticos, composto sob o modelo dos panegíricos helenísticos, dados os elementos de amplificação do nome e dos epítetos do imperador.[22] Justificam esse ponto de vista a comparação que Ovídio faz de sua função de poeta com a *militia*, bem como a importância da incorporação das *festas familiares* como forma de imposição do controle augustano do tempo civil e de reafirmação dinástica.

Uma segunda possibilidade da motivação dos *Fastos* busca o caminho antagônico à sua mera avaliação da obra como um panegírico, de modo a considerar as ironias existentes no texto, como a aproximação dos mitos helenísticos, como uma forma de resistência à augustanização total da política, que se submetia integralmente ao poder imperial. Desse modo, evidenciar-se-ia a autocracia absoluta do novo regime, e os *Fastos* poderiam ser considerados como um modo de oposição literária irônica do principado.[23]

No entanto, considerar como motivação principal da obra de Ovídio apenas os aspectos da propaganda imperial ou de alguma eventual revolta política é diminuir sua natureza poética e seu valor literário. Mais importante do que ser uma peça bajulatória ou uma composição movida pela adesão sincera do poeta ao regime, ou, pelo contrário, independentemente de haver servido ao poeta como uma forma de rebeldia contra o poder tirânico do príncipe, o calendário poético ovidiano era essencialmente uma obra literária, e, mais precisamente, uma obra inserida no gênero das poesias didáticas. De fato, nos *Fastos,* Ovídio revelou amiúde sua intenção de instruir; por isso, indagou aos deuses, na abertura de cada mês, sobre as origens de seus cultos, para que, instruído pelos deuses, pudesse cumprir sua função de não só deleitar o leitor, mas também dizer coisas úteis a seu público, como preconizava a *Ars Poetica* de Horácio.[24] Nesse sentido, percebe-se que Ovídio desenvolveu sua obra no interior de um gênero literário extremamente caro aos latinos desde os primórdios de sua literatura, desde os aforismos de Ápio Cláudio, até o *Epicarmo*, de Ênio, o *Da Natureza das Coisas*, de Lucrécio, e as *Geórgicas*, de Virgílio.

Além disso, dentro da modalidade da poesia didática, ao assumir como linha condutora da composição as efemérides anuais, Ovídio aproximou-se do próprio criador do gênero, uma vez que o poeta grego arcaico Hesíodo, n'*Os Trabalhos e os Dias* – obra fundadora da poesia didática no ocidente –, descrevera exatamente dois calendários, com a enumeração das atividades que deveriam ser realizadas a cada estação pelos agricultores e pelos marinheiros, e forneceu uma breve relação dos dias propícios e impróprios para as principais atividades de seu tempo.[25] A noção do calendário como tema poético didático, portanto, não se mostra estranha ao gênero dos *Fastos*, corroborando, preliminarmente, o entendimento da natureza essencialmente literária das opções poéticas ovidianas.

Ademais, na retomada helenística da tradição do gênero poético didático, ocorrida em Alexandria sob o reinado dos primeiros Ptolomeus, também Calímaco, chamado por Quintiliano de mestre dos poetas elegíacos,[26] tomara as causas dos cultos religiosos como matéria poética, na elaboração dos *Aitia*, ou as *Origens*. Assim, pode-se perceber que Ovídio, em um processo de emulação literária comum aos romanos, e ao realizar uma espécie de *contaminatio*, ou a prática descrita por Terêncio de unir histórias helenísticas para a recomposição de uma nova narrativa adaptada à realidade latina, pôde imbricar duas tradições literárias da poesia didática, para compor a cronológica diária dos dias sagrados e das festas cívicas, motivadores dos *Fastos*.

Além disso, ainda sob a influência literária alexandrina da poesia didática em relação à gênese dos *Fastos*, Ovídio não apenas narrou os dias cesáreos e a etiologia dos cultos, mas foi além, para descrever os fenômenos astronômicos, como anunciou nos primeiros versos da obra. Lembre-se, então, que o próprio Germânico, destinatário do primeiro livro dos *Fastos* e invocado por Ovídio como poeta-guia de sua empresa poética (Cf. *Fastos* 1.25), interessara-se pelo tema da astronomia, visto haver traduzido os *Fenômenos*, o poema em que o grego Árato descrevera, no III século a.C., as constelações, as regras do nascer e do pôr dos astros, e os fenômenos celestes. Por seu turno, na obra ovidiana, sob essa matriz literária de estudo das estrelas e das esferas celestes, a recorrência das histórias do surgimento das constelações, dispostas *passim* pelo calendário poético latino, remetem à obra *Catasterismos*, de Eratóstenes, composta em prosa, em que o autor helenístico também relatou as origens míticas das estrelas e das constelações.

Porém, em contexto latino, a matriz temática da narrativa dos dias sagrados e dos ritos cívicos romanos também antecedeu a composição dos *Fastos*, reforçando a ideia da natureza literário-experimental da obra de Ovídio. As elegias patrióticas em que Propércio se preocupou em explicar os cultos e as festividades latinas evidenciam mais uma vez o gosto latino pela temática, podendo ser até mesmo consideradas como o protótipo dos *Fastos*. Afinal, na narrativa elegíaca acerca de Roma e sua história (Prop. 4.1), Propércio não apenas descreveu as origens troianas da Urbe, mas ainda relacionou suas principais festas antigas, como as Parílias, Compitálias e Lupercálias, e citou seus mitos fundadores. O próprio poeta anunciou ali o objetivo daqueles seus versos:

> *Os dias sagrados e os nomes dos antigos lugares cantarei:*
> *é preciso que meu cavalo se esforce em direção a essas metas.*[27]

Por sua vez, as elegias em que Propércio descreveu a história de Tarpeia (Prop. 4.4), o templo de Apolo no Palatino (Prop. 4.6), a história de Hércules no Palatino (Prop. 4.9) e o templo de Júpiter Ferétrio (Prop. 4.10), além de prosseguirem a narrativa dos eventos históricos romanos, ainda retomaram uma outra dimensão da tradição poética, dimensão esta que também seria seguida por Ovídio nos *Fastos*. Trata-se da feição antiquarista das produções literárias, já valorizada pelos alexandrinos e recepcionada pelos latinos, popular desde o fim do período da República[28]. Considerando a antiguidade como um repositório de simplicidade, pureza e moralidade, os autores latinos buscaram registrar o passado, assinalar as etimologias, as versões raras e as explicações etiológicas dos ritos romanos, como forma de afirmação e preservação da identidade romana. Um dos mais importantes antiquaristas latinos foi Marcos Terêncio Varrão, por cuja cronologia, guardada em obras como *As Antiguidades das Coisas Humanas e Divinas*, *Sobre a Gente do Povo Romano*, *Das Antiguidades das Obras Literárias* ou *Das Famílias Troianas*, foram compiladas as listas dos cônsules e dos triunfos inscritas nos *Fastos Capitolinos*.

Por fim, vê-se que os *Fastos*, suplantando seu aspecto de obra literária ideológica, podem ser considerados como um projeto poético consistente de reconstrução cultural do ano latino, de modo a preservar, juntamente com a dinastia cesárea fundadora da *Pax Romana* e do Império, a própria noção da *romanitas*.

2. Os meses e as narrativas dos *Fastos*

2.1 – Os meses

A imensa gama de informações existentes nos *Fastos* segue uma ordem coerente de composição. Na divisão mensal do calendário, antes do início da descrição das efemérides, o poeta apresentou as possibilidades etimológicas do nome de cada mês. Assim, Jano, o deus bifronte tipicamente romano, responsável pelas portas e pelas entradas, é o deus que inicia a sequência da cronologia anual dos meses, dando nome a janeiro. Ovídio atribuiu a Numa Pompílio a dedicação desse mês ao deus Jano, na ocasião em que o lendário rei estabeleceu a reforma do calendário de Rômulo, que contava apenas com dez meses (Ovid. Fast. 1.43-44).

Na sequência do calendário, o mês de fevereiro recebeu o nome a partir dos *fébruos*, em referência aos sacrifícios expiatórios que os romanos realizavam predominantemente naquele período do ano (Ovid. Fast. 2.19-20). Fêbruo era a lã recebida pelo sacerdote, era o bolo oferecido ritualisticamente ao litor, era o ramo com que os flâmines se coroavam e era tudo mais que purificava os corpos (Ovid. Fast. 2.21-30). Porém, como todas as purificações relacionavam-se com a morte, o mês de fevereiro também adquiriu o significado das celebrações de culto aos manes. Por isso, na história da construção do ano latino, segundo Ovídio, o mês de fevereiro também teria sido incorporado ao calendário de Rômulo por Numa Pompílio, embora tivesse sido disposto depois do último mês do ano antigo, uma vez que consagrado aos mortos (*Fastos* 2.49-50). Fevereiro, novamente de acordo com Ovídio, teria sido transferido para a segunda posição anual apenas pelos decênviros, em uma reforma pouco noticiada dos calendários.

Já o mês de março remete-se a Marte. As narrativas acerca do nascimento de Rômulo remetem-no ao estupro de Reia Sílvia perpetrado pelo deus da guerra (Ovid. Fast. 3.9-42). Foi, pois, em homenagem ao pai, o divino iniciador de sua estirpe, que o fundador de Roma quis que o nome paterno iniciasse também a ordem dos meses no primeiro mês do ano por ele estabelecido.

Por sua vez, o mês de abril apresenta a etimologia que também pretende retomar a ascendência de Rômulo. Ele e Remo descendiam de Vênus, pela linha genealógica principiada no casamento da deusa com Anquises. A sequência de nascimentos inicia-se com Iulo, e alcança Numitor, Lauso e Reia Sílvia, também chamada por Ovídio de Ília (Ovid. Fast. 3.19-56).

Por isso, referindo-se a Vênus em seu nome grego de Afrodite, o poeta apresentou-o como uma das possíveis raízes etimológicas de *abril*. Ele, porém, apresentou uma segunda possibilidade etimológica, desta vez que vinculasse o *abril* ao verbo latino *aperio*, que se traduz por *abrir*, em referência ao início da primavera e à abertura das flores.

Quanto ao mês de maio, o número de possibilidades etimológicas aumentou. Maio, em uma primeira hipótese relatada nos *Fastos*, proviria de *Maiestas*, a deusa responsável pela majestade e dignidade dos deuses. Porém, maio também poderia se radicar no grau comparativo do vocábulo *magnus*, traduzindo-se o nome do mês por algo como *o mês dos maiorais*, ou *o mês dos mais velhos*. Finalmente, em uma leitura mitológica do título do mês, maio proviria da deusa Maia, mãe de Mercúrio e amante de Júpiter.

Finalmente, quanto ao mês de junho, o último do calendário ovidiano, novamente foram apresentadas três possíveis etimologias: uma homenagem a Juno, esposa de Júpiter; uma aproximação a *iuuenes*, como uma contraposição à possibilidade de maio como o mês dos velhos, de modo a tornar junho o mês dos jovens; e, finalmente, como derivado do verbo *iungere*, em português *juntar*, *unir*, em razão da união entre sabinos e romanos.

2.2 – As narrativas

Além da sequência das festas cívico-religiosas e das descrições etiológicas dessas celebrações descritas nos *Fastos*, algumas matrizes mitológicas, históricas, literárias, meteorológicas e astronômicas podem ser determinadas no curso da construção elegíaca. A história dos calendários, *per si*, deve ser considerada como a narrativa mais primária da obra. Vê-se que Ovídio descreveu detalhadamente a formação dos calendários de Rômulo e de Numa, decerto como um modo de construir eruditamente a contemporaneidade de seu próprio calendário, na valorização antiquarista típica da elaboração dos *Fastos* (Ovid. Fast. 1.27-44; Ovid. Fast. 3.99-166).

Assim, como *locus* privilegiado para a descrição das festas cívicas, as narrativas mítico-históricas romanas acerca da vida de Rômulo e de Remo, bem como as notícias sobre as comemorações da fundação da Urbe, erguem-se como uma das principais e mais recorrentes linhas construtoras do calendário ovidiano. As celebrações em torno dos gêmeos remetem aos primórdios da história romana, elevadas à condição de narrativas sagradas. A história do nascimento dos irmãos deu nome ao bosque Lupercal (Ovid.

Fast. 2.359-380); uma disputa entre eles originou as festas Lupercálias (Ovid. Fast. 2.381-422); e o arrebatamento da divinização de Rômulo motivou as festas Quirinais (Ovid. Fast. 2.475-512). Já a violação de Reia Sílvia, o nascimento de Rômulo e Remo, e o salvamento dos gêmeos pela loba e pelo picanço serviram para o anúncio da devoção romana a Marte, como justificativa da propensão bélica do povo (Ovid. Fast. 3.9-78). Por sua vez, a história do rapto das sabinas deu origem às festas Matronálias (Ovid. Fast. 3.179-234); enquanto o aniversário da fundação de Roma serviu para que fossem contadas as histórias da consulta das aves por Rômulo e Remo, dos ritos de fundação da cidade, do sacrilégio de Remo, de sua morte e da dor de Rômulo (Ovid. Fast. 4.806-862), e as homenagens a Remo, que foram celebradas nas festas Lemúrias (Ovid. Fast. 5.451-484).

No entanto, as narrativas acerca de Rômulo estabeleceram um estreito paralelo com Augusto, como o próprio poeta evidenciou (Ovid. Fast. 2. 119-144). Desse modo, comparando os dois, Ovídio enalteceu o príncipe, retratando-o com importância similar ou maior do que a de Rômulo, como fundador do Império e mantenedor da paz. Assim, Júlio César, Augusto e a *gens Iulia*, com todas as implicações dinásticas, receberam um tratamento poético específico, capaz de tornar suas narrativas um elemento fundamental para a tessitura do calendário ovidiano. Assim em janeiro, na data da comemoração da atribuição do título de Augusto a Otaviano, Ovídio evidenciou o ineditismo da honraria, sua importância e seu caráter religioso, acentuando o estatuto sagrado do imperador e da casa imperial (Ovid. Fast. 1.587-616). Em fevereiro, talvez como resquício da dedicatória original dos *Fastos*, restou a expressa homenagem do poeta ao imperador (Ovid. Fast. 2.6-18). Em março, as festas de culto a Vesta permitiram a Ovídio recordar o pontificado de Augusto (Ovid. Fast. 3.419-428); e, nos Idos de março, foi registrado o assassinato de César (3.697-710). Já no mês de abril, dedicado a Vênus, a genealogia de Augusto e dos Júlios alcançou os deuses (Ovid. Fast. 4. 19-60), a vitória de César sobre Juba, na batalha de Tapso foi comemorada (Ovid. Fast. 4.377-384), bem como a derrota dos mutinenses (Ovid. Fast. 4.625-628). Finalmente, também em abril comemorou-se o aniversário da atribuição do título de Imperador a Augusto (Ovid. Fast. 4.673-676). E, ainda que sem nenhum registro em maio, em junho, a vitória de César na batalha de Trasímeno (Ovid. Fast. 6.763-768).

Nessa intrincada reconstrução da história romana, outro bloco de histórias de gênese eminentemente latina tratou dos reis que se seguiram a Rômulo. Não apenas as indicações da reforma dos calendários efetuada por Numa Pompílio foram transpostas para os dísticos elegíacos, mas também diversas histórias dos reis alinharam-se na sequência dos dias. De Numa Pompílio ainda se registraram suas histórias com Júpiter Elísio (Ovid. Fast. 3.273-355), com os escudos ancilos (Ovid. Fast. 3.357-392), e com Fauno (Ovid. Fast. 4.640-671). Já do rei Sérvio Túlio, Ovídio narrou a história de sua morte, da devassidão de sua filha Túlia (Ovid. Fast. 6. 567-624), e de seu nascimento sobrenatural (Ovid. Fast. 6.625-635). Por sua vez, de Tarquínio Soberbo foram relatadas sua fuga de Roma (Ovid. Fast. 2.685-688) e sua ultrajante união com Túlia (Ovid. Fast. 6. 567-624).

Além disso, outras antiguidades cívicas romanas, ainda que não relacionadas diretamente à casa imperial, foram incorporadas ao calendário, como demonstração da virtude esperada dos cidadãos: o valor dos trezentos e seis Fábios, mortos pela pátria (Ovid. Fast. 2.195-242), a suprema dignidade de Lucrécia (Ovid. Fast. 2.721-856), a bondade de Ana de Boves (Ovid. Fast. 3.667-674), a pureza de Cláudia Quinta (Ovid. Fast. 4.293-348).

Ainda relacionadas exclusivamente a Roma, há as narrativas e as festas de seus deuses próprios: as festas Terminálias, ao deus Termo (Ovid. Fast. 2.639-684), as histórias da Fortuna Viril e de Vênus Verticórdia (Ovid. Fast. 4.145-162), a festa aos Lares Protetores e à Boa Deusa (5.129-158), a dedicação do templo a Marte Ultor (Ovid. Fast. 5.445-598), a festa dos Argeus (Ovid. Fast. 5.621-662), a história de Priapo e Vesta, motivadora das festas Fornacálias (Ovid. Fast. 6.311-348), a dedicação do templo a Júpiter Pistor (Ovid. Fast. 6.349-394).

Fora do campo cívico do calendário, pode-se também encontrar nos *Fastos* uma matriz narrativa metaliterária bastante clara. Ovídio retomou as lacunas existentes na *Eneida*, para suplementar a história. O diálogo literário entre os dois poetas é evidente. As narrativas da chegada de Evandro ao Lácio e das profecias de Carmenta (Ovid. Fast. 1.471-452), da luta entra Hércules e Caco e a consequente dedicação do Ara Máxima (Ovid. Fast. 1.542-580), da história de Ana, irmã de Dido (Ovid. Fast. 3.545-654), os tratos entre Turno e Mezêncio, de um lado, e entre Eneias e Júpiter, do outro, como motivadores das festas Vinálias (Ovid. Fast. 4.877-900), e a descrição do roubo do Paládio (Ovid. Fast. 6.417-460) indicam o projeto literário ovidiano de complementação emulatória da obra símbolo do início do regime, de modo que, se Virgílio celebrara o início do império com seu poema épico, Ovídio completaria a narrativa virgiliana para celebrar já não o início do governo de Augusto, mas seu apogeu.

No campo religioso, encontra-se o conjunto das narrativas etiológicas, referentes à instituição de ritos, sacrifícios e interdições. Os sacrifícios de animais foram detalhados na descrição das festas Agonálias (Ovid. Fast. 1.335-446). Por sua vez, elementos dos ritos foram relacionados às datas: as festas Sementivas (Ovid. Fast. 1-657-670), as festas Carístias (Ovid. Fast. 2.617-638), as festas Terminálias (Ovid. Fast. 2.639-684), o culto a Cibele (Ovid. Fast. 4.247-292 e Ovid. Fast. 4.349-372), as festas Parílias (Ovid. Fast. 4.777-805), as festas Florálias (Ovid. Fast. 5.331-378), o esconjuro dos mortos nas festas Lemúrias (Ovid. Fast. 5.429-446), as festas Matrálias (Ovid. Fast. 6.551-566).

E há, finalmente, as narrativas da formação das constelações. O poeta faz um elogio expresso a essa disciplina (Ovid. Fast. 1.294-310). A história de Aríon justifica o catasterismo do golfinho (Ovid. Fast. 2.83-118), a de Calisto, a formação da Ursa Maior e da Ursa Menor (Ovid. Fast. 2.155-192), a de Apolo, das constelações do Corvo, da Serpente e da Taça (Ovid. Fast. 2.243-265), a da fuga de Vênus e Cupido, da constelação de Peixes (Ovid. Fast. 2.457-474), a de Âmpelo, a constelação do Vindimador (Ovid. Fast. 3.407-414), a de Ariadna, da constelação da Coroa (Ovid. Fast. 3.459-516), a de Frixo e Heles, da constelação de Carneiro (Ovid. Fast. 3.851-876), a de Aquiles, Hércules e Quíron, da constelação de Sagitário (Ovid. Fast. 5.379-414), a da cabra olênia e sua constelação (Ovid. Fast. 5.111-118), a do nascimento de Órion, da constelação de mesmo nome (Ovid. Fast. 5.493-544), a constelação de Esculápio (Ovid. Fast. 6.733-761).

Como em qualquer calendário, a diversidade de temas das efemérides é imensa, tendo aqui sido registradas apenas as mais importantes na sequência dos *Fastos*. No entanto, une-as, de fato, e lhes dá sentido a busca constante do poeta pela afirmação do ideal de *romanitas*, celebrado na imagem não só do imperador, mas da própria Roma augusto-tiberiana.

3. A tradução e as referências

A repetição do ritmo ou da musicalidade dos dísticos elegíacos latinos no português é uma tarefa inalcançável. Falta às línguas modernas ocidentais a noção de duração das vogais, cuja composição rítmica confere ao verso compassos, ou pés, muito definidos. Além disso, a variação de tonalidade entre as vogais, sendo as longas mais graves do que as breves, construía uma musicalidade característica dos idiomas antigos, imanente à leitura dos textos antigos. Por isso preceituava Quintiliano: *Se cantas, cantas mal; se lês, cantas.*[29]

Porém, a composição latina de um hexâmetro seguido por um pentâmetro tem sido traduzida de modo eficaz para o português por meio do uso de um verso dodecassílabo e um decassílabo. Assim, algo da proporção do modelo rítmico antigo composto pela repetição dos seis e cinco pés métricos latinos ressoa na sequência atual das doze e das dez sílabas. Além disso, a opção preferencial pelos dodecassílabos e decassílabos com cesura marcada nas sextas sílabas, ou na quarta, oitava e décima segunda sílaba, propõe a fluidez da leitura, de modo que os dísticos recompostos na tradução compõem-se da sucessão de três blocos de seis sílabas seguidos por um de quatro, encerrando ritmicamente a ideia normalmente encapsulada na fórmula métrica da elegia.

Quanto à imensa quantidade de referências onomásticas, históricas, topográficas, etiológicas etc., optou-se pela indicação das referências nas didascálias, que antecedem os entrechos poéticos. Assim, se não forem suficientemente elucidativas, permitem que se facilite a pesquisa. Apenas as informações consideradas indispensáveis, e não explicáveis pelo próprio texto, foram deixadas em notas.

4. Sobre os *Fastos Prenestinos*

Dos fastos epigráficos citados por Ovídio (Fast. 6.62), apenas restaram os fragmentados registros arqueológicos do calendário proveniente da cidade de Preneste, atribuído a Marco Vérrio Flaco, o gramático e preceptor dos netos de Augusto, que dedicou à sua terra natal os mármores decorados conhecidos como *Fasti Praenestini*.

Da vida de Marcos Vérrio Flaco e da atribuição de seu calendário, noticia Suetônio:

> Marco Vérrio Flaco, liberto, ganhou fama pelo excelente método de ensino. De fato, para o exercício de seus alunos, ele costumava fazer os de igual inteligência disputarem entre si, não só para vencerem nos discursos que escreviam sobre as matérias que ele propunha, mas também para receber o prêmio: algum livro antigo, belo ou raro. Como foi escolhido por Augusto para ser preceptor de seus netos, mudou-se para o Palácio com toda a escola, porém, sem poder receber mais nenhum outro aluno. Ele ensinou no átrio da Casa

26 | COLEÇÃO CLÁSSICA

Catulina, que fazia parte do Palácio, e recebia cem mil sestércios por ano. Morreu em idade avançada, no principado de Tibério. Há uma estátua sua em Preneste, na parte de cima do Fórum, próxima do semicírculo em que publicara os fastos, por ele ordenados, inscritos no mármore.[30]

Contemporâneo dos *Fastos* de Ovídio, sendo por isso mesmo um registro fundamental para a percepção do poema ovidiano como partícipe literário de uma tendência maior latina ligada à valorização e à difusão dos calendários durante o período da transição entre os principados de Augusto e Tibério, os fragmentos dos *Fasti Praenestini* permitem acesso privilegiado à realidade romana do século I d.C. A estrutura de ambas as obras é bastante similar. Vérrio Flaco também ofereceu a etimologia de cada mês, a lei dos dias, as festas e as datas cívicas. Há uma quantidade maior de menções a Tibério, talvez em virtude da longevidade de Vérrio, que pode ter completado seu calendário durante a vida.

O texto traduzido foi estabelecido por Mommsen, em *Inscriptiones Latinae Antiquissimae*. O estado fragmentado do mármore das inscrições faz com que se tenha acesso apenas a uma pequena parte do calendário. No entanto, a tradução direta desse registro histórico epigráfico permite alcançar, de modo muito mais autêntico, a experiência de aproximação com o mundo romano e com seus tempos.

Notas

[1] FANTHAM, Elaine, *op. cit.*, p. 179.

[2] MILLER, John, *op. cit.*, p. 170.

[3] BEARD, Mary; NORTH, J. A.; PRICE, S. R. F., *op. cit.*, p. 61–62.

[4] Macrobius. 1.16.14: *Fasti sunt quibus licet fari praetori tria verba sollemnia, do dico addico.* [Dias fastos são aqueles em que é lícito ao pretor dizer solenemente as três palavras: dou, digo e aprovo.]

[5] HAMMA, Robert, *op. cit.*, p. 112; HERBERT-BROWN, Geraldine, *op. cit.*, p. 120-121; RÜPKE, Jörg, *op. cit.*, p. 110-113.

[6] PASCO-PRANGER, Molly, *op. cit.*, p. 31.

[7] Macrob. Sat. 1.14.3: *Eaque re factum est ut annus confusionis ultimus in quadringentos quadraginta tres dies protenderetur.* [Isso fez com que esse ano, o último da confusão, estendesse-se por quatrocentos e quarenta e três dias.]

[8] HERBERT-BROWN, Geraldine, *op. cit.*, p. 120.

9 CITRONI, M., *et al.*, *op. cit.*, p. 584; HERBERT-BROWN, Geraldine, *op. cit.*, p. 126; PASCO-PRANGER, M., *op. cit.*, p. 23.

10 PLATNER, Samuel, *op. cit.*, p. 324.

11 CITRONI, M., *et al. op. cit.*, p. 584; PASCO-PRANGER, M., *op. cit.*, p. 23.

12 PASCO-PRANGER, M., *op. cit.*, p. 27.

13 Ovid. Tr. 2. 551-552. *idque tuo nuper scriptum sub nomine, Caesar, et tibi sacratum sors mea rupit opus.*

14 Ovid. Tr. 2. 207.

15 CITRONI, M., *et al.*, *op. cit.*, p. 584.

16 Ovid. Tr. 2.549-550: *Sex ego Fastorum scripsi totidemque libellos, cumque suo finem mense uolumen habet.*

17 CITRONI, M., *et al.*, *op. cit.*, p. 610.

18 HERBERT-BROWN, Geraldine, *op. cit.*, p. 124.

19 MOMMSEN, Theodorus, *op. cit.*, p. 293-412.

20 RÜPKE, Jörg, *op. cit.*, p. 12.

21 HERBERT-BROWN, Geraldine, *op. cit.*, p. 30.

22 FANTHAM, Elaine, *op. cit.*, p. 207; MILLER, John, *op. cit.*, p. 168.

23 FANTHAM, Elaine, *op. cit.*, p. 209.

24 Hor. *Ars.* 333-334: *Aut prodesse uolunt aut delectare poetae/ aut simul et iucunda et idonea dicere uitae.* [Os poetas ou querem ser úteis ou querem deleitar, ou ao mesmo tempo querem dizer coisas agradáveis e idôneas para a vida.]

25 Hes. WD. 381-828. HESÍODO, *op. cit.*

26 Quint. Inst. 10.1.58: *Elegiam [...] princeps habetur Callimachus.* [Calímaco, reconhecido como príncipe da elegia.]

27 Prop. 4.1.69-70: *sacra diesque canam et cognomina prisca locorum: has meus ad metas sudet oportet equus.*

28 PASCO-PRANGER, M., *op. cit.*, p. 34.

29 Quint. Inst. 1.8.2: *Si cantas, male cantas: Si legis, cantas.*

30 Suet. De Gramm. 17: *M. Verrius Flaccus libertinus docendi genere maxime claruit. Namque ad exercitanda discentium ingenia aequales inter se committere solebat, proposita non solum materia quam scriberent, sed et praemio quod victor auferret. Id erat liber aliquis antiquus, pulcher aut rarior. Quare ab Augusto quoque nepotibus eius praeceptor electus, transiit in Palatium cum tota schola, verum ut ne*

28 | COLEÇÃO CLÁSSICA

quem amplius posthac discipulum reciperet; docuitque in atrio Catulinae domus, quae pars Palatii tunc erat, et centena sestertia in annum accepit. Decessit aetatis exactae sub Tiberio. Statuam habet Praeneste, in superiore fori parte circa hemicyclium, in quo fastos a se ordinatos et marmoreo parieti incisos publicarat.

Referências

BEARD, Mary; NORTH, J. A.; PRICE, S. R. F. *Religions of Rome: A Sourcebook.* Cambridge: Cambridge University, 1998.

CITRONI, M., *et al. Literatura de Roma Antiga.* Lisboa: Calouste Gulbenkian, 2006.

FANTHAM, Elaine. *Ovid's* Fasti*: Politics, History and Religion.* In: BOYD, Barbara (Ed). *Brill's Companion to Ovid.* London: Brill, 2002.

HAMMA, Robert. *Greek & Roman Calendars.* London: Duckworth, 2005.

HERBERT-BROWN, Geraldine. *Fasti*: the Poet, the Prince and the Plebs. In: Knox, Peter (Ed). *A Companion to Ovid.* London: Blackwell, 2009.

HESÍODO. *Teogonia e Trabalhos e dias.* Tradução Ana Elias Pinheiro e José Ribeiro Ferreira. Lisboa: Imprensa Nacional Casa da Moeda, 2005.

MILLER, John. The *Fasti*: Style, Structure and Time. In: BOYD, Barbara (Ed). *Brill's Companion to Ovid.* London: Brill, 2002.

MOMMSEN, Theodorus (Ed). *Inscriptiones Latinae Antiquissimae.* Berlin: Reimer, 1836.

PASCO-PRANGER, Molly. *Founding the Year: Ovid's* Fasti *and the Poetics of Roman Calendar.* London: Brill, 2006.

PLATNER, Samuel Ball. *A Topographical Dictionary of Ancient Rome.* London: Oxford University, 1929.

RÜPKE, Jörg. *The Roman Calendar from Numa to Constantine: Time, History and* Fasti. London: Blackwell, 2011.

Edições dos *Fastos*

Ovid. *Fasti.* Tradução de James George Frazer. Cambridge: Harvard University, 1931.

Ovide. Ed. M. Nissard. *Ouvres Complètes* avec la traduction en français. Paris: Didot Frères, 1869.

Ovídio. *Os Fastos.* Tradução de António Feliciano Castilho. São Paulo: W. M. Jackson, 1964. Texto latino: estabelecido por James Frazer.

Edição dos *Fastos Prenestinos*

MOMMSEN, Theodorus (Ed). *Inscriptiones Latinae Antiquissimae*. Berlin: Reimer, 1836.

Imagens

p. 30-31: *Fasti Antiati Maiores*: http://en.wikipedia.org/wiki/File:Roman-calendar.png

p. 333: *Fasti Praenestini*: http://en.wikipedia.org/wiki/File:Fasti_Praenestini_Massimo_n1.jpg

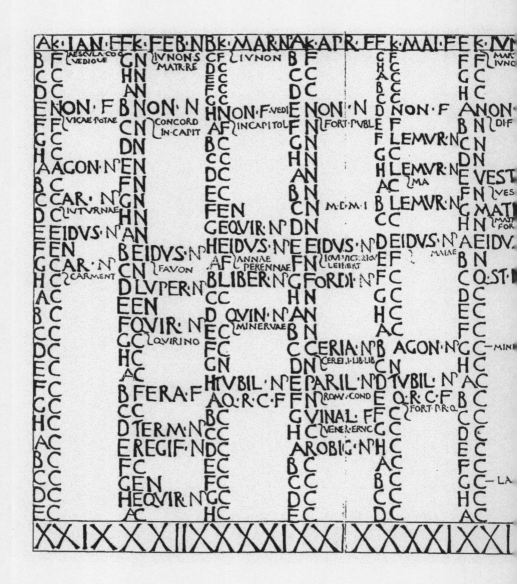

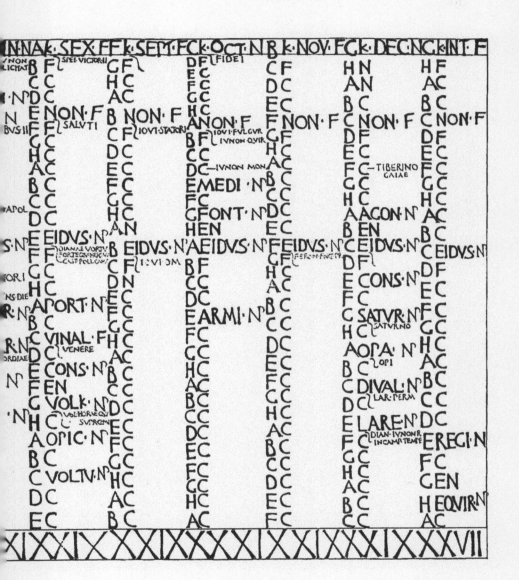

LIVRO I – JANEIRO

Tempora cum causis latium digesta per annum
　　lapsaque sub terras ortaque signa canam.
Excipe pacato, Caesar Germanice, uoltu
　　hoc opus et timidae derige nauis iter,
officioque, leuem non auersatus honorem,　　　　　　5
　　en tibi deuoto numine dexter ades.
Sacra recognosces annalibus eruta priscis
　　et quo sit merito quaeque notata dies.
Inuenies illic et festa domestica uobis;
　　saepe tibi pater est, saepe legendus auus,　　　　10
quaeque ferunt illi, pictos signantia fastos,
　　tu quoque cum Druso praemia fratre feres.
Caesaris arma canant alii: nos Caesaris aras
　　et quoscumque sacris addidit ille dies.
Adnue conanti per laudes ire tuorum　　　　　　　15
　　deque meo pauidos excute corde metus.
Da mihi te placidum, dederis in carmina uires:
　　ingenium uoltu statque caditque tuo.
Pagina iudicium docti subitura mouetur
　　principis, ut Clario missa legenda deo.　　　　　20
Quae sit enim culti facundia sensimus oris,
　　ciuica pro trepidis cum tulit arma reis.
Scimus et, ad nostras cum se tulit impetus artes,
　　ingenii currant flumina quanta tui.
Si licet et fas est, uates rege uatis habenas,　　　　25
　　auspice te felix totus ut annus eat.

Tempora digereret cum conditor Urbis, in anno
　　constituit menses quinque bis esse suo.
Scilicet arma magis quam sidera, Romule, noras,
　　curaque finitimos uincere maior erat.　　　　　30
Est tamen et ratio, Caesar, quae mouerit illum,
　　erroremque suum quo tueatur habet.
Quod satis est, utero matris dum prodeat infans,
　　hoc anno statuit temporis esse satis;
per totidem menses a funere coniugis uxor　　　　35
　　sustinet in uidua tristia signa domo.

Proposição, dedicatória e invocação

Tempos e causas no latino ano dispostos
  e o pôr-se e o vir dos astros cantarei.
Com olhar pacato acolhe, ó Germânico, esta obra,
  e da tímida nau abranda o curso.
Acostumado a grandes honras, sê propício,
  como um nume, ao ofício a ti prestado.
Dos antigos anais conferirás os ritos,
  e o assinalado mérito dos dias.
Encontrarás aqui tuas domésticas festas;
  de teu pai e do avô muito lerás –
como seus feitos foram inscritos nos fastos,
  tu, com Druso, também terás tais prêmios.
De César que outro as armas cante; eu canto as aras
  e os dias que somou entre os sagrados.
Deixa o esforçado poeta seguir tuas glórias,
  e do meu coração afasta o medo.
Dá-me teu manso olhar, que ao canto darás forças:
  o teu semblante traz e finda o engenho.
A página, ao ser posta ao juízo do príncipe,
  treme como se Apolo a fosse ler.
De tua culta boca a eloquência sentimos
  dês que levou aos réus as armas cívicas.
Quando o ímpeto chegou a nossa arte, soubemos
  que um imenso caudal flui de teu estro.
Se é lícito e direito, ó vate, guia o vate
  p'ra que o ano corra bem, aos teus auspícios!

Os anos de Rômulo e de Numa

Ao dividir o tempo, o fundador de Roma
  em seu ano mandou haver dez meses.
Como mais de armas que astros, Rômulo, sabias,
  de vencer nas fronteiras mais cuidavas.
Há, porém, u'a razão, César, que o conduziu
  e que faz que seu erro se perdoe.
O quanto a criança passa no útero da mãe,
  decretou que esse fosse o tempo do ano
– os mesmos que depois do funeral do esposo
  a mulher em viuvez ficava em casa.

Haec igitur uidit trabeati cura Quirini,
  cum rudibus populis annua iura daret.
Martis erat primus mensis, Venerisque secundus;
  haec generis princeps, ipsius ille pater: 40
tertius a senibus, iuuenum de nomine quartus,
  quae sequitur, numero turba notata fuit.
At Numa nec Ianum nec auitas praeterit umbras,
  mensibus antiquis praeposuitque duos.

Ne tamen ignores uariorum iura dierum,   45
  non habet officii Lucifer omnis idem.
Ille nefastus erit, per quem tria uerba silentur:
  fastus erit, per quem lege licebit agi.
Nec toto perstare die sua iura putaris:
  qui iam fastus erit, mane nefastus erat;   50
Nam simul exta deo data sunt, licet omnia fari,
  uerbaque honoratus libera praetor habet.
Est quoque, quo populum ius est includere saeptis;
  est quoque, qui nono semper ab orbe redit.

Vindicat Ausonias Iunonis cura Kalendas;   55
  Idibus alba Ioui grandior agna cadit;
Nonarum tutela deo caret. omnibus istis
  (ne fallare caue) proximus ater erit.
Omen ab euentu est: illis nam Roma diebus
  damna sub auerso tristia Marte tulit.   60
Haec mihi dicta semel, totis haerentia fastis,
  ne seriem rerum scindere cogar, erunt.

1. A K : IAN : F
Ecce tibi faustum, Germanice, nuntiat annum
  inque meo primum carmine Ianus adest.
Iane biceps, anni tacite labentis origo,   65
  solus de superis qui tua terga uides,
dexter ades ducibus, quorum secura labore

Com a trábea, Quirino as coisas viu assim
   ao dar ao rude povo as leis do ano.
Primeiro o mês de Marte, o segundo de Vênus –
   sua raça ela inicia, e ele é o pai;
o terceiro nomeou pelos velhos, o quarto,
   pelos jovens, e os outros, pelos números.
Numa não preteriu Jano ou as sombras ávidas,
   e, aos antigos, dois meses antepôs.

As leis dos dias: os fastos e os nefastos

Mas não ignores que é variada a lei dos dias
   e que cada manhã tem seu ofício.
No dia nefasto, três palavras não são ditas;
   no fasto poder-se-á aplicar a lei.
Mas não penses que a regra o dia todo dure:
   o que cedo é nefasto, será fasto.
Ofertadas ao deus as entranhas, falar
   se pode, e o honrado pretor tem voz livre.
Há os dias de reunir o povo nos comícios,
   e há os que retornam sempre à nona volta.

As Calendas, os Idos e as Nonas

O culto a Juno exige as Calendas ausônias,
   nos Idos, para Jove, u'a ovelha morre.
As Nonas não têm deus. Após tais dias todos
   – cuida de não errar – virá um funesto.
Da sina é agouro, pois depois de u'as Nonas Roma
   suportou triste dano em Marte hostil.
Fixas no calendário, essas datas eu disse,
   p'ra não interromper o que virá.

1 de janeiro – invocação a Jano

Eis que, Germânico, p'ra ti Jano anuncia
   um fausto ano, e primeiro vem-me ao canto.
Jano bifronte, ó origem do ano que se esvai,
   ó único deus que vê detrás das costas,
chegas propício aos generais, por cujo esforço

otia terra ferax, otia pontus habet:
dexter ades patribusque tuis populoque Quirini,
    et resera nutu candida templa tuo.   70

Prospera lux oritur: linguis animisque fauete;
    nunc dicenda bona sunt bona uerba die.
Lite uacent aures, insanaque protinus absint
    iurgia: differ opus, liuida turba, tuum.
Cernis odoratis ut luceat ignibus aether,   75
    et sonet accensis spica Cilissa focis?
Flamma nitore suo templorum uerberat aurum,
    et tremulum summa spargit in aede iubar.
Vestibus intactis Tarpeias itur in arces,
    et populus festo concolor ipse suo est,   80
iamque noui praeeunt fasces, noua purpura fulget,
    et noua conspicuum pondera sentit ebur.
Colla rudes operum praebent ferienda iuuenci,
    quos aluit campis herba Falisca suis.
Iuppiter arce sua totum cum spectet in orbem,   85
    nil nisi Romanum quod tueatur habet.
Salue, laeta dies, meliorque reuertere semper,
    a populo rerum digna potente coli.

Quem tamen esse deum te dicam, Iane biformis?
    Nam tibi par nullum Graecia numen habet.   90
Ede simul causam, cur de caelestibus unus
    sitque quod a tergo sitque quod ante uides.
Haec ego cum sumptis agitarem mente tabellis,
    lucidior uisa est quam fuit ante domus.
Tum sacer ancipiti mirandus imagine Ianus   95
    bina repens oculis obtulit ora meis.
Extimui sensique metu riguisse capillos,
    et gelidum subito frigore pectus erat.
Ille tenens baculum dextra clauemque sinistra
    edidit hos nobis ore priore sonos: 100
'Disce metu posito, uates operose dierum,
    quod petis, et uoces percipe mente meas.

o mar e a terra fértil acham paz;
chegas propício aos senadores e aos quirites,
e descerras co'um nuto os alvos templos.

A festa de Jano

Nasce u'a próspera luz: calai línguas e mentes;
dir-se-ão num dia bom palavras boas.
Não haja lide e fique longe a rixa insana:
posterga, ó turba lívida, o trabalho.
Vês como o éter reluz co'o perfume das chamas
e ressoa o açafrão no fogo aceso?
Com seu fulgor, a flama fere o ouro dos templos
e espalha o brilho trêmulo na abóbada.
Com novas vestes vai-se ao rochedo tarpeio,
e o próprio povo veste a cor da festa.
Chegam já os fasces, nova púrpura refulge
e o marfim curul sente o novo peso.
Dão a nuca a ferir reses jamais jungidas,
que nos campos nutriu a erva falisca.
Júpiter, que do Olimpo o orbe todo contempla,
nada a não ser romano tem p'ra ver.
Salve, ó dia feliz. Volta sempre melhor
p'ra te cultuar o povo poderoso.

O deus Jano: natureza e poderes

Mas que deus eu direi que tu és, bifronte Jano?
Um nume igual a ti não teve a Grécia.
Também dize a razão por que só tu dos deuses
podes ver o que está adiante e atrás.
Eu, co'as tabuinhas prontas, quando meditava,
mais brilhante do que antes vi o templo.
Maravilhoso, então, co'a duplicada imagem,
Jano aos olhos mostrou-me a dupla face.
Pasmei, senti por medo eriçarem-me os pelos,
surgiu um frio súbito em meu peito.
Co'um báculo na mão direita, na outra u'a chave,
com a boca da frente ele me diz:
"Sem medo, aprende, ó vate operoso dos dias
o que buscas, e acolhe a minha fala.

Me Chaos antiqui (nam sum res prisca) uocabant:
    aspice quam longi temporis acta canam.
Lucidus hic aer et quae tria corpora restant,   105
    ignis, aquae, tellus, unus aceruus erat.
Ut semel haec rerum secessit lite suarum
    inque nouas abiit massa soluta domos,
flamma petit altum, propior locus aera cepit,
    sederunt medio terra fretumque solo.   110
Tunc ego, qui fueram globus et sine imagine moles,
    in faciem redii dignaque membra deo.
Nunc quoque, confusae quondam nota parua figurae,
    ante quod est in me postque uidetur idem.
Accipe quaesitae quae causa sit altera formae,   115
    hanc simul ut noris officiumque meum.
Quicquid ubique uides, caelum, mare, nubila, terras,
    omnia sunt nostra clausa patentque manu.
Me penes est unum uasti custodia mundi,
    et ius uertendi cardinis omne meum est.   120
Cum libuit Pacem placidis emittere tectis,
    libera perpetuas ambulat illa uias:
sanguine letifero totus miscebitur orbis,
    ni teneant rigidae condita Bella serae.
Praesideo foribus caeli cum mitibus Horis   125
    (it, redit officio Iuppiter ipse meo):
inde uocor Ianus; cui cum Ceriale sacerdos
    imponit libum farraque mixta sale,
nomina ridebis: modo namque Patulcius idem
    et modo sacrifico Clusius ore uocor.   130
Scilicet alterno uoluit rudis illa uetustas
    nomine diuersas significare uices.
Vis mea narrata est; causam nunc disce figurae:
    iam tamen hanc aliqua tu quoque parte uides.
Omnis habet geminas, hinc atque hinc, ianua frontes,   135
    e quibus haec populum spectat, at illa Larem,
Utque sedens primi uester prope limina tecti
    ianitor egressus introitusque uidet,
sic ego perspicio caelestis ianitor aulae
    Eoas partes Hesperiasque simul.   140
Ora uides Hecates in tres uertentia partes,

Os antigos de Caos, pois velho sou, chamavam-me:
   vê que feitos de outrora eu cantarei.
Este ar brilhante, e os outros três estados – a água,
   o fogo e a terra – u'a coisa apenas eram.
Quando se separou, na oposição das partes,
   e a massa dividiu-se em novas casas,
foi p'r'o alto o fogo, o ar ocupou, mais perto, o espaço,
   e, no solo, ficaram terra e mar.
Então, eu, que era u'a bola, u'a massa deformada,
   dignos de um deus ganhei a face e os membros.
Hoje, os indícios da confusa forma antiga
   no que diante de mim e atrás se vê.
Escuta outra razão que há para a dupla forma,
   e a um só tempo conheças meu ofício.
Tudo o que vês – o céu, o mar, nuvens e terras –
   tudo por minha mão abre-se e fecha.
Apenas eu sou o guardião do vasto mundo;
   meu é o direito de girar os eixos.
Quando eu quero que a Paz saia dos brandos tetos,
   pelas vias perpétuas, anda livre.
Em letífero sangue o orbe se mesclaria
   se à Guerra não prendessem os portões.
Co'as doces Horas, dos umbrais do céu eu cuido
   – para ir e vir de mim Jove precisa.
Daí, chamam-me *Porteiro* – e quando o sacerdote
   a farinha com sal e os grãos me oferta,
rirás dos nomes, pois quem faz o sacrifício
   de Patúlcio ou de Clúsio me apelida.
Decerto a rude antiguidade, co'os dois nomes,
   coisas diversas quis significar.
Eis meu poder. Entende agora a minha forma.
   Já em parte vês também a sua razão.
De um lado e de outro, toda *porta* tem duas faces,
   essa contempla o povo, aquela, o Lar.
Como um *porteiro*, nos umbrais de vossa casa
   assentado, que vê quem entra e sai,
do átrio do céu, assim, eu, o *porteiro*, observo
   o levante e o poente ao mesmo tempo.
Vês de Hécate a cabeça a três lados voltar-se,

seruet ut in ternas compita secta uias:
et mihi, ne flexu ceruicis tempora perdam,
    cernere non moto corpore bina licet.'

Dixerat: et uoltu, si plura requirere uellem,   145
    difficilem mihi se non fore pactus erat.
Sumpsi animum, gratesque deo non territus egi,
    uerbaque sum spectans plura locutus humum:
'Dic, age, frigoribus quare nouus incipit annus,
    qui melius per uer incipiendus erat?   150
Omnia tunc florent, tunc est noua temporis aetas,
    et noua de grauido palmite gemma tumet,
et modo formatis operitur frondibus arbor,
    prodit et in summum seminis herba solum,
et tepidum uolucres concentibus aera mulcent,   155
    ludit et in pratis luxuriatque pecus.
Tum blandi soles, ignotaque prodit hirundo
    et luteum celsa sub trabe figit opus:
tum patitur cultus ager et renouatur aratro.
    Haec anni nouitas iure uocanda fuit.'   160
Quaesieram multis; non multis ille moratus
    contulit in uersus sic sua uerba duos:
'Bruma noui prima est ueterisque nouissima solis:
    principium capiunt Phoebus et annus idem.'

Post ea mirabar cur non sine litibus esset   165
    prima dies. 'causam percipe' Ianus ait.
'Tempora commisi nascentia rebus agendis,
    totus ab auspicio ne foret annus iners.
Quisque suas artes ob idem delibat agendo,
    nec plus quam solitum testificatur opus.'   170
Mox ego, 'cur, quamuis aliorum numina placem,
    Iane, tibi primum tura merumque fero?'
'Ut possis aditum per me, qui limina seruo,
    ad quoscumque uoles' inquit 'habere deos.'
'At cur laeta tuis dicuntur uerba Kalendis,   175
    et damus alternas accipimusque preces?'

quando, na encruzilhada, guarda os trívios.
E eu, para não perder tempo voltando a nuca,
    posso, sem me mover, ver os dois lados".

O começo do ano no inverno

Disse, e deixou no rosto à mostra que se eu mais
    desejasse saber, seria fácil.
Eu tomei fôlego; sem medo, agradeci
    e, olhando o chão, falei, mais esperando:
"Eia, diz por que o ano inicia no frio,
    se seria melhor na primavera.
Tudo floresce, então, nova é a idade do tempo,
    novos brotos rebentam na videira,
logo, formando a mata, abre-se o arvoredo,
    as sementes espalham-se no solo,
os pássaros, co'o canto, acariciam o ar,
    no prado, o gado brinca e luxuria.
Os sóis são brandos, volta a estrangeira andorinha
    que de lodo constrói na viga um ninho:
e o campo, então, é renovado pelo arado.
    Esse devia ser o ano novo".
 Eu perguntara mais; ele mais não tardou
    e disse suas palavras em dois versos:
"No solstício é que estão o novo e o velho sol:
    possuem mesmo início o ano e Febo".

Os presságios

"Por que o primeiro dia não é feriado?",
    pergunto, e Jano diz: "Observa a causa.
Determinei p'r'os afazeres o ano-novo,
    p'ra aos meus auspícios o ano ser ativo.
Cada um o aproveita ao fazer seus ofícios
    e apenas testemunha o usual trabalho."
Prossigo: "Por que, embora eu cultue outros numes,
    dou-te, primeiro, ó Jano, o incenso e o vinho?
"Para poderes ter, por mim, que guardo a porta,
    acesso a quaisquer deuses que quiseres".
"Por que bons votos nas Calendas são trocados,
    e damos e ganhamos cumprimentos"?

Tum deus incumbens baculo, quod dextra gerebat,
   'Omina principiis' inquit 'inesse solent.
Ad primam uocem timidas aduertitis aures,
   et uisam primum consulit augur auem.   180
Templa patent auresque deum, nec lingua caducas
   concipit ulla preces, dictaque pondus habent.'

Desierat Ianus. nec longa silentia feci,
   sed tetigi uerbis ultima uerba meis:
'Quid uolt palma sibi rugosaque carica' dixi   185
   'Et data sub niueo candida mella cado?'
'Omen' ait 'causa est, ut res sapor ille sequatur
   et peragat coeptum dulcis ut annus iter.'
'Dulcia cur dentur uideo: stipis adice causam,
   pars mihi de festo ne labet ulla tuo.'   190
Risit, et 'o quam te fallunt tua saecula' dixit,
   'Qui stipe mel sumpta dulcius esse putas!
Vix ego Saturno quemquam regnante uidebam
   cuius non animo dulcia lucra forent.
Tempore creuit amor, qui nunc est summus, habendi: 195
   uix ultra quo iam progrediatur habet.
Pluris opes nunc sunt quam prisci temporis annis,
   dum populus pauper, dum noua Roma fuit,
Dum casa Martigenam capiebat parua Quirinum,
   et dabat exiguum fluminis ulua torum.   200
Iuppiter angusta uix totus stabat in aede,
   inque Iouis dextra fictile fulmen erat.
Frondibus ornabant quae nunc Capitolia gemmis,
   pascebatque suas ipse senator oues:
Nec pudor in stipula placidam cepisse quietem   205
   et fenum capiti subposuisse fuit.
Iura dabat populis posito modo praetor aratro,
   et leuis argenti lammina crimen erat.
At postquam fortuna loci caput extulit huius
   et tetigit summo uertice Roma deos,   210
creuerunt et opes et opum furiosa cupido,
   et, cum possideant plurima, plura petunt.
Quaerere ut absumant, absumpta requirere certant,

O deus, no báculo empunhado se inclinando:
    "Nos princípios estão", diz, "os presságios.
Voltais à prima voz assustados ouvidos,
    consulta o áugure a prima ave que vê.
Dos deuses se abrem templo e ouvidos. Preces vãs
    nenhuma língua diz; têm peso os votos".

Os costumes

Findou Jano. Não fiz prolongado silêncio,
    mas juntei minha fala à última sua.
"Por que presentear com figos secos, tâmaras",
    falei, "e puro mel em nívea jarra"?
"O agouro é a causa", diz, "p'ra que o sabor prossiga
    e o ano complete doce seu percurso".
"Sei dos doces. Aduz a razão do dinheiro –
    nenhu'a parte me falte da tua festa".
"Ó quanto os teus tempos te enganam", riu e disse,
    "que o mel julgas mais doce que o dinheiro.
No reino de Saturno, a custo eu via alguém
    que não tivesse em mente o doce lucro.
Cresceu co'o tempo o amor por ter, que agora é sumo.
    Já a custo vai-se além ou se anda adiante.
Riquezas hoje há mais que nos anos antigos,
    quando o povo era pobre, e Roma, nova.
A Quirino bastava um pequeno casebre,
    e a erva do rio o leito fornecia.
Mal cabia no templo exíguo o Jove inteiro,
    e de argila era o raio em sua mão.
Ao Capitólio ornavam frondes, e hoje, gemas;
    e o senador apascentava ovelhas.
Não havia vergonha em dormir sobre a palha
    e a cabeça no feno repousava.
Deixando o arado, logo o pretor judicava,
    ter u'a folha de prata era delito.
Mas, depois que Fortuna elevou a cabeça
    e Roma tocou os deuses no alto cume,
a riqueza cresceu co'a furiosa cobiça,
    quanto mais se possui, mais se procura.
Disputam quê gastar, querem o que foi gasto,

atque ipsae uitiis sunt alimenta uices:
sic quibus intumuit suffusa uenter ab unda, 215
    quo plus sunt potae, plus sitiuntur aquae.
In pretio pretium nunc est: dat census honores,
    census amicitias; pauper ubique iacet.
Tu tamen auspicium si sit stipis utile quaeris,
    curque iuuent nostras aera uetusta manus, 220
aera dabant olim: melius nunc omen in auro est,
    uictaque concessit prisca moneta nouae.
Nos quoque templa iuuant, quamuis antiqua probemus,
    aurea: maiestas conuenit ipsa deo.
Laudamus ueteres, sed nostris utimur annis: 225
    mos tamen est aeque dignus uterque coli.'

Finierat monitus. Placidis ita rursus, ut ante,
    clauigerum uerbis adloquor ipse deum:
'Multa quidem didici: sed cur naualis in aere
    altera signata est, altera forma biceps?' 230
'Noscere me duplici posses ut imagine' dixit,
    'Ni uetus ipsa dies extenuasset opus.
Causa ratis superest: Tuscum rate uenit ad amnem
    ante pererrato falcifer orbe deus.
Hac ego Saturnum memini tellure receptum 235
    (caelitibus regnis a Ioue pulsus erat).
Inde diu genti mansit Saturnia nomen;
    dicta quoque est Latium terra latente deo.
At bona posteritas puppem formauit in aere,
    hospitis aduentum testificata dei. 240
Ipse solum colui, cuius placidissima laeuum
    radit harenosi Thybridis unda latus.
Hic, ubi nunc Roma est, incaedua silua uirebat,
    tantaque res paucis pascua bubus erat.
Arx mea collis erat, quem uolgo nomine nostro 245
    nuncupat haec aetas Ianiculumque uocat.
Nunc ego regnabam, patiens cum terra deorum
    esset, et humanis numina mixta locis.
Nondum Iustitiam facinus mortale fugarat
    (ultima de superis illa reliquit humum), 250

e aos seus vícios as próprias trocas nutrem:
deles o ventre, assim, incha co'a água retida –
   quanto mais água bebem, mais têm sede.
Só no preço hoje há preço: a riqueza traz honras,
   traz amigos: e em toda parte há pobres.
Se o agouro do dinheiro é útil, tu perguntas,
   e por que um cobre velho a mão me agrada?
Cobre antes davam: no ouro agora está o presságio,
   à antiga moeda a nova ultrapassou.
Prazem-me os templos de ouro, embora estime os priscos
   – ao deus convém a própria majestade.
Louvo o passado, ainda que frua do presente:
   digno costume é aos dois cultuar iguais".

A moeda de Jano

Findou a explicação: como antes, outra vez,
   com suave fala indago ao deus clavígero:
 "Muito ensinaste; mas, por que na moeda vem
   de um lado a dupla fronte, e de outro, um barco?
"Reconhecer-me", diz, "podes na dupla imagem,
   se a antiguidade não sumiu a marca.
Razão do barco: o deus falcífero, num barco,
   corrido o mundo, veio ao rio Tusco.
Lembro que nesse chão Saturno se asilou
   quando Jove o expulsou do reino olímpico.
Satúrnia a gente foi chamada, e *Lácio*, a terra,
   porque nela *latente* esteve o deus.
Os vindouros na moeda o navio gravaram,
   a chegada do deus testemunhando.
E eu habitei o chão, que na margem esquerda,
   brilham as águas plácidas do Tibre.
Aqui onde é Roma, verdejava u'a mata intonsa,
   era, p'r'os poucos bois, um pasto imenso.
Meu templo era num monte, e por meu apelido,
   o nosso tempo o chama de Janículo.
Aí eu reinava, quando a terra tinha deuses
   e entre os homens os numes misturavam-se.
O crime ainda não repelira a Justiça
   – última deusa à terra abandonar.

proque metu populum sine ui pudor ipse regebat;
    nullus erat iustis reddere iura labor.
Nil mihi cum bello: pacem postesque tuebar,
    et', clauem ostendens, 'haec' ait 'arma gero.'

Presserat ora deus. tunc sic ego nostra resolui,   255
    uoce mea uoces eliciente dei:
'Cum tot sint iani, cur stas sacratus in uno,
    hic ubi iuncta foris templa duobus habes?'
Ille, manu mulcens propexam ad pectora barbam,
    protinus Oebalii rettulit arma Tati,   260
Utque leuis custos, armillis capta, Sabinos
    ad summae tacitos duxerit arcis iter.
'Inde, uelut nunc est, per quem descenditis', inquit
    'arduus in ualles per fora cliuus erat.
Et iam contigerat portam, Saturnia cuius   265
    dempserat oppositas inuidiosa seras;
cum tanto ueritus committere numine pugnam,
    ipse meae moui callidus artis opus,
oraque, qua pollens ope sum, fontana reclusi,
    sumque repentinas eiaculatus aquas.   270
Ante tamen madidis subieci sulpura uenis,
    clauderet ut Tatio feruidus umor iter.
Cuius ut utilitas pulsis percepta Sabinis,
    quae fuerat, tuto reddita forma loco est;
ara mihi posita est paruo coniuncta sacello: 275
    haec adolet flammis cum strue farra suis.'

'At cur pace lates, motisque recluderis armis?'
    Nec mora, quaesiti reddita causa mihi est:
'Ut populo reditus pateant ad bella profecto,
    tota patet dempta ianua nostra sera.   280
Pace fores obdo, ne qua discedere possit;
    Caesareoque diu numine clausus ero.'
Dixit, et attollens oculos diuersa uidentes
    aspexit toto quicquid in orbe fuit:
Pax erat, et uestri, Germanice, causa triumphi,   285

Sem violência, o pudor, não o medo, guiava o povo;
    aos justos se julgava sem esforço.
Nada co'a guerra; a paz e as portas eu guardava",
    e diz, mostrando a chave: "Essa é minha arma".

A consagração do templo de Jano

O deus cerrou a boca. Então, abri a minha
    p'ra atrair com minha voz a voz do deus:
"Por que entre tantos arcos, num só te cultuam,
    naquele que está perto dos dois fóruns"?
Ele, co'a mão cofiando a barba sobre o peito,
    logo contou do Ebálio Tácio as guerras,
e como a infiel guardiã, seduzida por joias,
    aos sabinos franqueou a cidadela.
"Então, como hoje, havia", diz, "uma ladeira
    pela qual se descia ao vale e às praças.
Tocava já o imigo a porta, que a Satúrnia
    as travas, invejosa, destravara.
Como temi lutar contra tão grande nume,
    esperto, eu empreendi as minhas artes.
Abri as fontes, sobre as quais tenho poder,
    e repentinas águas esguichei.
Juntei antes, porém, enxofre à correnteza,
    p'ra fervura fechar de Tácio o rumo.
Surtiu efeito: rechaçaram-se os sabinos
    e, seguro o local, refez-se o sítio.
Nu'a pequena capela a minha ara foi posta,
    em que se queima o farro nas suas chamas".

As portas do templo de Jano

"Por que fechas na paz e abres na guerra as portas"?
    Recebi sem demora sua resposta:
"P'ra que se abra o regresso aos que foram p'ra guerra,
    tiradas traves, se abrem minhas portas.
Cerro-as na Paz, p'ra que por elas não escape;
    sob César, fechar-me-ei muito tempo".
Disse, e levando o olhar p'ra diversas regiões,
    contemplou no orbe inteiro o que existia:
ó Germânico, havia a paz; e o Reno – a causa

tradiderat famulas iam tibi Rhenus aquas.
Iane, fac aeternos pacem pacisque ministros,
neue suum praesta deserat auctor opus.

Quod tamen ex ipsis licuit mihi discere fastis,
sacrauere patres hac duo templa die.   290
Accepit Phoebo nymphaque Coronide natum
insula, diuidua quam premit amnis aqua.
Iuppiter in parte est: cepit locus unus utrumque
iunctaque sunt magno templa nepotis auo.

Quid uetat et stellas, ut quaeque oriturque caditque,   295
dicere? promissi pars sit et ista mei.
Felices animae, quibus haec cognoscere primis
inque domos superas scandere cura fuit!
Credibile est illos pariter uitiisque locisque
altius humanis exseruisse caput.   300
Non Venus et uinum sublimia pectora fregit
officiumque fori militiaeue labor;
nec leuis ambitio perfusaque gloria fuco
magnarumque fames sollicitauit opum.
Admouere oculis distantia sidera mentis   305
aetheraque ingenio subposuere suo.
Sic petitur caelum, non ut ferat Ossan Olympus
summaque Peliacus sidera tangat apex.
Nos quoque sub ducibus caelum metabimur illis,
ponemusque suos ad uaga signa dies.   310

3. C C
Ergo ubi nox aderit uenturis tertia Nonis,
sparsaque caelesti rore madebit humus,
octipedis frustra quaerentur bracchia Cancri:
praeceps occiduas ille subibit aquas.

5. E NON : F
Institerint Nonae, missi tibi nubibus atris   315
signa dabunt imbres exoriente Lyra.

de teus triunfos –, as águas te entregara.
Ó Jano, faz eterna a paz e seus ministros,
    e que o autor de sua obra não desista.

O templo de Esculápio, filho de Apolo, e o de Júpiter

Do que posso aprender nos fastos, neste dia
    os senadores dois templos sagraram.
Acolheu o filho da Corônide e de Apolo
    a ilha que o Tibre em duas margens cerca.
E ali está Jove – um só lugar os recebeu:
    do avô e do neto juntos são os templos.

Elogio à astronomia

Que me impede cantar o vir e o pôr dos astros?
    É de minha promessa essa uma parte.
Felizes almas que primeiro os conheceram
    e quiseram do céu subir às casas.
Claro que acima dos lugares e dos vícios
    humanos, a cabeça eles ergueram.
Nem ofício, nem guerra, nem vinho, nem Vênus
    aos corações sublimes quebrantaram.
A lábil ambição, a artificiosa glória
    e a cobiça jamais os comoveram.
Para os olhos da mente as estrelas trouxeram,
    e ao seu engenho o céu subordinaram.
Assim se chega ao céu, sem que se empilhe o Olimpo
    no Ossa, e o cume do Pélio toque os astros.
Mediremos também os céus co'a ajuda deles,
    pondo constelações nos vários dias.

3 de janeiro – a constelação de Câncer

Pois quando a terça noite antes das Nonas vier,
    e o rocio celeste o chão molhar,
em vão se buscará o Câncer de oito braços,
    que imergirá nas águas do ocidente.

5 de janeiro – a constelação da Lira

Chegando as Nonas, as tormentas de atras nuvens
    anunciarão da Lira o surgimento.

9. A AGON

Quattuor adde dies ductos ex ordine Nonis,
    Ianus Agonali luce piandus erit.
Nominis esse potest succinctus causa minister,
    hostia caelitibus quo feriente cadit, 320
qui calido strictos tincturus sanguine cultros
    semper agatne rogat nec nisi iussus agit.
Pars, quia non ueniant pecudes, sed agantur, ab actu
    nomen Agonalem credit habere diem.
Pars putat hoc festum priscis Agnalia dictum, 325
    una sit ut proprio littera dempta loco.
An, quia praeuisos in aqua timet hostia cultros,
    a pecoris lux est ipsa notata metu?
Fas etiam fieri solitis aetate priorum
    nomina de ludis Graeca tulisse diem. 330
Et pecus antiquus dicebat agonia sermo;
    ueraque iudicio est ultima causa meo.
Utque ea non certa est, ita rex placare sacrorum
    numina lanigerae coniuge debet ouis.

Victima quae dextra cecidit uictrice uocatur; 335
    hostibus a domitis hostia nomen habet.
Ante, deos homini quod conciliare ualeret,
    far erat et puri lucida mica salis.
Nondum pertulerat lacrimatas cortice murras
    acta per aequoreas hospita nauis aquas, 340
tura nec Euphrates nec miserat India costum,
    nec fuerant rubri cognita fila croci.
Ara dabat fumos herbis contenta Sabinis,
    et non exiguo laurus adusta sono;
siquis erat factis prati de flore coronis 345
    qui posset uiolas addere, diues erat.
Hic, qui nunc aperit percussi uiscera tauri,
    in sacris nullum culter habebat opus.

Prima Ceres auidae gauisa est sanguine porcae,
    ulta suas merita caede nocentis opes: 350

9 de janeiro – as festas Agonálias

Quatro dias depois de passarem as Nonas,
 Jano, nas *Agonálias*, é cultuado.
Causa do nome pode ser o imolador,
 que uma vítima abate para os deuses –
pois, prestes a tingir de sangue a faca, sempre
 "Agir?", pergunta, e nada faz sem mando.
Uns, porque as reses *agoniadas* vão ao golpe
 creem que o nome de *Agonália* vem daí;
outros pensam que *Agnália* os antigos chamavam-nas,
 tirando do lugar u'a letra apenas.
Ou por que, n'água vendo a faca, teme a vítima
 e a rês do próprio medo vê o reflexo;
ou pois no tempo antigo uma palavra grega
 – ágon –, de jogos, dava nome ao dia.
Também a antiga rês chamava-se *agonia*,
 e essa, p'ra meu juízo, é a vera causa.
E, ainda que incerta, assim, o rei dos sacrifícios
 deve aplacar o nume co'um carneiro.

Sacrifícios dos animais

Porque a mão *vitoriosa* a abate, ela é u'a *vítima*,
 e dos *hostes* a *hóstia* tem seu nome.
P'ra antes, se conciliar co'os deuses, o homem tinha
 farinha e grãos de sal brilhante e puro.
Não ainda a mirra, com seu tronco lacrimoso,
 fora trazida em barcos sobre as águas,
nem o Eufrates mandara o incenso, e o costo a Índia,
 nem era conhecido ainda o açafrão.
Contente fumegava o altar co'ervas sabinas
 e o louro era queimado, com barulho.
Se de flores do campo e violetas alguém
 pudesse urdir coroa, esse era rico.
O ferro que hoje atinge as vísceras do touro
 não tinha nenhum uso em sacrifícios.

A porca

Ceres fica feliz co'o cruor da ávida porca,
 punida por destruir os seus tesouros,

nam sata uere nouo teneris lactentia sucis
    eruta saetigerae comperit ore suis.

Sus dederat poenas: exemplo territus huius
    palmite debueras abstinuisse, caper.
Quem spectans aliquis dentes in uite prementem,   355
    talia non tacito dicta dolore dedit:
'Rode, caper, uitem: tamen hinc, cum stabis ad aram,
    in tua quod spargi cornua possit erit.'
Verba fides sequitur: noxae tibi deditus hostis
    spargitur adfuso cornua, Bacche, mero.   360
Culpa sui nocuit, nocuit quoque culpa capellae:
    quid bos, quid placidae commeruistis oues?

Flebat Aristaeus, quod apes cum stirpe necatas
    uiderat inceptos destituisse fauos;
caerula quem genetrix aegre solata dolentem   365
    addidit haec dictis ultima uerba suis:
'Siste, puer, lacrimas: Proteus tua damna leuabit
    quoque modo repares quae periere dabit.
Decipiat ne te uersis tamen ille figuris,
    impediant geminas uincula firma manus.'   370
Peruenit ad uatem iuuenis, resolutaque somno
    alligat aequorei bracchia capta senis.
Ille sua faciem transformis adulterat arte;
    mox domitus uinclis in sua membra redit,
oraque caerulea tollens rorantia barba   375
    'Qua' dixit 'repares arte requiris apes?
Obrue mactati corpus tellure iuuenci:
    quod petis a nobis, obrutus ille dabit.'
Iussa facit pastor; feruent examina putri
    de boue: mille animas una necata dedit.   380

Poscit ouem fatum: uerbenas improba carpsit,
    quas pia dis ruris ferre solebat anus.
Quid tuti superest, animam cum ponat in aris
    lanigerumque pecus ruricolaeque boues?

pois viu na primavera a seara suculenta
　　ser pela hirsuta porca chafurdada.

A cabra

Puniu-se a porca: apavorado pelo exemplo,
　　devias te afastar da vide, ó cabra.
Vendo-te alguém trincar os dentes na videira,
　　com dor não muda disse tais palavras:
"Rói, cabra, a vinha; porém quando p'ra ara fores,
　　de teu chifre ela irá ser derramada".
Cumpre-se a fala, e o vinho dado em libação,
　　posto no chifre, ó Baco, é derramado.
Por ser culpada, também paga a pena a cabra.
　　Mas o que a mansa ovelha e o boi fizeram?

Aristeu

Lamentava Aristeu: vira as abelhas mortas
　　e abandonados favos incompletos.
A mãe cerúlea, da tristeza o consolando,
　　à última fala soma essas palavras:
"Não chores, filho, irá Proteu sanar teus danos;
　　também te ensinará a os reparar.
E p'ra que não te engane alterando a figura,
　　com laço firme prende as suas mãos".
O jovem chega ao vate e, ao sono abandonados,
　　ele os braços do velho equóreo amarra.
Co'arte de transformar, o deus muda de aspecto,
　　mas rende-se vencido pelo laço,
e diz, erguendo o rosto e a úmida barba azul:
　　"Buscas como salvar co'arte as abelhas?
Enterra o corpo de um bezerro que imolares,
　　e o que me pedes, ele te dará".
Fê-lo o pastor. No podre boi u'enxame ferve:
　　um único cadáver deu mil vidas.

A ovelha

O Fado pede u'a ovelha: a vil roeu verbenas,
　　que a pia velha dava aos deuses rústicos.
Quem está a salvo quando na ara põem a vida
　　os carneiros lanígeros e os bois?

Placat equo Persis radiis Hyperiona cinctum,   385
    ne detur celeri uictima tarda deo.

Quod semel est geminae pro uirgine caesa Dianae,
    nunc quoque pro nulla uirgine cerua cadit.

Exta canum uidi Triuiae libare Sapaeos
    et quicumque tuas accolit, Haeme, niues.   390

Caeditur et rigido custodi ruris asellus;
    causa pudenda quidem, sed tamen apta deo.

Festa corymbiferi celebrabas, Graecia, Bacchi,
    tertia quae solito tempore bruma refert.
Di quoque cultores in idem uenere Lyaei   395
    et quicumque iocis non alienus erat,
Panes et in Venerem Satyrorum prona iuuentus
    quaeque colunt amnes solaque rura deae.
Venerat et senior pando Silenus asello,
    quique ruber pauidas inguine terret aues.   400
Dulcia qui dignum nemus in conuiuia nacti
    gramine uestitis accubuere toris:
uina dabat Liber, tulerat sibi quisque coronam,
    miscendas parce riuus agebat aquas.
Naides effusis aliae sine pectinis usu,   405
    pars aderant positis arte manuque comis;
illa super suras tunicam collecta ministrat,
    altera dissuto pectus aperta sinu;
exserit haec umerum, uestes trahit illa per herbas,
    impediunt teneros uincula nulla pedes.   410
Hinc aliae Satyris incendia mitia praebent,
    pars tibi, qui pinu tempora nexa geris:

Os cavalos

Os persas um cavalo a Hipérion sacrificam
— não se dá a um deus ligeiro u'a lerda vítima.

A corça

Por uma virgem se abateu a Diana u'a corça,
que a nenhu'a virgem hoje a corça é morta.

O cão

Entre os Sapeus, ó Hemo, e os que vivem nas tuas neves,
vi deventre de cães libado à Trívia.

O burro

Para o duro guardião do campo é morto o burro
— a história é licenciosa, mas de um deus.

Priapo e Lótis

Celebravas, ó Grécia, os festejos de Baco,
que a cada três invernos acontecem.
Vieram os deuses, de Lieu os adoradores,
e todo a quem não era o riso estranho,
os Pãs, a juventude excitada de sátiros,
e dos rios as deusas, e das matas;
viera o velho Sileno em u'asninho pançudo,
e Priapo, o membro rubro, assusta as aves.
Os que encontraram para doce festa um bosque,
deitaram sobre leitos de capim.
Cada um tinha u'a guirlanda; Líber dava os vinhos,
e o rio, as águas p'ra se misturar.
Algumas náiades chegaram desgrenhadas,
outras, que habilidosas mãos pentearam;
u'a serve à mesa, co'o vestido repuxado,
co'as vestes soltas, a outra mostra o seio;
o ombro uma exibe, aquela veste-se com folhas,
nenhum laço constrange os pés macios,
outras nos sátiros provocam brandos fogos,
e em ti, Pã, que de pinho a fronte adornas.

te quoque, inexstinctae Silene libidinis, urunt:
  nequitia est quae te non sinit esse senem.
At ruber, hortorum decus et tutela, Priapus   415
  omnibus ex illis Lotide captus erat:
hanc cupit, hanc optat, sola suspirat in illa,
  signaque dat nutu sollicitatque notis.
Fastus inest pulchris sequiturque superbia formam:
  inrisum uoltu despicit illa suo.   420
Nox erat, et uino somnum faciente iacebant
  corpora diuersis uicta sopore locis;
Lotis in herbosa sub acernis ultima ramis,
  sicut erat lusu fessa, quieuit humo.
Surgit amans animamque tenens uestigia furtim   425
  suspenso digitis fert taciturna gradu.
Vt tetigit niueae secreta cubilia nymphae,
  ipsa sui flatus ne sonet aura cauet;
et iam finitima corpus librabat in herba:
  illa tamen multi plena soporis erat.   430
Gaudet et a pedibus tracto uelamine uota
  ad sua felici coeperat ire uia.
Ecce rudens rauco Sileni uector asellus
  intempestiuos edidit ore sonos.
Territa consurgit nymphe, manibusque Priapum   435
  reicit, et fugiens concitat omne nemus.
At deus, obscena nimium quoque parte paratus,
  omnibus ad lunae lumina risus erat.
Morte dedit poenas auctor clamoris; et haec est
  Hellespontiaco uictima grata deo.   440

Intactae fueratis aues, solacia ruris,
  adsuetum siluis innocuumque genus,
Quae facitis nidos et plumis oua fouetis,
  et facili dulces editis ore modos;
sed nihil ista iuuant, quia linguae crimen habetis,   445
  dique putant mentes uos aperire suas.
(nec tamen hoc falsum: nam, dis ut proxima quaeque,
  nunc pinna ueras, nunc datis ore notas.)
Tuta diu uolucrum proles tum denique caesa est,

Também te assanham, ó Seleno insaciável,
   não te deixa a luxúria ficar velho.
Mas o rubro Priapo, honra e deus dos jardins,
   dentre todas por Lótis cativou-se.
Por ela só suspira; a deseja e cobiça;
   ele mexe a cabeça e pede aceno.
Mas nas belas há orgulho e a soberba acompanha-as,
   e ela mostrou no rosto seu desprezo.
De noite, pelo vinho embriagados, deitavam
   o corpo adormecido aqui e ali.
Sob um galho de bordo, em leito de ervas, Lótis,
   da festa exausta, adormeceu no chão.
O apaixonado surge a furto e, o ar prendendo,
   traz na ponta do pé os passos mudos.
Quando chegou à alcova apartada da ninfa,
   cuidou que nem seu sopro no ar soasse.
Quando alcançou o leito, equilibrava o corpo,
   enquanto ela no sono estava entregue.
Alegra-se, e ao tirar o véu dos pés, começa
   o caminho feliz de seus desejos.
Eis que, rouco ornejando, o burro de Sileno
   intempestivos sons soltou da boca.
No susto, ergue-se a ninfa e repele com as mãos
   Priapo, e ao fugir abala todo o bosque.
Mas o deus, com a parte obscena preparada,
   sob o luar provocou em todos riso.
O autor do zurro recebeu pena de morte
   e p'r'o deus do Helesponto é cara a vítima.

As aves

Estivestes a salvo, ó aves, prazer do campo,
   espécie inofensiva afeita às matas,
que fazeis ninhos, chocais ovos na plumagem,
   e que soltais dos bicos doces cantos.
Mas nada ajuda, pois da língua o crime tendes,
   e os deuses creem mostrardes seus intentos.
Isso é verdade, pois mais próximas dos deuses,
   co'o voo ou canto dais veras notícias.
A salvo um dia, agora, então, ave é imolada

iuueruntque deos indicis exta sui. 450
Ergo saepe suo coniunx abducta marito
 uritur Idaliis alba columba focis.
Nec defensa iuuant Capitolia, quo minus anser
 det iecur in lances, Inachioti, tuas.
Nocte deae Nocti cristatus caeditur ales, 455
 quod tepidum uigili prouocet ore diem.

Interea Delphin clarum super aequora sidus
 tollitur et patriis exserit ora uadis.

10. B EN
Postera lux hiemem medio discrimine signat,
 aequaque praeteritae quae superabit erit. 460

11. C CAR : NP
Proxima prospiciet Tithono nupta relicto
 Arcadiae sacrum pontificale deae.
Te quoque lux eadem, Turni soror, aede recepit,
 hic ubi Virginea Campus obitur aqua.
Vnde petam causas horum moremque sacrorum? 465
 Deriget in medio quis mea uela freto?

Ipsa mone, quae nomen habes a carmine ductum,
 propositoque faue, ne tuus erret honor.
Orta prior luna, de se si creditur ipsi,
 a magno tellus Arcade nomen habet. 470

Hinc fuit Euander, qui, quamquam clarus utroque,
 nobilior sacrae sanguine matris erat;
quae, simul aetherios animo conceperat ignes,
 ore dabat uero carmina plena dei.
Dixerat haec nato motus instare sibique, 475
 multaque praeterea tempore nacta fidem.
Nam iuuenis nimium uera cum matre fugatus

e aos deuses suas vísceras agradam.
Por isso a esposa sempre queima u'a pomba branca,
 recebida do esposo, na ara Idália.
Ter defendido o Capitólio não impede
 que o ganso, ó Ináquia, o fígado te dê.
Para a deusa da noite, à noite, um galo é morto,
 pois suscita co'o vígil canto o dia.

A constelação do Golfinho

Mas já a constelação do Golfinho, no mar
 ergue-se e das paternas ondas sai.

10 de janeiro: a metade do inverno

Marca o próximo dia a metade do inverno
 e o que foi será igual ao que virá.

11 de janeiro: as festas Carmentais

De novo a esposa de Titono, o abandonando,
 verá da ninfa Arcádia as sacras festas.
Recebeu-te no templo a mesma luz, ó irmã
 de Turno, onde a Água Virgem banha o campo.
Onde acharei a causa e os usos desses cultos?
 Quem guiará no mar as minhas velas?

Invocação a Carmenta

Instrui-me, tu que tens de um *carme* feito o nome,
 ó Carmenta, e tua glória não vagueei.
A crer-se nela, mais antiga do que a lua,
 do grande Arcas a terra tem seu nome.

Evandro

Dali era Evandro – ainda que nobre dos dois lados,
 da parte da divina mãe mais era.
Quando ela n'alma etéreos fogos recebia,
 carmes plenos de deus vertia a boca.
Dissera ao filho ameaçarem-nos mudanças,
 cumpriram-se depois as predições.
Pois o jovem, co'a mãe verídica fugindo,

deserit Arcadiam Parrhasiumque larem.
Cui genetrix flenti 'Fortuna uiriliter' inquit
    '(siste, precor, lacrimas) ista ferenda tibi est.   480
Sic erat in fatis, nec te tua culpa fugauit,
    sed deus: offenso pulsus es urbe deo.
Non meriti poenam pateris, sed numinis iram:
    est aliquid magnis crimen abesse malis.
Conscia mens ut cuique sua est, ita concipit intra   485
    pectora pro facto spemque metumque suo.
Nec tamen ut primus maere mala talia passus:
    obruit ingentes ista procella uiros.
Passus idem est Tyriis qui quondam pulsus ab oris
    Cadmus in Aonia constitit exul humo;   490
passus idem Tydeus et idem Pagasaeus Iason,
    et quos praeterea longa referre mora est.
Omne solum forti patria est, ut piscibus aequor,
    ut uolucri uacuo quicquid in orbe patet.
Nec fera tempestas toto tamen horret in anno: 495
    et tibi, crede mihi, tempora ueris erunt.'

Vocibus Euander firmata mente parentis
    naue secat fluctus Hesperiamque tenet.
Iamque ratem doctae monitu Carmentis in amnem
    egerat et Tuscis obuius ibat aquis.   500

Fluminis illa latus, cui sunt uada iuncta Tarenti,
    aspicit et sparsas per loca sola casas;
utque erat, immissis puppem stetit ante capillis,
    continuitque manum torua regentis iter,
et procul in dextram tendens sua bracchia ripam   505
    pinea non sano ter pede texta ferit,
neue daret saltum properans insistere terrae
    uix est Euandri uixque retenta manu;
'Di' que 'petitorum' dixit 'saluete locorum,
    tuque, nouos caelo terra datura deos,   510
fluminaque et fontes, quibus utitur hospita tellus,

abandonou a Arcádia e o Lar parrásio.
Choroso, diz-lhe a mãe: "Virilmente à Fortuna
   tens de aguentar. Eu rogo, seca as lágrimas.
No fado estava assim. Não te exilou tua culpa,
   mas um deus, que ofendido te expulsou.
Não expias u'a pena; a ira, porém, dos deuses:
   já é grande coisa apenas não ter crimes.
De cada qual é a mente. Assim, dentro do peito,
   nascem medo e esperança pelo feito.
Mas não és o primeiro a aguentar esses males
   – igual procela engole grandes homens.
Da Tíria expulso, outrora, o mesmo suportou
   Cadmo, que êxul chegou à terra ausônia.
Igualmente Jasão e Tideu suportaram,
   e outros que será longo recordar.
P'r'o forte é a pátria todo chão, como é p'r'os peixes,
   o mar, ou para as aves, o vazio.
A tempestade não assusta o ano inteiro:
   crê em mim, a primavera chegará".

Chegada dos arcádios em Roma

Evandro, co'ânimo firmado pela mãe,
   corta o mar num navio e chega à Hespéria.
Sob os conselhos de Carmenta, ao Tibre a nau
   levara, e defrontava as águas tuscas.

Profecia de Carmenta

Ela as margens do rio e as terras de Tarento
   vê, e cabanas dispersas solitárias.
Como estava, parou na popa e, escabelada,
   torva, prendeu a mão do timoneiro.
Para margem direita os braços estendendo,
   co'o insano pé três vezes fere as tábuas.
P'ra que não desse um salto em direção à terra,
   a custo a segurou a mão de Evandro.
"Ó deuses do lugar", diz ela, "ansiado, salve!
   e ó tu, terra que ao céu dará mais deuses,
rios e fontes desta terra hospitaleira,

et nemorum siluae Naiadumque chori,
este bonis auibus uisi natoque mihique,
   ripaque felici tacta sit ista pede.
Fallor, an hi fient ingentia moenia colles,   515
   iuraque ab hac terra cetera terra petet?
montibus his olim totus promittitur orbis.
   Quis tantum fati credat habere locum?
Et iam Dardaniae tangent haec litora pinus:
   hic quoque causa noui femina Martis erit.   520
Care nepos Palla, funesta quid induis arma?
   indue: non humili uindice caesus eris.
Victa tamen uinces euersaque, Troia, resurges:
   obruit hostiles ista ruina domos.
Vrite uictrices Neptunia Pergama flammae: 525
   num minus hic toto est altior orbe cinis?
Iam pius Aeneas sacra et, sacra altera, patrem
   adferet: Iliacos accipe, Vesta, deos.
Tempus erit cum uos orbemque tuebitur idem,
   et fient ipso sacra colente deo,   530
et penes Augustos patriae tutela manebit:
   hanc fas imperii frena tenere domum.
Inde nepos natusque dei, licet ipse recuset,
   pondera caelesti mente paterna feret,
utque ego perpetuis olim sacrabor in aris,   535
   sic Augusta nouum Iulia numen erit.'
Talibus ut dictis nostros descendit in annos,
   substitit in medio praescia lingua sono.
Puppibus egressus Latia stetit exul in herba:
   felix, exilium cui locus ille fuit!   540
Nec mora longa fuit: stabant noua tecta, nec alter
   montibus Ausoniis Arcade maior erat.

Ecce boues illuc Erytheidas adplicat heros
   emensus longi clauiger orbis iter,
dumque huic hospitium domus est Tegeaea, uagantur   545
   incustoditae lata per arua boues.
Mane erat: excussus somno Tirynthius actor
   de numero tauros sentit abesse duos.

plantas do matagal, coro de náiades,
vede meu filho e a mim com propícios augúrios,
   tocada por meu pé se alegre a beira.
Engano-me ou em muro as colinas transformam-se
   e outras terras buscar da terra é a lei?
Todo orbe é prometido há muito a essas montanhas.
   Quem creria um tal fado p'ra um lugar?
Então, os pinhos da Dardânia a praia tocam,
   também uma mulher causará a guerra.
Caro Palante, por que tens funestas armas?
   Veste: morto terás grande vingança.
Bem que vencida, ó Troia, vences e ressurges
   – essa ruína esmagou os inimigos.
Ó chama vencedora, arde a netúnia Pérgamo!
   Cinzas mais nobres há no orbe mais que aqui?
Já o pio Eneias traz o pai e os bens sagrados;
   os ilíacos deuses, Vesta, acolhe!
Chegará o tempo que ao orbe e a vós defenderá,
   sereis cultuados pelo próprio deus.
Só co'os Augustos ficará segura a pátria,
   dão-se as rédeas do império a sua família.
Do deus o filho, ou o neto, embora este o recuse,
   do divo pai trarão na mente o peso.
Quando um dia no altar eu vier a ser cultuada,
   Júlia Augusta será u'a nova deusa".
Co'essas palavras alcançou os nossos anos
   e em meio à predição parou a língua.
Êxul, Evandro, ao sair da nau pisou no Lácio,
   feliz – era o lugar de seu exílio!
Não demorou e, sus!, novas casas. Na Ausônia,
   aldeia mor que a Arcádia não havia.

Hércules e Caco

Eis que os bois de Eriteu leva p'ra ali o herói
   clavígero, depois de andar o mundo.
Enquanto Evandro o hospeda em casa, perambulam
   seus bois sem guardião pela planície.
Mas de manhã, expulso o sono, o herói Tiríntio
   percebe entre os seus touros dois faltarem.

Nulla uidet quaerens taciti uestigia furti:
    traxerat auersos Cacus in antra ferox, 550
Cacus, Auentinae timor atque infamia siluae,
    non leue finitimis hospitibusque malum.
Dira uiro facies, uires pro corpore, corpus
    grande (pater monstri Mulciber huius erat),
proque domo longis spelunca recessibus ingens, 555
    abdita, uix ipsis inuenienda feris;
ora super postes adfixaque bracchia pendent,
    squalidaque humanis ossibus albet humus.
Seruata male parte boum Ioue natus abibat:
    mugitum rauco furta dedere sono. 560
'Accipio reuocamen' ait, uocemque secutus
    impia per siluas ultor ad antra uenit.
Ille aditum fracti praestruxerat obice montis;
    uix iuga mouissent quinque bis illud opus.
Nititur hic umeris (caelum quoque sederat illis), 565
    et uastum motu conlabefactat onus.
Quod simul euersum est, fragor aethera terruit ipsum,
    ictaque subsedit pondere molis humus.
Prima mouet Cacus conlata proelia dextra
    remque ferox saxis stipitibusque gerit. 570
Quis ubi nil agitur, patrias male fortis ad artes
    confugit, et flammas ore sonante uomit;
quas quotiens proflat, spirare Typhoea credas
    et rapidum Aetnaeo fulgur ab igne iaci.
Occupat Alcides, adductaque claua trinodis 575
    ter quater aduerso sedit in ore uiri.
Ille cadit mixtosque uomit cum sanguine fumos
    et lato moriens pectore plangit humum.
Immolat ex illis taurum tibi, Iuppiter, unum
    uictor et Euandrum ruricolasque uocat, 580

constituitque sibi, quae Maxima dicitur, aram,
    hic ubi pars Urbis de boue nomen habet.
Nec tacet Euandri mater prope tempus adesse
    Hercule quo tellus sit satis usa suo.
At felix uates, ut dis gratissima uixit, 585
    possidet hunc Iani sic dea mense diem.

Procurando não vê rastros do mudo furto
   – Caco à gruta puxara-os ao contrário:
da floresta aventina ele era a infâmia e o medo,
   grande mal p'r'os vizinhos e estrangeiros.
Feroz a face, o corpo grande e a força enorme,
   desse monstro Mulcíber era o pai.
Tinha por casa uma caverna imensa e funda,
   só a custo pelas feras encontrada.
Cabeças presas nos portais e braços pendem,
   e eriçado de ossos, branco é chão.
Dos mal guardados bois Hércules desistia:
   os furtados, porém, mugiram roucos.
"Ouço o chamado", diz, e seguindo os mugidos,
   pelas matas o ultor chega à ímpia gruta.
Caco a fechara co'um pedaço de montanha,
   que dez juntas a custo moveriam.
Nos ombros, que também o céu tomaram, Hércules
   esforça-se e balança a grande massa.
Ao ser virada, u'estrondo os ares apavora,
   e sob imenso peso o solo afunda.
Terçando as mãos, primeiro Caco intenta a luta,
   e feroz tem por armas paus e pedras.
Mas como não adianta, acorre à arte paterna,
   e da boca vomita atroante fogo.
A cada sopro, pensar-se-ia que Tifeu
   respira, e que do Etna cai um raio.
Revida o Alcides e, a nodosa maça erguendo,
   quatro vezes ou três na cara acerta.
Caco tomba e vomita u'a fumaça com sangue
   e, morrendo, no solo bate o peito.
Ó Jove, o vencedor p'ra ti um de seus touros
   imola; chama Evandro co'os pastores.

Ara Máxima

Constrói pr'a si um altar, que Máximo é chamado,
   ali onde a Urbe do boi recebe o nome.
Não cala a mãe de Evandro: "Aproxima-se o tempo
   em que Hércules à terra faltará".
E a afortunada profetisa, grata aos deuses,
   no mês de Jano assim possui seu dia.

13. E EID : NP

Idibus in magni castus Iouis aede sacerdos
    semimaris flammis uiscera libat ouis;
redditaque est omnis populo prouincia nostro
    et tuus Augusto nomine dictus auus. 590
Perlege dispositas generosa per atria ceras:
    contigerunt nulli nomina tanta uiro.
Africa uictorem de se uocat, alter Isauras
    aut Cretum domitas testificatur opes;
hunc Numidae faciunt, illum Messana superbum; 595
    ille Numantina traxit ab urbe notam:
et mortem et nomen Druso Germania fecit;
    me miserum, uirtus quam breuis illa fuit!
Si petat a uictis, tot sumet nomina Caesar
    quot numero gentes maximus orbis habet. 600
Ex uno quidam celebres aut torquis adempti
    aut corui titulos auxiliaris habent.
Magne, tuum nomen rerum est mensura tuarum:
    sed qui te uicit nomine maior erat.
Nec gradus est supra Fabios cognominis ullus: 605
    illa domus meritis Maxima dicta suis.
Sed tamen humanis celebrantur honoribus omnes,
    hic socium summo cum Ioue nomen habet.
Sancta uocant augusta patres, augusta uocantur
    templa sacerdotum rite dicata manu: 610
huius et augurium dependet origine uerbi
    et quodcumque sua Iuppiter auget ope.
Augeat imperium nostri ducis, augeat annos,
    protegat et uestras querna corona fores:
auspicibusque deis tanti cognominis heres 615
    omine suscipiat, quo pater, orbis onus.

15. G CAR : NP

Respiciet Titan actas ubi tertius Idus,
    fient Parrhasiae sacra relata deae.
Nam prius Ausonias matres carpenta uehebant
    (haec quoque ab Euandri dicta parente reor); 620
Mox honor eripitur, matronaque destinat omnis

13 de janeiro e o nome de Augusto

Nos Idos, casto sacerdote ao grande Jove
   nas chamas liba as vísceras de u'a ovelha.
O nosso povo recebeu toda província
   e o teu avô de Augusto foi chamado.
Percorre as máscaras de cera no átrio nobre:
   não foi dado a ninguém tanto renome.
Chama-se um vencedor da África, outro de Isauras,
   outro atesta haver Creta conquistado.
A um, Messina engrandece, e os númidas a um outro;
   a Numância a um outro tornou célebre:
para Druso a Germânia o nome e a morte deu
   — foi tão breve, ai de mim, o seu valor.
Se César adotar todos nomes vencidos,
   de todos povos do orbe terá o nome.
De um só feito, também, uns fizeram-se célebres,
   por auxílio de um corvo ou de um colar.
Teu nome, ó *Magno*, por teus feitos é medido,
   porém, quem te venceu tem *maior* nome.
Mas nenhum apelido ultrapassa o dos Fábios,
   por seus méritos, *Máxima* é sua casa.
Esses celebram-se co'as honras dos mortais,
   e co'o nome de Jove se associam.
Os pais chamam de *augusto* o culto; augusto é o templo,
   por mãos de sacerdotes consagrado.
Provém dessa palavra a origem dos *augúrios*,
   e o que com sua ajuda Jove *aumenta*.
Eis o *auge* do poder de César e dos anos —
   u'a coroa de roble o umbral vos orne.
Que de tão grande nome o herdeiro, co'os auspícios
   dos deuses, como o pai, assuma o mundo.

15 de janeiro — segunda festa de Carmenta

Depois dos Idos, o terceiro sol verá
   para a ninfa parrásia u'a nova festa.
Antes, *carpentos* transportavam mães ausônias
   — penso que o nome vem da mãe de Evandro.
Logo, a honra é retirada, e as mulheres decidem

ingratos nulla prole nouare uiros,
neue daret partus, ictu temeraria caeco
    uisceribus crescens excutiebat onus.
Corripuisse patres ausas immitia nuptas,   625
    ius tamen exemptum restituisse ferunt,
binaque nunc pariter Tegeaeae sacra parenti
    pro pueris fieri uirginibusque iubent.
Scortea non illi fas est inferre sacello,
    ne uiolent puros exanimata focos.   630

Siquis amas ueteres ritus, adsiste precanti;
    nomina percipies non tibi nota prius.
Porrima placatur Postuertaque, siue sorores,
    siue fugae comites, Maenali diua, tuae;
altera quod porro fuerat cecinisse putatur,   635
    altera uenturum postmodo quicquid erat.

16. H C (NP inde ab anno 10 p. C.)

Candida, te niueo posuit lux proxima templo,
    qua fert sublimes alta Moneta gradus,
nunc bene prospiciens Latiam Concordia turbam,
    -nunc- te sacratae constituere manus.   640
Furius antiquam, populi superator Etrusci,
    uouerat et uoti soluerat ille fidem.
Causa, quod a patribus sumptis secesserat armis
    uolgus, et ipsa suas Roma timebat opes.
Causa recens melior: passos Germania crines   645
    porrigit auspiciis, dux uenerande, tuis.
Inde triumphatae libasti munera gentis
    templaque fecisti, quam colis ipse, deae.
Hanc tua constituit genetrix et rebus et ara,
    sola toro magni digna reperta Iouis.   650

17. A C

Haec ubi transierint, Capricorno, Phoebe, relicto
    per iuuenis curres signa regentis aquam.

p'r'os ingratos maridos não dar filhos:
não mais paririam. Temerárias, com pancadas,
arrancavam o peso que crescia.
O Senado puniu as ousadas esposas,
mas também devolveu-lhes o direito.
Ordenou que haja duas festas p'ra Carmenta –
uma p'ras virgens e outra p'r'os rapazes.
Com peles na capela entrar não é direito,
p'ra que algo morto o templo não viole.

Pórrima e Posverta

Se antigos ritos amas, ouve o suplicante:
nomes perceberás desconhecidos.
Cultuam Pórrima e Posverta, quer irmãs,
quer sócias em tua fuga, ó deusa Mênala.
Acredita-se que uma o futuro cantasse,
enquanto a outra, aquilo que passou.

16 de janeiro – o templo da Concórdia

Cândida, a nova luz pôs-te no níveo templo,
junto à escada que leva à alta Moneta,
hoje, ó Concórdia, que, propícia ao Lácio povo,
as religiosas mãos te consagraram.
E Fúrio, o vencedor dos etruscos, cultuara
a antiga deusa – e o voto assim cumpria,
pois do Senado se afastara a armada plebe,
quando Roma temia as próprias forças.
Melhor é a nova causa: a Germânia depôs
a cabeleira aos teus pés venerandos.
Daí, do povo vencido o presente libaste,
e edificaste um templo para a deusa.
Co'oferendas tua mãe cumulou os altares;
só ela mereceu o leito de Jove.

17 de janeiro – as constelações de Capricórnio e Aquário

Passada a festa, após deixar o Capricórnio,
para o signo de Aquário corre Febo.

23. G C

Septimus hinc Oriens cum se demiserit undis,
    fulgebit toto iam Lyra nulla polo.

24. H C

Sidere ab hoc ignis uenienti nocte, Leonis   655
    qui micat in medio pectore, mersus erit.

Ter quater euolui signantes tempora fastos,
    nec Sementiua est ulla reperta dies;
cum mihi (sensit enim) 'Lux haec indicitur' inquit
    Musa, 'quid a fastis non stata sacra petis?   660
Vtque dies incerta sacri, sic tempora certa,
    seminibus iactis est ubi fetus ager.'
State coronati plenum ad praesepe, iuuenci:
    cum tepido uestrum uere redibit opus.
Rusticus emeritum palo suspendat aratrum: 665
    omne reformidat frigore uolnus humus.
Vilice, da requiem terrae semente peracta;
    da requiem, terram qui coluere, uiris.
Pagus agat festum: pagum lustrate, coloni,
    et date paganis annua liba focis.   670

Placentur frugum matres, Tellusque Ceresque,
    farre suo grauidae uisceribusque suis:
officium commune Ceres et Terra tuentur;
    haec praebet causam frugibus, illa locum.
Consortes operis, per quas correcta uetustas   675
    quernaque glans uicta est utiliore cibo,
frugibus immensis auidos satiate colonos,
    ut capiant cultus praemia digna sui.
Vos date perpetuos teneris sementibus auctus,
    nec noua per gelidas herba sit usta niues.   680
Cum serimus, caelum uentis aperite serenis;
    cum latet, aetheria spargite semen aqua.
Neue graues cultis Cerialia rura cauete

23 de janeiro – a constelação de Lira

Quando o sétimo sol nas ondas imergir,
  não brilhará já em todo céu a Lira.

24 de janeiro – constelação de Leão

Dessa constelação, mergulhará de noite,
  o fogo que do Leão brilha no peito.

As festas Sementivas

Três, quatro vezes repassei o calendário
  e não achei a festa Sementiva.
 Percebe-o e diz a Musa: "O dia que procuras
  é data móvel. Buscas encontrá-lo?
Embora seja em data incerta, é certo o tempo
  em que germina o campo semeado".
No estábulo ficai coroados, bezerros,
  vossa obra tornará na primavera.
O lavrador num pau suspenda o arado emérito;
  no frio a Terra teme ser ferida.
Dá descanso, ó feitor, às terras semeadas,
  e dá descanso aos homens que a lavraram.
Que haja festa na aldeia – aldeões, lustrai o bosque;
  dai os libos anuais à ara pagã!

Ceres e Terra

Os grãos agradarão às mães – a Terra e Ceres –,
  e a farinha co'as vísceras de u'a porca.
Ceres e a Terra têm um ofício em comum:
  dos frutos, uma é a causa, a outra, o lugar.
Consortes na obra, pelas quais a antiguidade
  foi polida, e vencida foi a glande,
saciai com muitos grãos os colonos ansiosos,
  p'ra recolherem prêmios da lavoura.
Dai um aumento contínuo às macias sementes,
  e que a neve não queime os novos brotos.
Ao semearmos, abri o céu com mansos ventos;
  enterrada a semente, aspergi chuvas,
cuidai que os pássaros em bando não devastem

agmine laesuro depopulentur aues.
Vos quoque, formicae, subiectis parcite granis: 685
    post messem praedae copia maior erit.
Interea crescat scabrae robiginis expers
    nec uitio caeli palleat ulla seges,
et neque deficiat macie nec pinguior aequo
    diuitiis pereat luxuriosa suis;   690
et careant loliis oculos uitiantibus agri,
    nec sterilis culto surgat auena solo;
triticeos fetus passuraque farra bis ignem
    hordeaque ingenti fenore reddat ager.
Haec ego pro uobis, haec uos optate coloni,   695
    efficiatque ratas utraque diua preces.
Bella diu tenuere uiros: erat aptior ensis
    uomere, cedebat taurus arator equo;
sarcula cessabant, uersique in pila ligones,
    factaque de rastri pondere cassis erat.   700
Gratia dis domuique tuae: religata catenis
    iampridem uestro sub pede Bella iacent.
Sub iuga bos ueniat, sub terras semen aratas:
    Pax Cererem nutrit, Pacis alumna Ceres.

27. C C
At quae uenturas praecedit sexta Kalendas,   705
    hac sunt Ledaeis templa dicata deis:
fratribus illa deis fratres de gente deorum
    circa Iuturnae composuere lacus.

30. F NP
Ipsum nos carmen deduxit Pacis ad aram:
    haec erit a mensis fine secunda dies.   710
Frondibus Actiacis comptos redimita capillos,
    Pax, ades et toto mitis in orbe mane.
Dum desint hostes, desit quoque causa triumphi:
    tu ducibus bello gloria maior eris.
Sola gerat miles, quibus arma coerceat, arma,   715
    canteturque fera nil nisi pompa tuba.
Horreat Aeneadas et primus et ultimus orbis:
    siqua parum Romam terra timebat, amet.

os campos cultivados de cereais.
Ó formigas, poupai os enterrados grãos:
　　maior será depois o saque às messes.
A plantação livre, no entanto, da ferrugem
　　cresça e a não esmaeça um mal do céu;
não míngue de magreza ou, farta além da conta,
　　pela sua riqueza não pereça.
Nocivo aos olhos, suma o joio da lavoura,
　　e na leiva não surja a avena estéril.
O trigo, o farro – que duas vezes vai ao fogo,
　　feno e cevada o campo restitua.
Essas coisas pedi, colonos, e eu convosco,
　　p'ra que as deusas as preces ratifiquem.
Mais que co'arado, eram co'a espada os homens destros;
　　ao cavalo cedia o touro o arado.
Dormia a enxada, e em pilo o cabo transformava-se,
　　de um prato de balança o elmo era feito.
Graças aos deuses e a tua casa, a vossos pés
　　a guerra jaz enfim presa em grilhões.
Jungido seja o boi, no chão fique a semente.
　　Ceres da Paz é filha, e a Paz a nutre.

27 de janeiro – templo de Cástor e Pólux

No sexto dia que às Calendas antecede,
　　dedicaram-se templos aos Ledeus –
o templo aos dois irmãos divinos, dois irmãos
　　construíram junto ao lago de Juturna.

30 de janeiro – a Ara da Paz

O próprio poema nos levou à Ara da Paz:
　　dois dias faltarão p'r'o fim do mês.
Com a cabeça pelos louros do Ácio ornada,
　　chegas, ó Paz, e mansa no orbe fica.
Como falta inimigo, os triunfos não têm causa,
　　dos generais serás a maior glória.
Que o soldado só empunhe armas p'ra armas tolher,
　　e apenas pompas toque a fera tuba.
Do início ao fim do mundo temam-se os enéades.
　　Que ame Roma, se há alguém que não a tema.

Tura, sacerdotes, Pacalibus addite flammis,
    albaque perfusa uictima fronte cadat;   720
utque domus, quae praestat eam, cum pace perennet
    ad pia propensos uota rogate deos.

Sed iam prima mei pars est exacta laboris,
    cumque suo finem mense libellus habet.

Ó sacerdotes, incensai a Ara da Paz!
   Banhada a face, tombe a branca vítima.
E, co'a casa que traz, que a Paz seja perene
   aos deuses favoráveis suplicai.

Encerramento

Da minha empresa está cumprida a prima parte,
   e co'o mês o capítulo tem fim.

LIVRO II – FEVEREIRO

Ianus habet finem, cum carmine crescit et annus:
  alter ut hic mensis, sic liber alter eat.
Nunc primum uelis, elegi, maioribus itis:
  exiguum, memini, nuper eratis opus.
Ipse ego uos habui faciles in amore ministros,   5
  cum lusit numeris prima iuuenta suis.

Idem sacra cano signataque tempora fastis:
  ecquis ad haec illinc crederet esse uiam?
Haec mea militia est; ferimus quae possumus arma,
  dextraque non omni munere nostra uacat.   10
Si mihi non ualido torquentur pila lacerto
  nec bellatoris terga premuntur equi,
nec galea tegimur, nec acuto cingimur ense
  (his habilis telis quilibet esse potest),
at tua prosequimur studioso pectore, Caesar,   15
  nomina, per titulos ingredimurque tuos.
Ergo ades et placido paulum mea munera uoltu
  respice, pacando siquid ab hoste uacat.

Februa Romani dixere piamina patres:
  nunc quoque dant uerbo plurima signa fidem.   20
Pontifices ab rege petunt et flamine lanas,
  quis ueterum lingua februa nomen erat;
quaeque capit lictor domibus purgamina certis,
  torrida cum mica farra, uocantur idem;
nomen idem ramo, qui caesus ab arbore pura   25
  casta sacerdotum tempora fronde tegit.
Ipse ego flaminicam poscentem februa uidi;
  februa poscenti pinea uirga data est.
Denique quodcumque est quo corpora nostra piantur,
  hoc apud intonsos nomen habebat auos.   30
Mensis ab his dictus, secta quia pelle Luperci
  omne solum lustrant, idque piamen habent;
aut quia placatis sunt tempora pura sepulcris,

Proposição

Janeiro acaba, e co'o poema o ano prossegue;
    u'outro livro co'o novo mês comece.
Primeiro, ide, elegias, com mais velas:
    éreis antes, recordo, obra menor.
Versos dóceis no amor vos tive um dia eu mesmo,
    quando jovem co'a métrica brinquei.

Dedicatória a Augusto

Coisas sagradas canto, e assinaladas datas:
    quem creria que fosse o meu caminho?
Essa é minha milícia; empunho armas que tenho,
    minha mão a nenhum dever se furta.
Se, com válido braço os pilos não atiro,
    nem peso do corcel guerreiro o dorso,
se elmo não uso e afiada espada não me cinge
    – qualquer um pode nisso ser perito –,
eu, co'animoso coração, sigo teu nome,
    ó César, e teus títulos percorro.
Vem, e um propício olhar volta p'r'os meus esforços,
    se na obra de impor paz restar-te tempo.

As purificações

De *fébruo* à expiação os romanos chamavam,
    e hoje há muitos sinais que assim dão fé.
O pontífice pede a lã ao rei e ao flâmine,
    que era chamada *fébruo* em língua antiga.
Fébruo é também o bolo de farinha e sal
    que numas casas o litor recebe.
Nome igual tem o ramo arrancado da árvore,
    que de algum sacerdote adorna as têmporas
– eu mesmo vi uma flamínica pedir
    o *fébruo*, e receber u'a pínea vara.
Tudo que purifica o nosso corpo, enfim,
    os intonsos avós chamavam *fébruo*.
É *fevereiro* pois lupercos, flagelando-se
    com retalhos de couro o solo expiam;
ou por ser tempo puro, aplacados já os túmulos,

tum cum ferales praeteriere dies.
Omne nefas omnemque mali purgamina causam 35
credebant nostri tollere posse senes.
Graecia principium moris dedit: illa nocentes
impia lustratos ponere facta putat.
Actoriden Peleus, ipsum quoque Pelea Phoci
caede per Haemonias soluit Acastus aquas; 40
uectam frenatis per inane draconibus Aegeus
credulus immerita Phasida fouit ope;
Amphiareiades Naupactoo Acheloo
'Solue nefas' dixit, soluit et ille nefas.
Ah nimium faciles, qui tristia crimina caedis 45
fluminea tolli posse putatis aqua!
Sed tamen, antiqui ne nescius ordinis erres,
primus, ut est, Iani mensis et ante fuit;
qui sequitur Ianum, ueteris fuit ultimus anni:
tu quoque sacrorum, Termine, finis eras. 50
Primus enim Iani mensis, quia ianua prima est:
qui sacer est imis manibus, imus erat.
Postmodo creduntur spatio distantia longo
tempora bis quini continuasse uiri.

1. H : K : FEB : N
Principio mensis Phrygiae contermina Matri 55
Sospita delubris dicitur aucta nouis.
Nunc ubi sunt, illis quae sunt sacrata Kalendis
templa deae? Longa procubuere die.
Cetera ne simili caderent labefacta ruina
cauit sacrati prouida cura ducis, 60
sub quo delubris sentitur nulla senectus;
nec satis est homines, obligat ille deos.
Templorum positor, templorum sancte repostor,
sit superis opto mutua cura tui.
Dent tibi caelestes, quos tu caelestibus, annos, 65
proque tua maneant in statione domo.

Tum quoque uicini lucus celebratur Alerni,
qua petit aequoreas aduena Thybris aquas.

quando os dias ferais então se foram.
Criam os anciãos que a purgação podia
  nossos crimes e o mal purificar.
A Grécia deu o costume – ela crê que o culpado
  pode se inocentar co'a expiação.
Peleu purificou Pátroclo, e a ele, Acasto,
  pela morte de Foco, co'água hemônia.
Por encilhadas serpes no ar levada, à fásida
  Egeu purificou, crendo-a inocente.
O filho de Anfirau ao naupacto Aqueloo
  diz: "Purga o crime". E o crime ele purgou.
Ó crédulos que achais que pode a água do rio
  lavar os tristes crimes de homicídio!
Mas p'ra que a antiga ordem não erres, foi janeiro
  antes dos outros meses, como é hoje.
No antigo calendário, o que o segue foi o último:
  Término, eras também o fim dos cultos.
De Jano é o primo mês, porque é o deus das entradas,
  e o último, o consagrado aos manes últimos.
Crê-se que foram os decênviros que uniram
  por longo espaço os tempos distanciados.

1 de fevereiro – templo a Juno Sóspita

No princípio do mês, vizinha da mãe frígia
  Sóspita era adorada em novo templo.
Onde está agora o templo à deusa consagrado
  nas Calendas? O tempo o derrubou.
E p'ra que os outros em ruína igual não caiam,
  um curador dos templos se antecipa.
Sob ele, nenhum templo a velhice percebe.
  Não basta os homens, ele obriga os deuses.
Restaurador e fundador santo de templos,
  haja entre ti e os deuses mútuo zelo.
Deem-te os clestes mesmos anos que lhes deste,
  e em sentinela guardem tua casa.

As festas do Alerno

Também então é celebrado o bosque Alerno,
  onde as águas do mar o Tibre encontra.

Ad penetrale Numae Capitolinumque Tonantem
    inque Iouis summa caeditur arce bidens.   70
Saepe graues pluuias adopertus nubibus aether
    concitat, aut posita sub niue terra latet.

2. A N
Proximus Hesperias Titan abiturus in undas
    gemmea purpureis cum iuga demet equis,
illa nocte aliquis, tollens ad sidera uoltum,   75
    dicet 'Ubi est hodie quae Lyra fulsit heri?'
Dumque Lyram quaeret, medii quoque terga Leonis
    in liquidas subito mersa notabit aquas.

3. B N
Quem modo caelatum stellis Delphina uidebas,   80
    is fugiet uisus nocte sequente tuos,
seu fuit occultis felix in amoribus index,
    Lesbida cum domino seu tulit ille lyram.

Quod mare non nouit, quae nescit Ariona tellus?
    Carmine currentes ille tenebat aquas.
Saepe sequens agnam lupus est a uoce retentus,   85
    saepe auidum fugiens restitit agna lupum;
saepe canes leporesque umbra iacuere sub una,
    et stetit in saxo proxima cerua leae,
et sine lite loquax cum Palladis alite cornix
    sedit, et accipitri iuncta columba fuit.   90
Cynthia saepe tuis fertur, uocalis Arion,
    tamquam fraternis obstipuisse modis.
Nomen Arionium Siculas impleuerat urbes
    captaque erat lyricis Ausonis ora sonis;
Inde domum repetens puppem conscendit Arion,   95
    atque ita quaesitas arte ferebat opes.
Forsitan, infelix, uentos undasque timebas:
    at tibi naue tua tutius aequor erat.
Namque gubernator destricto constitit ense
    ceteraque armata conscia turba manu.   100

Sacrifícios a Júpiter

Nos penetrais de Numa, na ara do Tonante
    e no monte de Jove hóstias são mortas.
Nublado sempre o céu desaba grandes chuvas,
    ou a terra se oculta sob a neve.

2 de fevereiro – as constelações de Lira e Leão

O novo sol que despontar na água da Hespéria,
    co'os brilhantes corcéis erguerá a biga.
Naquela noite, alguém erguendo o olhar dirá:
    "Onde está a Lira que ontem refulgiu?"
E, enquanto busca a Lira, encontrará o Leão,
    que, súbito, mergulha o dorso n'água.

3 de fevereiro – Constelação de Golfinho

O estrelado delfim que vias até há pouco
    fugirá de teus olhos, vindo a noite.
Foi feliz indicar os ocultos amores,
    ou levar com seu mestre lésbio a lira.

Aríon

Que mar ou terras há que a Aríon não conheçam?
    Com o canto ele retinha o curso d'água.
Sempre, sua voz parava o lobo, que seguia
    a ovelha; e, sempre, a ovelha, que fugia.
Sempre lebres e cães sob uma mesma sombra
    deitavam-se, a leoa junto à corça.
Pousavam sem discórdia a gralha e a ave de Palas,
    e junto ao gavião ficava a pomba.
A Cíntia se enlevava, Aríon, com teu canto,
    como se ouvisse as músicas do irmão.
De Aríon o nome enchia as sículas cidades,
    e o som da lira cativou a Ausônia.
Na volta ao lar, num barco Aríon se confiou,
    e levava as riquezas ganhas co'arte.
Talvez temesses, ó infeliz, o vento e as ondas,
    mas era mais seguro o mar que o barco.
Co'a espada em punho, o capitão se apresentou,
    co'o restante da malta e as mãos armadas.

Quid tibi cum gladio? Dubiam rege, nauita, puppem:
    non haec sunt digitis arma tenenda tuis.
Ille, metu pauidus, 'Mortem non deprecor' inquit,
    'sed liceat sumpta pauca referre lyra.'
Dant ueniam ridentque moram: capit ille coronam,   105
    quae possit crines, Phoebe, decere tuos;
induerat Tyrio bis tinctam murice pallam:
    reddidit icta suos pollice chorda sonos,
flebilibus numeris ueluti canentia dura
    traiectus penna tempora cantat olor.   110
Protinus in medias ornatus desilit undas;
    spargitur impulsa caerula puppis aqua.
Inde (fide maius) tergo delphina recuruo
    se memorant oneri subposuisse nouo.
Ille, sedens citharamque tenens, pretiumque uehendi   115
    cantat et aequoreas carmine mulcet aquas.
Di pia facta uident: astris delphina recepit
    Iuppiter et stellas iussit habere nouem.

5. D NON : NP

Nunc mihi mille sonos quoque est memoratus Achilles
    uellem, Maeonide, pectus inesse tuum,   120
dum canimus sacras alterno carmine Nonas.
    Maximus hic fastis accumulatur honor.
Deficit ingenium, maioraque uiribus urgent:
    haec mihi praecipuo est ore canenda dies.
Quid uolui demens elegis imponere tantum   125
    ponderis? heroi res erat ista pedis.
Sancte pater patriae, tibi plebs, tibi curia nomen
    hoc dedit, hoc dedimus nos tibi nomen, eques.
Res tamen ante dedit: sero quoque uera tulisti
    nomina, iam pridem tu pater orbis eras.   130
Hoc tu per terras, quod in aethere Iuppiter alto,
    nomen habes: hominum tu pater, ille deum.
Romule, concedes: facit hic tua magna tuendo
    moenia, tu dederas transilienda Remo.
Te Tatius paruique Cures Caeninaque sensit,   135
    hoc duce Romanum est solis utrumque latus;
tu breue nescio quid uictae telluris habebas,

Por que do gládio? Rege, ó piloto, o navio!
    Não tenhas essas armas entre os dedos!
Aríon diz com medo: "A vida eu não suplico,
    mas que eu possa tocar um pouco a lira".
Deixam, rindo do atraso. Ele pôs u'a coroa
    que poderia, ó Febo, te adornar.
De tíria púrpura retinto, um manto usou.
    Pelos dedos tocada, a corda soa,
igual a um cisne co'a cabeça atravessada
    por u'a flecha, que canta flébeis metros.
Logo, adornado, ele se atira em meio às ondas,
    e co'as águas azuis borrifa o barco
No curvo dorso, então – ó portento! –, um golfinho
    decide receber um novo peso.
Co'a lira, o poeta canta em prêmio ao que o transporta,
    e a água do mar, co'o canto, acaricia.
Os deuses veem os pios feitos: Jove ordena
    receber o Golfinho entre as estrelas.

5 de fevereiro – Augusto e Rômulo

Mil línguas eu queria, e ainda teu coração,
    ó meônide cantor da ira de Aquiles,
enquanto em canto alterno e canto as sacras Nonas.
    Essa honra mor cumula o calendário.
Falta-me engenho, os grandes feitos urgem forças
    e neste dia eu mais devo cantar.
Como, demente, eu pude impor tamanho peso
    a uma elegia, se épico era o assunto?
Ó santo Pai da Pátria, esse nome te dão
    a Cúria, a plebe e nós, os cavaleiros.
Mas antes deu-to a história, pois tarde auferiste
    o título: eras pai já do universo!
O título que tens na terra, tem-no Júpiter:
    dos homens és o pai, e ele, dos deuses.
Rômulo, cede! César faz grandes os muros
    que tu deixaste Remo atravessar.
Tu derrotaste Tácio, Cures e Cecina;
    porém, César comanda o leste e o oeste.
Tinhas, eu não sei qual, um torrão conquistado

quodcumque est alto sub Ioue, Caesar habet.
Tu rapis, hic castas duce se iubet esse maritas;
    tu recipis luco, reppulit ille nefas;   140
uis tibi grata fuit, florent sub Caesare leges;
    tu domini nomen, principis ille tenet;
te Remus incusat, ueniam dedit hostibus ille;
    caelestem fecit te pater, ille patrem.

Iam puer Idaeus media tenus eminet aluo,   145
    et liquidas mixto nectare fundit aquas.
En etiam, siquis Borean horrere solebat,
    gaudeat: a Zephyris mollior aura uenit.

10. A N

Quintus ab aequoreis nitidum iubar extulit undis
    Lucifer, et primi tempora ueris erunt.   150
Ne fallare tamen, restant tibi frigora, restant,
    magnaque discedens signa reliquit hiems.

12. C N

Tertia nox ueniat, Custodem protinus Ursae
    aspicies geminos exseruisse pedes.

Inter hamadryadas iaculatricemque Dianam   155
    Callisto sacri pars fuit una chori.
Illa, deae tangens arcus, 'Quos tangimus arcus,
    este meae testes uirginitatis' ait.
Cynthia laudauit, 'promissa' que 'foedera serua,
    et comitum princeps tu mihi' dixit 'eris.'   160
Foedera seruasset, si non formosa fuisset:
    cauit mortales, de Ioue crimen habet.
Mille feras Phoebe siluis uenata redibat
    aut plus aut medium sole tenente diem;
ut tetigit lucum (densa niger ilice lucus,   165
    in medio gelidae fons erat altus aquae),
'Hic' ait 'in silua, uirgo Tegeaea, lauemur';
    erubuit falso uirginis illa sono.

– tudo o que está sob Jove, César tem.
Tu raptas, ele ordena os castos casamentos;
    no bosque o crime acolhes, e ele o expulsa.
A força aprouve-te, viceja a lei com César,
    chamaram-te Senhor, e a ele, Príncipe.
Remo te acusa, ele perdoa os inimigos;
    teu pai te fez um deus, e ele, ao pai.

Constelação de Aquário

Já no horizonte, o moço ideu põe-se a surgir,
    e, mescladas com néctar, verte as águas.
Se alguém com Bóreas tiritava, que se alegre:
    com Zéfiro, mais brando vento chega.

10 de fevereiro – a chegada da Primavera

No quinto sol que das marinhas águas tira
    o claro brilho, chega a Primavera.
Mas não te enganes, pois uns frios ainda restam:
    indo-se, o inverno deixa os seus sinais.

12 de fevereiro – a constelação de Bootes

Venha a terceira noite, e verás os dois pés
    do guardador da Ursa aparecerem.

Calisto

Co'as hamadríades, Calisto tomou parte
    do coro de Diana caçadora.
Tocando o arco da deusa: "Ó arco que toco", diz,
    "que a minha virgindade testemunhes".
Louvou-a a Cíntia, e disse: "A promessa mantém,
    e serás a princesa do meu coro".
Se não fosse formosa, o pacto guardaria:
    mortais evita, e o crime tem de Jove.
Mil feras na floresta a Fêbea havia caçado,
    e regressava quase ao meio-dia.
Chegando ao bosque (um escuro azinheiral,
    onde havia, no centro, u'a fonte d'água),
diz: "Ó virgem tegeia, aqui nos banharemos",
    e Calisto corou, por não ser virgem.

Dixerat et nymphis. nymphae uelamina ponunt;
    hanc pudet, et tardae dat mala signa morae.   170
Exuerat tunicas; uteri manifesta tumore
    proditur indicio ponderis ipsa suo.
Cui dea 'Virgineos, periura Lycaoni, coetus
    desere, nec castas pollue' dixit 'aquas.'
Luna nouum decies implerat cornibus orbem: 175
    quae fuerat uirgo credita, mater erat.
Laesa furit Iuno, formam mutatque puellae:
    quid facis? Inuito est pectore passa Iouem.
Vtque ferae uidit turpes in paelice uoltus,
    'Huius in amplexus, Iuppiter,' inquit 'eas.'   180
Vrsa per incultos errabat squalida montes
    quae fuerat summo nuper amata Ioui.
Iam tria lustra puer furto conceptus agebat,
    cum mater nato est obuia facta suo.
Illa quidem, tamquam cognosceret, adstitit amens,   185
    et gemuit: gemitus uerba parentis erant.
Hanc puer ignarus iaculo fixisset acuto
    ni foret in superas raptus uterque domos.
Signa propinqua micant: prior est, quam dicimus Arcton,
    Arctophylax formam terga sequentis habet.   190
Saeuit adhuc canamque rogat Saturnia Tethyn
    Maenaliam tactis ne lauet Arcton aquis.

13. D EID : NP

Idibus agrestis fumant altaria Fauni
    hic ubi discretas insula rumpit aquas.

Haec fuit illa dies in qua Veientibus armis   195
    ter centum Fabii ter cecidere duo.
Vna domus uires et onus susceperat urbis:
    sumunt gentiles arma professa manus.
Egreditur castris miles generosus ab isdem,
    e quis dux fieri quilibet aptus erat.   200
Carmentis portae dextro est uia proxima iano:
    ire per hanc noli, quisquis es; omen habet.
Illa fama refert Fabios exisse trecentos:
    porta uacat culpa, sed tamen omen habet.

Às ninfas disse-o a deusa, e as ninfas se despiram.
    Ela se peja, e o atraso já a incrimina.
Despiu a túnica: exibindo o ventre inchado,
    que nos seios também ela mostrava.
Diz-lhe a deusa: "Ó perjura! Afasta-te das virgens;
    não sujes, Licaônia, as castas águas".
Dez voltas completara a lua com seus chifres,
    e a que antes fora virgem, fez-se mãe.
Juno, ultrajada e em fúria, a metamorfoseia.
    Que fez? Cedeu a Jove a contragosto.
Juno, ao ver na rival de u'a ursa a torpe cara,
    diz a Jove: "Procura o abraço dela!"
A ursa errava imunda por incultos montes
    – ela que fora amada já por Jove.
Quinze anos tinha o moço a furto concebido,
    quando da mãe co'o filho deu-se o encontro.
Logo ao o reconhecer, perturbada parou
    e gemeu – e o gemido era de u'a mãe.
Ínscio o moço a teria atingido co'a lança,
    se não fossem levados para o céu.
Perto, as constelações brilham; primeiro Arcto;
    e parece que Artófilax a segue:
Recrudesce a Satúrnia e roga à branca Tétis
    que Arcto nunca se banhe ou toque na água.

13 de fevereiro – sacrifício a Fauno

Durante os Idos, fuma o altar do Fauno agreste,
    ali onde a ilha rompe e cinde as águas.

Os trezentos e seis Fábios

Naquele dia, ali, trezentos e seis Fábios
    pelas armas dos veios foram mortos.
Assumira uma só família o ônus da pátria,
    e os parentes na luta se engajaram.
Dos quartéis, o soldado ilustre aí saído
    seria qualquer um bom comandante.
Pelo arco de Carmenta, à direita de Jano,
    não passes – é mau presságio atravessar.
Ali, os trezentos Fábios diz-se que passaram:
    – culpa não têm as portas, mas presságios.

Vt celeri passu Cremeram tetigere rapacem   205
   (turbidus hibernis ille fluebat aquis),
castra loco ponunt: destrictis ensibus ipsi
   Tyrrhenum ualido Marte per agmen eunt;
non aliter quam cum Libyca de gente leones
   inuadunt sparsos lata per arua greges.   210
Diffugiunt hostes inhonestaque uolnera tergo
   accipiunt: Tusco sanguine terra rubet.
Sic iterum, sic saepe cadunt; ubi uincere aperte
   non datur, insidias armaque tecta parant.
Campus erat, campi claudebant ultima colles   215
   siluaque montanas occulere apta feras.
In medio paucos armentaque rara relinquunt,
   cetera uirgultis abdita turba latet.
Ecce uelut torrens undis pluuialibus auctus
   aut niue, quae Zephyro uicta tepente fluit,   220
per sata perque uias fertur nec, ut ante solebat,
   riparum clausas margine finit aquas,
sic Fabii uallem latis discursibus implent,
   quodque uident sternunt, nec metus alter inest.
Quo ruitis, generosa domus? male creditis hosti: 225
   simplex nobilitas, perfida tela caue.
Fraude perit uirtus: in apertos undique campos
   prosiliunt hostes et latus omne tenent.
Quid faciant pauci contra tot milia fortes?
   Quidue, quod in misero tempore restet, adest?   230
Sicut aper longe siluis latratibus actus
   fulmineo celeres dissipat ore canes,
mox tamen ipse perit, sic non moriuntur inulti,
   uolneraque alterna dantque feruntque manu.
Vna dies Fabios ad bellum miserat omnes,   235
   ad bellum missos perdidit una dies.
Vt tamen Herculeae superessent semina gentis,
   credibile est ipsos consuluisse deos:
nam puer impubes et adhuc non utilis armis
   unus de Fabia gente relictus erat;   240
scilicet ut posses olim tu, Maxime, nasci,
   cui res cunctando restituenda foret.

Quando chegaram, com ligeiro passo ao Crêmera,
  que co'as águas de inverno fluía túrbido,
quartéis ergueram. Eles vão, co'a espada à mostra,
  pela tropa tirrena, em forte Marte.
É igual quando os leões, vindos da terra líbica,
  atacam os rebanhos pelos prados.
Foge o inimigo, com ferida vergonhosa
  às costas – tusco cruor vermelha a terra.
Assim, de novo caem. Quando vencer às claras
  não é possível, traições preparam.
Havia um campo, por montanhas e florestas
  rodeado, um bom refúgio para as feras.
No meio dele, há uns poucos homens e umas reses,
  todos se refugiam entre os ramos.
Eis que, qual rio pelas chuvas engrossado,
  ou por neve que o Zéfiro fundiu,
que pelas plantações e vias vai levado
  e não mantém nas margens a água presa,
assim os Fábios, na carreira enchem o vale.
  Tudo o que veem, destroem – não há medo.
Aonde ides, gente ilustre? Em hoste má confiastes:
  fugi, nobreza ingênua, de armas pérfidas.
Morre o valor no dolo. O inimigo se espalha
  no campo aberto e cerca toda a encosta.
O que farão uns poucos bravos contra mil?
  Que ajuda há nesse tempo desgraçado?
Igual a um javali perseguido por cães,
  que co'os fulmíneos dentes os dispersa,
mas logo morre, assim perecem se vingando,
  levam e dão feridas alternadas.
Um só dia mandou todos Fábios à guerra,
  e um só dia na guerra os perdeu todos.
Mas que da hercúlea gente u'a semente restasse,
  crê-se que os próprios deuses decidiram.
Pois um menino imberbe, ainda inábil co'as armas,
  da Fábia gente, o único, ficou,
para que, ó Máximo, pudesses tu nascer,
  e salvasses a pátria ao te atrasares.

14. E N

Continuata loco tria sidera, Coruus et Anguis
    et medius Crater inter utrumque, iacent.
Idibus illa latent, oriuntur nocte sequenti;   245
    quae, tibi, cur tria sint tam sociata, canam.
Forte Ioui Phoebus festum sollemne parabat
    (non faciet longas fabula nostra moras):
'I, mea' dixit 'auis, ne quid pia sacra moretur,
    et tenuem uiuis fontibus adfer aquam.'   250
Coruus inauratum pedibus cratera recuruis
    tollit et aerium peruolat altus iter.
Stabat adhuc duris ficus densissima pomis:
    temptat eam rostro, non erat apta legi;
immemor imperii sedisse sub arbore fertur,   255
    dum fierent tarda dulcia poma mora.
Iamque satur nigris longum rapit unguibus hydrum,
    ad dominumque redit, fictaque uerba refert:
'Hic mihi causa morae, uiuarum obsessor aquarum:
    hic tenuit fontes officiumque meum.'   260
'Addis' ait 'culpae mendacia' Phoebus 'et audes
    fatidicum uerbis fallere uelle deum?
At tibi, dum lactens haerebit in arbore ficus,
    de nullo gelidae fonte bibentur aquae.'
Dixit, et, antiqui monimenta perennia facti,   265
    Anguis, auis, Crater sidera iuncta micant.

15. F LVPER : NP

Tertia post Idus nudos aurora Lupercos
    aspicit, et Fauni sacra bicornis eunt.

Dicite, Pierides, sacrorum quae sit origo,
    attigerint Latias unde petita domos.   270
Pana deum pecoris ueteres coluisse feruntur
    Arcades; Arcadiis plurimus ille iugis.
Testis erit Pholoe, testes Stymphalides undae,
    quique citis Ladon in mare currit aquis,
cinctaque pinetis nemoris iuga Nonacrini,   275

14 de fevereiro –
constelações de Corvo, Serpente e Taça

Contínuas três constelações seguem no céu:
o Corvo, a Serpe, e a Taça entre essas duas.
Somem nos Idos, porém nascem na outra noite.
Dir-te-ei por que tão juntas são as três.
Solene festa a Jove Apolo preparava
– grande demora a história não fará.
"Minha ave", diz, "para que o culto não atrase,
busca nas vivas fontes água pura".
Co'as curvas garras, pega o corvo a taça de ouro,
e alto, pelo caminho aéreo, voa.
No rumo, havia uma figueira carregada.
Testa co'o bico a fruta, que está verde.
Das ordens esquecido, empoleira-se na árvore,
enquanto espera u'a fruta amadurar.
Já satisfeito, o corvo agarra a grande taça
e volta ao deus: palavras fictas diz:
"Causou minha demora o guardião da viva água;
ele estorvou a fonte e o meu dever".
"Juntas", diz Febo, "à culpa u'a mentira, e te atreves
a querer enganar o deus profeta?
Então, enquanto o figo na árvore estiver,
água não beberás em fonte alguma".
Disse, e para do feito antigo recordarem,
brilham juntos o Corvo, a Serpe e a Taça.

15 de fevereiro – as Lupercais

A terça aurora após os Idos vê os lupercos
nus e o culto do Fauno de dois chifres.

Origem árcade do culto

Dizei, Piérides, a origem desse culto
e de onde foi trazido às terras lácias.
Dizem que Pã era cultuado pelos árcades
em muitos montes como o deus dos gados.
Testemunham-no a água estinfálica, o Fóloe
e o Ládon, que p'r'o mar co'as águas corre,
todos os pinheirais das montanhas nonácrias,

altaque Tricrene Parrhasiaeque niues.
Pan erat armenti, Pan illic numen equarum,
    munus ob incolumes ille ferebat oues.
Transtulit Euander siluestria numina secum:
    hic, ubi nunc urbs est, tum locus urbis erat.   280
Inde deum colimus deuectaque sacra Pelasgis:
    flamen ad haec prisco more Dialis erat.

Cur igitur currant, et cur (sic currere mos est)
    nuda ferant posita corpora ueste, rogas?

Ipse deus uelox discurrere gaudet in altis   285
    montibus, et subitas concipit ipse fugas:
Ipse deus nudus nudos iubet ire ministros;
    nec satis ad cursus commoda uestis erit.

Ante Iouem genitum terras habuisse feruntur
    Arcades, et luna gens prior illa fuit.   290
Vita feris similis, nullos agitata per usus:
    artis adhuc expers et rude uolgus erat.
Pro domibus frondes norant, pro frugibus herbas;
    nectar erat palmis hausta duabus aqua.
Nullus anhelabat sub adunco uomere taurus,   295
    nulla sub imperio terra colentis erat:
nullus adhuc erat usus equi; se quisque ferebat:
    ibat ouis lana corpus amicta sua.
Sub Ioue durabant et corpora nuda gerebant,
    docta graues imbres et tolerare Notos.   300
Nunc quoque detecti referunt monimenta uetusti
    moris, et antiquas testificantur opes.

Sed cur praecipue fugiat uelamina Faunus,
    traditur antiqui fabula plena ioci.
Forte comes dominae iuuenis Tirynthius ibat: 305
    uidit ab excelso Faunus utrumque iugo;

o alto Cirene e as neves do Parrásio.
Pã era o nume dos armentos e das éguas,
    por proteger ovelhas, o cultuavam.
Trouxe Evandro consigo as divindades rústicas:
    aqui, onde Roma é hoje, era vazio.
Daí cultuamos o deus e os ritos dos pelasgos:
    co'o flâmine Dial, ao modo antigo.

A nudez dos lupercos

"Por que, afinal, correm? Por que (esse é o costume)
    trazem, sem roupa, os corpos nus?", perguntas.

A imitação de Pã

O próprio deus veloz gosta de pelos montes
    correr, e principia o reboliço.
O deus nu ordena seus ministros irem nus,
    pois na corrida as roupas incomodam.

Os costumes da Arcádia

Dizem que a Arcádia antes de Jove já existia
    e já havia seu povo antes da lua.
Como a das feras era a vida sem proveito,
    eu povo era ainda rude e sem destreza.
Galhos tinham por casa, e o mato pelas frutas;
    era um néctar beber a água co'as mãos.
Não arfava nenhum touro sob a charrua,
    não submetia a terra o agricultor.
Cada um se transportava, o cavalo era inútil,
    e a ovelha, com sua lã, ia coberta.
Viviam ao relento, e o corpo nu traziam,
    o Noto e grandes chuvas suportando.
Hoje, a nudez traz a memória do uso antigo,
    testemunhando a antiga autoridade.

Hércules e Ônfale

Mas, sobretudo, porque o Fauno é avesso às roupas,
    conta uma antiga fábula engraçada.
Por acaso, o Tiríntio ia co'a namorada,
    e, do alto da montanha, o fauno os viu.

uidit et incaluit, 'montana' que 'numina', dixit
   'nil mihi uobiscum est: hic meus ardor erit.'
ibat odoratis umeros perfusa capillis
   Maeonis, aurato conspicienda sinu: 310
aurea pellebant tepidos umbracula soles,
   quae tamen Herculeae sustinuere manus.
Iam Bacchi nemus et Tmoli uineta tenebat,
   Hesperos et fusco roscidus ibat equo.
Antra subit tofis laqueata et pumice uiuo;   315
   garrulus in primo limine riuus erat.
Dumque parant epulas potandaque uina ministri,
   cultibus Alciden instruit illa suis:
dat tenues tunicas Gaetulo murice tinctas,
   dat teretem zonam, qua modo cincta fuit.   320
Ventre minor zona est; tunicarum uincla relaxat,
   ut posset magnas exseruisse manus.
Fregerat armillas non illa ad bracchia factas,
   scindebant magni uincula parua pedes.
Ipsa capit clauamque grauem spoliumque leonis   325
   conditaque in pharetra tela minora sua.
Sic epulis functi sic dant sua corpora somno,
   et positis iuxta secubuere toris:
causa, repertori uitis quia sacra parabant,
   quae facerent pure, cum foret orta dies.   330
Noctis erat medium, quid non amor improbus audet?
   Roscida per tenebras Faunus ad antra uenit:
utque uidet comites somno uinoque solutos,
   spem capit in dominis esse soporis idem.
Intrat et huc illuc temerarius errat adulter,   335
   et praefert cautas subsequiturque manus.
Venerat ad strati captata cubilia lecti,
   et felix prima sorte futurus erat;
ut tetigit fului saetis hirsuta leonis
   uellera, pertimuit sustinuitque manum,   340
attonitusque metu rediit, ut saepe uiator
   turbatum uiso rettulit angue pedem.
Inde tori qui iunctus erat uelamina tangit
   mollia, mendaci decipiturque nota.
Ascendit spondaque sibi propiore recumbit,   345

Viu, se inflamou e disse: "Ó deuses da montanha.
 deixar-vos-ei: aquela é o meu ardor!
A meônia moça tinha a coma perfumada
 sobre os ombros, e a veste aurinitente.
Refletia o sol quente u'a sombrinha dourada
 que era levada pelas mãos hercúleas.
E ia aos bosques de Baco e aos vinhais de Tmolo,
 quando Héspero partiu no escuro potro.
De pomes revestida, ela entra nu'a gruta,
 co'um rio murmurante em sua entrada.
Enquanto a refeição e o vinho são servidos,
 com suas roupas o Alcides ela veste.
Dá-lhe sua túnica de púrpura tingida
 e a cinta que, torcida, usava há pouco.
A cinta aperta o ventre, e ele desata a túnica
 para poder passar as grandes mãos.
Amassara a pulseira apertada p'r'o braço,
 e os grandes pés rompiam os cadarços.
Já ela, empunha a clava e a pele do leão,
 e no carcás, as flechas pequeninas.
Daí, finda a refeição, ao sono dão seus corpos,
 separados deitaram-se nos leitos,
porque p'r'o deus do vinho o culto preparavam,
 que ao vir da aurora puros lhe fariam.
À meia-noite, o que não ousa o ímprobo amor?
 Pelas trevas à gruta chega o Fauno.
Quando vê os servos pelo vinho adormecidos,
 em mesmo sono espera achar os deuses.
Entra e erra por ali o temerário adúltero,
 com cautelosas mãos tateia e segue.
À câmara do leito almejado chegou,
 e seria feliz co'a prima sorte.
Porém, quando tocou o velo do leão
 hirsuto, se assustou e a mão parou.
Voltou com medo, como sempre o viajante
 retira o pé turbado ao ver u'a cobra.
Então, no leito ao lado, ele toca o tecido
 macio, que mendaz fá-lo enganar-se.
Ergue-se e deita sobre o estrado ao pé de si;

et tumidum cornu durius inguen erat.
Interea tunicas ora subducit ab ima:
    horrebant densis aspera crura pilis.
Cetera temptantem subito Tirynthius heros
    reppulit: e summo decidit ille toro.   350
Fit sonus, inclamat comites et lumina poscit
    Maeonis: inlatis ignibus acta patent.
Ille gemit lecto grauiter deiectus ab alto,
    membraque de dura uix sua tollit humo.
Ridet et Alcides et qui uidere iacentem,   355
    ridet amatorem Lyda puella suum.
Veste deus lusus fallentes lumina uestes
    non amat, et nudos ad sua sacra uocat.

Adde peregrinis causas, mea Musa, Latinas,
    inque suo noster puluere currat equus.   360
Cornipedi Fauno caesa de more capella
    uenit ad exiguas turba uocata dapes.
Dumque sacerdotes ueribus transuta salignis
    exta parant, medias sole tenente uias,
Romulus et frater pastoralisque iuuentus   365
    solibus et campo corpora nuda dabant.
Vectibus et iaculis et misso pondere saxi
    bracchia per lusus experienda dabant:
pastor ab excelso 'Per deuia rura iuuencos,
    Romule, praedones, et Reme', dixit 'agunt.'   370
Longum erat armari: diuersis exit uterque
    partibus, occursu praeda recepta Remi.
Vt rediit, ueribus stridentia detrahit exta
    atque ait 'haec certe non nisi uictor edet.'
Dicta facit, Fabiique simul. Venit inritus illuc   375
    Romulus et mensas ossaque nuda uidet.
Risit, et indoluit Fabios potuisse Remumque
    uincere, Quintilios non potuisse suos.
Forma manet facti: posito uelamine currunt,
    et memorem famam quod bene cessit habet.   380

mais duro do que um chifre tinha o membro.
No entanto, quando sob a túnica se enfia,
  sente ásperas as pernas cabeludas.
E, mais tentando, de repente, o herói Tiríntio
  o repeliu – do leito ele caiu.
Co'o ruído, a Meônia grita e pede luz aos servos:
  trazida a luz, se mostra o teso membro.
Ele geme, do leito atirado com força,
  e ergue do duro chão a custo os membros.
Riem o Alcides e os que o viram derrubado,
  de seu apaixonado a lídia ri.
Assim, o deus, logrado por u'a roupa, a odeia,
  e p'r'o seu culto os nus somente chama.

Explicação latina

O motivo latino ao estrangeiro ajunta,
  ó Musa, e o meu corcel corra em seu pó.
Imolada uma cabra ao cornípede Fauno,
  chega u'a turma p'ra já magra refeição.
Enquanto o sacerdote, em fincos de salgueiro,
  tosta as carnes, no sol do meio-dia,
Rômulo, Remo e a juventude pastoril
  ao sol e ao campo os corpos nus entregam.
Co'a funda, a javalina e o arremesso de pedra
  exercitam os braços, por prazer.
Grita no alto um pastor: "Ladrões por ínvios campos
  roubam, ó Remo e Rômulo, os bezerros".
O armar os tardaria: e partem separados;
  mas é Remo que encontra e pega o furto.
Quando voltou, do espeto as carnes tira e diz:
  "Senão o vencedor, que ninguém coma".
Co'os Fábios, dito e feito. Então, Rômulo chega
  co'a mão vazia e vê a mesa e os ossos nus.
Ri e se magoa por poderem Remo e o Fábios
  vencer, e seus Quintílios não poderem.
Do feito a forma se mantém. Correm sem roupas
  e a vantagem de Remo é recordada.

Forsitan et quaeras cur sit locus ille Lupercal,
    quaeue diem tali nomine causa notet.
Siluia Vestalis caelestia semina partu
    ediderat, patruo regna tenente suo;
is iubet auferri paruos et in amne necari: 385
    quid facis? Ex istis Romulus alter erit.
Iussa recusantes peragunt lacrimosa ministri
    (flent tamen) et geminos in loca sola ferunt.
Albula, quem Tiberim mersus Tiberinus in undis
    reddidit, hibernis forte tumebat aquis: 390
hic, ubi nunc fora sunt, lintres errare uideres,
    quaque iacent ualles, Maxime Circe, tuae.
Huc ubi uenerunt (neque enim procedere possunt
    longius), ex illis unus et alter ait:
'At quam sunt similes! at quam formosus uterque!   395
    plus tamen ex illis iste uigoris habet.
Si genus arguitur uoltu, nisi fallit imago,
    nescioquem in uobis suspicor esse deum.
At siquis uestrae deus esset originis auctor,
    in tam praecipiti tempore ferret opem: 400
Ferret opem certe, si non ope, mater, egeret,
    quae facta est uno mater et orba die.
Nata simul, moritura simul, simul ite sub undas
    corpora.' Desierat, deposuitque sinu.
Vagierunt ambo pariter: sensisse putares;   405
    hi redeunt udis in sua tecta genis.
Sustinet impositos summa cauus alueus unda:
    heu quantum fati parua tabella tulit!
Alueus in limo siluis adpulsus opacis
    paulatim fluuio deficiente sedet.   410
Arbor erat: remanent uestigia, quaeque uocatur
    Rumina nunc ficus Romula ficus erat.
Venit ad expositos, mirum, lupa feta gemellos:
    quis credat pueris non nocuisse feram?
Non nocuisse parum est, prodest quoque. Quos lupa nutrit,   415
    perdere cognatae sustinuere manus.
Constitit et cauda teneris blanditur alumnis,
    et fingit lingua corpora bina sua.

O bosque Lupercal e o nascimento de Rômulo e Remo

Por que aquele lugar é o Lupercal?, indagas,
    e que causa marcou co'o nome o dia?
Sílvia, a vestal, parira as celestes sementes
    quando seu tio o reino governava.
Ele mandou levar e afogar os pequenos.
    Que fazes? Dentre eles um é Rômulo!
A contragosto, em pranto os servos a ordem cumprem
    e para u'ermo lugar levam os gêmeos.
A água do inverno enchia o Álbula, hoje Tibre,
    desde que Tiberino aí se afogou.
Barcos verias onde estão agora os fóruns
    e o vale em que te encontras, Circo Máximo.
Ao chegarem ali – porque enfim, não podiam
    ir mais longe, para o outro um deles disse:
"Ah, que formosos são, e quanto se parecem!
    Mais vigor, no entanto, um deles tem.
Se o rosto mostra a estirpe e a imagem não engana,
    de um deus, que não sei qual, suspeito serdes.
Mas se algum deus de vossa estirpe fosse o autor,
    depressa vos traria algum auxílio.
Traria auxílio a mãe, se acaso não faltasse –
    num só dia foi mãe e vos perdeu.
Nascidos juntos, mortos juntos. Ide, corpos,
    sob as águas". Calou-se e os soltou.
Os dois vagiram: pensarias que entendiam.
    Chorosos, para casa os outros voltam.
Sustém o cavo bojo o peso sobre as águas
    – que tamanho destino carregou!
No limo o bojo vai levado à selva escura,
    até que, escoando o rio, ao seco chega.
Havia uma figueira – e ainda restam vestígios –,
    antes chamada Rômula, hoje é Rúmina.
Chega u'a loba parida aos gêmeos – ó prodígio!
    Quem creria que a fera os não ferisse?
Não só os não fere, ainda os salva – a loba nutre
    aqueles que as parentes mãos perderam.
Para e, co'a cauda, acaricia os aleitados,
    e passa a sua língua nos dois corpos.

Marte satos scires: timor abfuit, ubera ducunt
    nec sibi promissi lactis aluntur ope.   420
Illa loco nomen fecit, locus ipse Lupercis;
    magna dati nutrix praemia lactis habet.

Quid uetat Arcadio dictos a monte Lupercos?
    Faunus in Arcadia templa Lycaeus habet.

Nupta, quid exspectas? non tu pollentibus herbis   425
    nec prece nec magico carmine mater eris;
excipe fecundae patienter uerbera dextrae,
    iam socer optatum nomen habebit aui.
Nam fuit illa dies, dura cum sorte maritae
    reddebant uteri pignora rara sui.   430
'Quid mihi' clamabat 'prodest rapuisse Sabinas'
    Romulus (hoc illo sceptra tenente fuit),
'si mea non uires, sed bellum iniuria fecit?
    Vtilius fuerat non habuisse nurus.'
Monte sub Esquilio multis incaeduus annis   435
    Iunonis magnae nomine lucus erat.
Huc ubi uenerunt, pariter nuptaeque uirique
    suppliciter posito procubuere genu:
cum subito motae tremuere cacumina siluae,
    et dea per lucos mira locuta suos.   440
'Italidas matres' inquit 'sacer hircus inito.'
    obstipuit dubio territa turba sono.
Augur erat, nomen longis intercidit annis:
    nuper ab Etrusca uenerat exul humo;
ille caprum mactat: iussae sua terga puellae   445
    pellibus exsectis percutienda dabant.
Luna resumebat decimo noua cornua motu,
    uirque pater subito nuptaque mater erat.
Gratia Lucinae: dedit haec tibi nomina lucus,
    aut quia principium tu, dea, lucis habes.   450
Parce, precor, grauidis, facilis Lucina, puellis,
    maturumque utero molliter aufer onus.

Filhos de Marte não têm medo: as tetas pegam
    e de um leite não deles se alimentam.
Deu nome ela ao lugar, e o lugar aos lupercos;
    e a loba tem seu prêmio pelo leite.

O nome Arcádio

Que impede que de Arcádio o luperco nomeie-se?
    Fauno Liceu na Arcádia tem seu templo.

Juno Lucina e a flagelação das mulheres

O que esperas, ó esposa? Ervas potentes, preces
    e encantamentos mãe não te farão.
Suporta o látego da mão fecundadora,
    e o sogro será enfim chamado avô.
Pois houve um tempo quando as mães, com dura sorte,
    do útero pariam raros filhos.
"De que me adianta haver as sabinas raptado",
    diz Rômulo, que então portava o cetro,
"se guerras, mas não forças, trouxe o crime?
    Melhor fora que noivas não tivéssemos".
Intacto ao pé do monte Esquilino por anos
    havia um bosque a Juno dedicado.
Foram ali juntos maridos e mulheres,
    e postos de joelhos, suplicaram.
Quando, de súbito, tremeu o alto da mata,
    e no bosque falou a grande deusa:
"Que o sacro bode ataque as itálicas mães".
    Com o som confuso a turba se pasmou.
Havia um áugure – seu nome se perdeu –,
    que exilado da Etrúria viera há pouco.
Mata ele um bode e manda que as mulheres batam
    nas costas com sua pele retalhada.
A nova lua completava mais dez voltas
    e então foi o homem pai e a esposa mãe.
Por graça de *Lucina*, o *luco* dá seu nome,
    ó deusa, ou porque tens da *luz* a entrada.
Salva, Lucina, eu rogo, as grávidas mulheres
    e tira o peso do útero das mães.

Orta dies fuerit, tu desine credere uentis;
    perdidit illius temporis aura fidem.
Flamina non constant, et sex reserata diebus   455
    carceris Aeolii ianua lata patet.

Iam leuis obliqua subsedit Aquarius urna:
    proximus aetherios excipe, Piscis, equos.
Te memorant fratremque tuum (nam iuncta micatis
    signa) duos tergo sustinuisse deos.   460
Terribilem quondam fugiens Typhona Dione,
    tum, cum pro caelo Iuppiter arma tulit,
uenit ad Euphraten comitata Cupidine paruo,
    inque Palaestinae margine sedit aquae.
Populus et cannae riparum summa tenebant,   465
    spemque dabant salices hos quoque posse tegi.
Dum latet, insonuit uento nemus: illa timore
    pallet, et hostiles credit adesse manus,
utque sinu tenuit natum, 'Succurrite, nymphae,
    et dis auxilium ferte duobus' ait.   470
Nec mora, prosiluit. pisces subiere gemelli:
    pro quo nunc, cernis, sidera nomen habent.
Inde nefas ducunt genus hoc imponere mensis
    nec uiolant timidi piscibus ora Syri.

17. H QVIR : NP
Proxima lux uacua est; at tertia dicta Quirino,   475
    qui tenet hoc nomen (Romulus ante fuit),
siue quod hasta 'curis' priscis est dicta Sabinis
    (bellicus a telo uenit in astra deus);
siue suum regi nomen posuere Quirites,
    seu quia Romanis iunxerat ille Cures.   480
Nam pater armipotens postquam noua moenia uidit,
    multaque Romulea bella peracta manu,
'Iuppiter', inquit 'habet Romana potentia uires:
    sanguinis officio non eget illa mei.
Redde patri natum: quamuis intercidit alter,   485
    pro se proque Remo qui mihi restat erit.

Indicações meteorológicas

Ao vir do dia, não confies mais nos ventos,
   perdeu-se a confiança em sua brisa.
Não dura o sopro. Por seis dias descerrada
   da prisão de Éolo a porta fica aberta.

A constelação de Peixes

Já co'o vaso inclinado é o Aquário que desce,
   os cavalos do Sol recebe, ó Peixe.
Dizem que teu irmão e tu, pois brilhais juntos,
   sobre o dorso dois deuses carregastes.
Do terrível Tifão, Dione, fugindo outrora,
   quando Jove no céu empunhou armas,
chega ao Eufrates, por Cupido acompanhada,
   e para junto às águas palestinas.
Os choupos e juncais recobriam as margens,
   e os salgueiros abrigo ofereciam.
Enquanto esconde-se, ressoa a mata ao vento
   – ela empalece e crê que o imigo chega,
quando pega no colo o filho e diz: "Socorro!
   Ó ninfa, dá tua ajuda a estes dois deuses".
Logo saltou e gêmeos peixes carregaram-nos:
   tem a constelação assim seu nome.
Por isso, o sírio não tem peixes em sua mesa,
   e, escrupuloso, a boca não profana.

17 de fevereiro – as Quirinálias

Vaga o outro dia; o terço é dito de *Quirino*,
   que esse nome possui (antes foi Rômulo),
ou pois *curis* à lança os sabinos chamavam
   – pela arma o deus da guerra ao céu chegou –;
ou os *quirites* seu nome impuseram ao rei,
   ou porque unira *Cures* aos romanos.
O deus armipotente, ao ver os novos muros
   e tantas guerras ganhas por romanos:
"Ó Jove, é forte", diz, "a potência romana;
   do ofício do meu filho não precisa.
Devolve o filho ao pai. Ainda que morto o outro,
   esse, por si e por Remo, me é bastante.

"Vnus erit quem tu tolles in caerula caeli"
    tu mihi dixisti: sint rata dicta Iouis.'
Iuppiter adnuerat: nutu tremefactus uterque
    est polus, et caeli pondera nouit Atlas.   490
Est locus, antiqui Caprae dixere paludem:
    forte tuis illic, Romule, iura dabas.
Sol fugit, et remouent subeuntia nubila caelum,
    et grauis effusis decidit imber aquis.
Hinc tonat, hinc missis abrumpitur ignibus aether: 495
    fit fuga, rex patriis astra petebat equis.
Luctus erat, falsaeque patres in crimine caedis,
    haesissetque animis forsitan illa fides;
sed Proculus Longa ueniebat Iulius Alba,
    lunaque fulgebat, nec facis usus erat,   500
cum subito motu saepes tremuere sinistrae:
    rettulit ille gradus, horrueruntque comae.
Pulcher et humano maior trabeaque decorus
    Romulus in media uisus adesse uia
et dixisse simul 'Prohibe lugere Quirites,   505
    nec uiolent lacrimis numina nostra suis:
tura ferant placentque nouum pia turba Quirinum,
    et patrias artes militiamque colant.'
Iussit et in tenues oculis euanuit auras;
    conuocat hic populos iussaque uerba refert.   510
Templa deo fiunt: collis quoque dictus ab illo est,
    et referunt certi sacra paterna dies.

Lux quoque cur eadem Stultorum festa uocetur
    accipe: parua quidem causa, sed apta, subest.
Non habuit doctos tellus antiqua colonos: 515
    lassabant agiles aspera bella uiros.
Plus erat in gladio quam curuo laudis aratro:
    neglectus domino pauca ferebat ager.
Farra tamen ueteres iaciebant, farra metebant,
    primitias Cereri farra resecta dabant: 520
usibus admoniti flammis torrenda dederunt,
    multaque peccato damna tulere suo;
nam modo uerrebant nigras pro farre fauillas,
    nunc ipsas ignes corripuere casas.

'Para os azuis do céu um único trarás',
   prometeste: de Jove os ditos cumpram-se!"
Jove concorda. Com seu nuto, os polos tremem,
   e Atlas, do firmamento, sente o peso.
De Pântano da Cabra os antigos chamavam
   o lugar onde Rômulo julgava.
O sol desaparece, o céu recobrem nuvens,
   a tempestade cai em saraivadas.
Trovões! O céu abre-se em raios. Fogem todos:
   vai nos corcéis do pai o rei aos astros.
Houve luto, de crime acusou-se o Senado;
   sua lealdade nas mentes fraquejou.
De Alba Longa, porém, vinha Próculo Júlio;
   brilhava a lua e tochas não havia.
Quando, súbito, à esquerda a sebe estremeceu,
   ele conteve o passo e arrepiou-se.
Maior que u'humano, belo e adornado co'a trábea,
   Rômulo apareceu em meio à estrada
e falou-lhe: "Proíbe o chorar aos quirites;
   não ultrajem suas lágrimas meu nume.
O povo leve incenso a Quirino, festeje
   e cultue e pratique as artes pátrias".
Ordenou e sumiu dos olhos numa bruma.
   O outro convoca o povo e passa as ordens.
Erguem um templo, dão também seu nome a um monte,
   paternos ritos ganham dia certo.

A festa dos Estultos

Por que é chamado o mesmo dia o dos Estultos?
   A causa, embora seja pouca, vale.
Não teve a terra antiga agricultores doutos,
   cansava a dura guerra os destros homens.
Havia mais glória no gládio que no arado,
   e o campo, desprezado, pouco dava.
Só semeavam farro e só farro colhiam,
   nas primícias de Ceres davam farro.
Instruídos no costume, o farro eles torravam;
   e pelo erro sofreram muitos danos.
Pois, ora em vez dos grãos varriam negras brasas,
   ora, nas próprias choças punham fogo.

Facta dea est Fornax: laeti Fornace coloni 525
    orant ut fruges temperet illa suas.
Curio legitimis nunc Fornacalia uerbis
    maximus indicit nec stata sacra facit:
inque foro, multa circum pendente tabella,
    signatur certa curia quaeque nota, 530
stultaque pars populi quae sit sua curia nescit,
    sed facit extrema sacra relata die.

21. D FERAL : F uel FP

Est honor et tumulis, animas placare paternas,
    paruaque in exstructas munera ferre pyras.
Parua petunt manes: pietas pro diuite grata est 535
    munere; non auidos Styx habet ima deos.
Tegula porrectis satis est uelata coronis
    et sparsae fruges parcaque mica salis,
inque mero mollita Ceres uiolaeque solutae:
    haec habeat media testa relicta uia. 540
Nec maiora ueto, sed et his placabilis umbra est:
    adde preces positis et sua uerba focis.
Hunc morem Aeneas, pietatis idoneus auctor,
    attulit in terras, iuste Latine, tuas.
Ille patris Genio sollemnia dona ferebat: 545
    hinc populi ritus edidicere pios.
At quondam, dum longa gerunt pugnacibus armis
    bella, Parentales deseruere dies.
Non impune fuit; nam dicitur omine ab isto
    Roma suburbanis incaluisse rogis. 550
Vix equidem credo: bustis exisse feruntur
    et tacitae questi tempore noctis aui,
perque uias Urbis latosque ululasse per agros
    deformes animas, uolgus inane, ferunt.
Post ea praeteriti tumulis redduntur honores, 555
    prodigiisque uenit funeribusque modus.
Dum tamen haec fiunt, uiduae cessate puellae:
    exspectet puros pinea taeda dies,
nec tibi, quae cupidae matura uidebere matri,
    comat uirgineas hasta recurua comas. 560

As Fornacálias

Fórnax é feita deusa: a ela alegres colonos
　　pedem que amadureça suas searas.
O supremo Curião, com palavras legais,
　　indica as nunca certas *Fornacálias.*
Em tábuas ao redor do Fórum penduradas,
　　cada cúria assinala a data certa.
Mas como o povo estulto a sua cúria não sabe,
　　no último dia cumpre o culto certo.

13 a 21 de fevereiro – as Parentálias e Ferálias

Honram-se as tumbas, co'o aplacar das pátrias almas,
　　empilhando nas piras parcos dons.
Os manes pedem pouco: a piedade é o mais grato;
　　o Estige não possui ávidos deuses.
Bastam aos mortos uma lápide coroada,
　　alguma fruta, poucos grãos de sal,
Ceres amolecida em vinho e u'as violetas
　　– esse vaso é deixado no caminho.
O mais não veto; as sombras co'isso então se acalmam.
　　Soma, acendendo o fogo, a fala e a prece.
O idôneo e pio Eneias trouxe esse costume,
　　ó justo rei latino, às tuas terras.
Ele ao gênio do pai ofertava esses dons;
　　co'ele o povo aprendeu os pios ritos.
Mas quando certa vez lutavam longa guerra,
　　descuidaram das festas parentais.
Impune não ficou; por tal prodígio, dizem,
　　Roma foi pelas piras abrasada.
A custo eu creio; porém contam que dos túmulos
　　os queixosos avós saíram à noite,
e que nas ruas da cidade e pelos campos
　　gritavam – bando inane – almas esquálidas.
Devolveram-se, então, aos túmulos as honras
　　e acabaram os fúnebres prodígios.
Durante as Parentais, aguardai, viúvas moças,
　　que a pínea tocha espere os puros dias.
Nem tu, que a mãe desejará já ver madura,
　　prendas co'haste recurva a casta coma.

112 | COLEÇÃO CLÁSSICA

Conde tuas, Hymenaee, faces, et ab ignibus atris
    aufer: habent alias maesta sepulcra faces.
Di quoque templorum foribus celentur opertis,
    ture uacent arae stentque sine igne foci.
Nunc animae tenues et corpora functa sepulcris   565
    errant, nunc posito pascitur umbra cibo.
Nec tamen haec ultra, quam tot de mense supersint
    Luciferi, quot habent carmina nostra pedes.
Hanc, quia iusta ferunt, dixere Feralia lucem;
    ultima placandis manibus illa dies.   570

Ecce anus in mediis residens annosa puellis
    sacra facit Tacitae (uix tamen ipsa tacet),
et digitis tria tura tribus sub limine ponit,
    qua breuis occultum mus sibi fecit iter:
tum cantata ligat cum fusco licia plumbo,   575
    et septem nigras uersat in ore fabas,
quodque pice adstrinxit, quod acu traiecit aena,
    obsutum maenae torret in igne caput;
uina quoque instillat: uini quodcumque relictum est,
    aut ipsa aut comites, plus tamen ipsa, bibit.   580
'Hostiles linguas inimicaque uinximus ora',
    dicit discedens ebriaque exit anus.
Protinus a nobis quae sit dea Muta requires:
    disce per antiquos quae mihi nota senes.
Iuppiter, inmodico Iuturnae uictus amore,   585
    multa tulit tanto non patienda deo:
illa modo in siluis inter coryleta latebat,
    nunc in cognatas desiliebat aquas.
Conuocat hic nymphas, Latium quaecumque tenebant,
    et iacit in medio talia uerba choro: 590
'Inuidet ipsa sibi uitatque quod expedit illi
    uestra soror, summo iungere membra deo.
Consulite ambobus: nam quae mea magna uoluptas,
    utilitas uestrae magna sororis erit.
Vos illi in prima fugienti obsistite ripa,   595
    ne sua fluminea corpora mergat aqua.'
Dixerat; adnuerant nymphae Tiberinides omnes

Guarda, Himeneu, tua tocha; afasta-a do atro fogo,
  têm os tristes sepulcros outras tochas.
Também aos deuses os portões do templo cubram,
  no altar não tenha incenso ou fogo aceso.
As tênues almas e os defuntos corpos erram,
  e agora u'a sombra come as oferendas.
Porém, os dias que faltarem para o mês,
  aos pés não ultrapassem do meu canto.
Por *conferir* o justo, é *Feral* dito o dia
  — último dia p'ra aplacar os manes.

A deusa Muda, mãe dos Lares de Roma

Eis que uma velha, em meio às moças assentada,
  cultua a sacra Muda, e não se cala.
Põe três incensos com três dedos sob o umbral
  onde um pequeno rato fez caminho.
Prende com fosco chumbo encantados cordões
  e sete favas negras põe na boca.
De pez coberta e atravessada por u'a agulha,
  põe no fogo a cabeça de uma anchova.
Borrifa vinho, e enquanto vinho ainda restar,
  bebem as companheiras, e ela mais.
"Línguas hostis e imigas bocas nós vencemos",
  diz a velha que, bêbada, vai embora.
Logo, perguntas-nos, quem é a deusa Muda:
  conhece o que co'os velhos aprendi.
Júpiter, pelo amor por Juturna vencido,
  suportou, para um deus, o intolerável.
Já ela, na mata, entre aveleiras, se escondia,
  já nas amigas águas imergia.
As ninfas ele chama, habitantes do Lácio,
  e arroja em meio ao coro tais palavras:
"Vossa irmã se detesta, evita o que convém
  e recusa a se unir ao sumo deus.
A ambos servi: pois quanto mor for meu desejo,
  maior de vossa irmã será o proveito.
Quando a virdes fugir, as margens lhe impedi,
  p'ra que seu corpo n'água não mergulhe."
Todas as ninfas tiberinas concordaram,

quaeque colunt thalamos, Ilia diua, tuos.
Forte fuit Nais, Lara nomine; prima sed illi
    dicta bis antiquum syllaba nomen erat,   600
ex uitio positum. saepe illi dixerat Almo
    'Nata, tene linguam': nec tamen illa tenet.
Quae simul ac tetigit Iuturnae stagna sororis,
    'Effuge' ait 'ripas', dicta refertque Iouis.
Illa etiam Iunonem adiit, miserataque nuptas   605
    'Naida Iuturnam uir tuus' inquit 'amat.'
Iuppiter intumuit, quaque est non usa modeste
    eripit huic linguam, Mercuriumque uocat:
'Duc hanc ad manes: locus ille silentibus aptus.
    Nympha, sed infernae nympha paludis erit.'   610
Iussa Iouis fiunt. Accepit lucus euntes:
    dicitur illa duci tum placuisse deo.
Vim parat hic, uoltu pro uerbis illa precatur,
    et frustra muto nititur ore loqui,
fitque grauis geminosque parit, qui compita seruant   615
    et uigilant nostra semper in urbe Lares.

22. E C

Proxima cognati dixere Karistia kari,
    et uenit ad socios turba propinqua deos.
Scilicet a tumulis et qui periere propinquis
    protinus ad uiuos ora referre iuuat,   620
postque tot amissos quicquid de sanguine restat
    aspicere et generis dinumerare gradus.
Innocui ueniant: procul hinc, procul impius esto
    frater et in partus mater acerba suos,
cui pater est uiuax, qui matris digerit annos,   625
    quae premit inuisam socrus iniqua nurum.
Tantalidae fratres absint et Iasonis uxor,
    et quae ruricolis semina tosta dedit,
et soror et Procne Tereusque duabus iniquus
    et quicumque suas per scelus auget opes.   630
Dis generis date tura boni: Concordia fertur
    illa praecipue mitis adesse die;
et libate dapes, ut, grati pignus honoris,
    nutriat incinctos missa patella Lares.

e as que teu leito enfeitam, deusa Ília.
De nome Lara havia u'a náiade; porém,
  dobrando a prima sílaba a chamavam
de Faladeira, em grego. O Álmon lhe repetia:
  "Ó filha, prende a língua". E ela não prende.
Lala, assim que chegou ao lago de Juturna,
  "Foge", diz, e de Jove as falas conta.
Ela ainda vai a Juno e, apiedada da esposa,
  lhe diz: "O teu marido ama Juturna".
Júpiter se irritou. Arranca dela a língua
  imoderada, e chama por Mercúrio.
"Condu-la aos manes: é o lugar dos silenciosos.
  Da lagoa infernal serás a ninfa".
Cumprem de Jove o mando. A floresta os recebe
  – diz-se que então levá-la aprouve ao deus.
Ele usa a força, ela reclama, só co'o rosto,
  e em vão tenta falar co'a boca muda.
Prenhe, tem gêmeos – são os Lares que protegem
  e guardam as esquinas e a cidade.

22 de fevereiro – as festas Carístias

Vêm do filial *carinho* as *Carístias* depois,
  e a família visita os deuses próximos.
Pois apraz desviar dos túmulos dos seus
  e dos mortos, p'r'os vivos a atenção;
com tantos mortos, o que resta ainda do sangue
  apraz saber e os graus de parentescos.
Que os inocentes venham, mas daqui se afastem
  o ímpio irmão e a mãe cruel com seus rebentos,
aqueles p'ra quem pai e mãe vivem demais,
  e a sogra que persegue a odiada nora.
Afastem-se os irmãos tantálidas, Medeia,
  e a que deu p'ra plantar os grãos cozidos,
Procne, a irmã e Tereu, que iníquo foi co'as duas,
  e o que co'o crime aumenta suas riquezas.
Da família incensai os deuses. Nesse dia,
  crê-se que é mais benéfica a Concórdia.
Libai as refeições, p'ra que, em penhor das honras,
  o pratinho enviado nutra os Lares.

Iamque, ubi suadebit placidos nox umida somnos,   635
    larga precaturi sumite uina manu,
et 'bene uos, bene te, patriae pater, optime Caesar'
    dicite; suffuso sint bona uerba mero.

23. F TER : NP

Nox ubi transierit, solito celebretur honore
    separat indicio qui deus arua suo.   640
Termine, siue lapis siue es defossus in agro
    stipes, ab antiquis tu quoque numen habes.
Te duo diuersa domini de parte coronant,
    binaque serta tibi binaque liba ferunt.
Ara fit: huc ignem curto fert rustica testo   645
    sumptum de tepidis ipsa colona focis.
Ligna senex minuit concisaque construit arte,
    et solida ramos figere pugnat humo;
tum sicco primas inritat cortice flammas;
    stat puer et manibus lata canistra tenet.   650
Inde ubi ter fruges medios immisit in ignes,
    porrigit incisos filia parua fauos.
Vina tenent alii: libantur singula flammis;
    spectant, et linguis candida turba fauet.
Spargitur et caeso communis Terminus agno,   655
    nec queritur lactans cum sibi porca datur.
Conueniunt celebrantque dapes uicinia simplex
    et cantant laudes, Termine sancte, tuas:
'Tu populos urbesque et regna ingentia finis:
    omnis erit sine te litigiosus ager.   660
Nulla tibi ambitio est, nullo corrumperis auro,
    legitima seruas credita rura fide.
Si tu signasses olim Thyreatida terram,
    corpora non leto missa trecenta forent,
nec foret Othryades congestis lectus in armis.   665
    o quantum patriae sanguinis ille dedit!
Quid, noua cum fierent Capitolia? Nempe deorum
    cuncta Ioui cessit turba locumque dedit;
Terminus, ut ueteres memorant, inuentus in aede
    restitit et magno cum Ioue templa tenet.   670
Nunc quoque, se supra ne quid nisi sidera cernat,

E quando a úmida noite aos sonos exortar,
    para as preces pegai u'a grande taça,
e dizei: 'É por vós, deuses e Pai da Pátria",
    e co'o vertido vinho, valha o rogo.

23 de fevereiro – as festas Terminálias

Passada a noite, co'as usuais honras, celebre-se
    o deus que com sua marca aparta os campos.
Ó Termo, ou és u'a pedra, ou u'a estaca no campo
    – dos antigos também tu foste um deus.
De opostos lados, dois senhores te coroam
    – trazem-te duas guirlandas e dois libos.
Ergue-se u'altar; p'ra lá, num vaso a fazendeira
    leva o fogo tirado do borralho.
Um velho pica um lenho, empilha-o com capricho,
    e luta p'ra fincar no chão uns ramos;
com secas cascas, ele excita as primas chamas.
    Um menino, de pé, carrega um cesto.
Três punhados de grãos dali no fogo joga,
    enquanto a filha os favos oferece.
Uns trazem vinho, e tudo é libado no fogo.
    Em silêncio, de branco, observa a turba.
Co'o sangue de u'anho morto, o Termo é borrifado,
    mas não queixa se ganha uma leitoa.
Nu'a mesa simples, os vizinhos comemoram
    e cantam, santo Termo, teus louvores:
"Tu, que demarcas povos, urbes e nações,
    todo campo sem ti é litigioso.
Tu não tens ambição, o ouro não te corrompe,
    guardas com justa fé confiados campos.
Se marcasses outrora a terra de Tirreu,
    trezentos corpos não pereceriam,
nem num troféu seria o Otríade insculpido.
    Ó quanto sangue deu ele p'ra pátria!
Que houve quando foi feito o novo Capitólio?
    Deram lugar a Jove todos deuses.
Só o Termo, como os velhos lembram, encontrado,
    permaneceu e tem com Jove um templo.
Hoje também, p'ra que ele veja o céu acima,

exiguum templi tecta foramen habent.
Termine, post illud leuitas tibi libera non est:
    qua positus fueris in statione, mane;
nec tu uicino quicquam concede roganti,   675
    ne uideare hominem praeposuisse Ioui:
et seu uomeribus seu tu pulsabere rastris,
    clamato "Tuus est hic ager, ille tuus".'
Est uia quae populum Laurentes ducit in agros,
    quondam Dardanio regna petita duci: 680
illa lanigeri pecoris tibi, Termine, fibris
    sacra uidet fieri sextus ab Urbe lapis.
Gentibus est aliis tellus data limite certo:
    Romanae spatium est Vrbis et orbis idem.

24. G REGIF : N
Nunc mihi dicenda est regis fuga, traxit ab illa   685
    sextus ab extremo nomina mense dies.
Vltima Tarquinius Romanae gentis habebat
    regna, uir iniustus, fortis ad arma tamen.

Ceperat hic alias, alias euerterat urbes,
    et Gabios turpi fecerat arte suos.   690
Namque trium minimus, proles manifesta Superbi,
    in medios hostes nocte silente uenit.
Nudarant gladios: 'Occidite' dixit 'inermem:
    hoc cupiant fratres Tarquiniusque pater,
qui mea crudeli lacerauit uerbere terga'   695
    (dicere ut hoc posset, uerbera passus erat).
Luna fuit: spectant iuuenem, gladiosque recondunt,
    tergaque, deducta ueste, notata uident:
flent quoque, et ut secum tueatur bella precantur,
    callidus ignaris adnuit ille uiris.   700
Iamque potens misso genitorem appellat amico,
    perdendi Gabios quod sibi monstret iter.
Hortus odoratis suberat cultissimus herbis,
    sectus humum riuo lene sonantis aquae:
illic Tarquinius mandata latentia nati   705
    accipit, et uirga lilia summa metit.

no telhado do templo há um buraco.
Não podes, Termo, depois disso te moveres;
    fica na posição que te foi dada.
Nada concedas ao vizinho que te roga,
    não queiras preferir mortal a Jove.
Mas se fores arar ou capinar a terra,
    diz: "Estás no meu campo, aquele é o teu".
Há um caminho que leva aos campos laurentinos,
    onde Eneias buscou outrora o reino.
Da Urbe a partir, ó Termo, o sexto marco vê
    imolar-se por ti lanosa vítima.
A outras nações fronteiras certas foram dadas:
    da urbe romana a dimensão é o orbe.

24 de fevereiro – a fuga do rei Tarquínio

Dos reis a fuga ora direi – e o sexto dia
    antes do fim do mês tem esse nome.
Foi do povo romano o último rei Tarquínio,
    u'homem injusto, embora audaz na guerra.

O cerco aos gábios

Umas cidades conquistara, outras destruíra,
    fizera os gábios seus com traição.
Pois dos três filhos do Soberbo, o menor deles
    na noite muda foi aos inimigos.
Gládios desnudam-se. "Matai um inerme", diz.
    "Querem-no meus irmãos e o pai Tarquínio,
que, co'o chicote lacerou as minhas costas"
    – para dizê-lo, o açoite suportara.
Havia lua. Olham o moço, os gládios guardam;
    as vestes lhe tirando, as costas veem.
Choram, e p'ra lutar a guerra co'eles chamam-no;
    e o doloso assentiu co'os enganados.
Já forte, chama o pai; manda u'amigo mostrar-lhe,
    o caminho p'ra os gábios derrotar.
De ervas cheirosas cultivado, havia um horto
    cortado por riacho murmurante.
Recebe ali Tarquínio a mensagem do filho,
    e dos lírios decepa o alto dos caules.

Nuntius ut rediit decussaque lilia dixit,
 filius 'Agnosco iussa parentis' ait.
Nec mora, principibus caesis ex urbe Gabina,
 traduntur ducibus moenia nuda suis.   710

Ecce, nefas uisu, mediis altaribus anguis
 exit et exstinctis ignibus exta rapit.
Consulitur Phoebus. Sors est ita reddita: 'Matri
 qui dederit princeps oscula, uictor erit.'
Oscula quisque suae matri properata tulerunt,   715
 non intellecto credula turba deo.
Brutus erat stulti sapiens imitator, ut esset
 tutus ab insidiis, dire Superbe, tuis.
Ille iacens pronus matri dedit oscula Terrae,
 creditus offenso procubuisse pede.   720

Cingitur interea Romanis Ardea signis,
 et patitur longas obsidione moras.
Dum uacat et metuunt hostes committere pugnam,
 luditur in castris, otia miles agit.
Tarquinius iuuenis socios dapibusque meroque   725
 accipit; ex illis rege creatus ait:
'Dum nos sollicitos pigro tenet Ardea bello,
 nec sinit ad patrios arma referre deos,
ecquid in officio torus est socialis? Et ecquid
 coniugibus nostris mutua cura sumus?'   730
Quisque suam laudat: studiis certamina crescunt,
 et feruet multo linguaque corque mero.
Surgit cui dederat clarum Collatia nomen:
 'Non opus est uerbis, credite rebus' ait.
'Nox superest: tollamur equis Urbemque petamus';   735
 dicta placent, frenis impediuntur equi.
pertulerant dominos. Regalia protinus illi
 tecta petunt: custos in fore nullus erat.
Ecce nurum regis fusis per colla coronis
 inueniunt posito peruigilare mero.   740
Inde cito passu petitur Lucretia, cuius

Quando o núncio voltou e contou sobre os lírios,
   disse o filho: "Compreendo a ordem paterna".
E, logo de Gabina os principais matando,
   entregou as muralhas sem seus chefes.

Bruto vai a Delfos

Visão funesta! Eis que do altar sai u'a serpente,
   que do fogo apagado pega as vísceras.
Se indaga Febo, e a sorte é dita: "Quem primeiro
   der um beijo na mãe irá vencer".
Cada um dos dois levou depressa o beijo à mãe,
   – os crédulos, que o deus não compreenderam.
Bruto era um sábio que fingia ser estulto,
   p'ra, ó Soberbo, fugir de tuas insídias.
Adiante se deitando, ele beijou a Terra
   – como se tropeçasse, se abaixou.

Lucrécia

Pelos romanos, foi sitiada Árdea no entanto,
   e as demoras do cerco suportou.
Enquanto espera, e os hostes temem atacar,
   nos quartéis, o soldado folga e brinca.
Tarquínio, o moço, chama os seus para um banquete
   e, dentre eles, o filho do rei diz:
"Enquanto nos retém a lenta guerra em Árdea
   e não deixa voltarmos para a pátria,
que passa em nosso leito? Acaso temos nós
   da esposa recíprocos cuidados"?
Cada qual louva a sua: as disputas aumentam,
   e a língua e o coração fervem co'o vinho.
Ergue-se a quem Colácia o nobre nome dera:
   "A fala é vã; nos fatos crede", diz.
"Resta ainda a noite, cavalguemos até Roma".
    O dito agrada; enfrenam-se os cavalos.
Levando os donos, logo chegam ao palácio.
    Não havia nenhum guarda na porta.
Eis que à nora do rei, co'o colo engrinaldado,
   a custodiar o vinho eles encontram.
A passo rápido, a Lucrécia então procuram:

ante torum calathi lanaque mollis erat.
Lumen ad exiguum famulae data pensa trahebant;
  inter quas tenui sic ait illa sono:
'Mittenda est domino (nunc, nunc properate, puellae)   745
  quamprimum nostra facta lacerna manu.
Quid tamen auditis (nam plura audire potestis)?
  Quantum de bello dicitur esse super?
Postmodo uicta cades: melioribus, Ardea, restas,
  improba, quae nostros cogis abesse uiros.   750
Sint tantum reduces. Sed enim temerarius ille
  est meus, et stricto qualibet ense ruit.
Mens abit et morior, quotiens pugnantis imago
  me subit, et gelidum pectora frigus habet.'
Desinit in lacrimas inceptaque fila remisit,   755
  in gremio uoltum deposuitque suum.
Hoc ipsum decuit: lacrimae decuere pudicam,
  et facies animo dignaque parque fuit.
'Pone metum, ueni' coniunx ait; illa reuixit,
  deque uiri collo dulce pependit onus.   760
Interea iuuenis furiales regius ignes
  concipit, et caeco raptus amore furit.
Forma placet niueusque color flauique capilli
  quique aderat nulla factus ab arte decor:
uerba placent et uox et quod corrumpere non est;   765
  quoque minor spes est, hoc magis ille cupit.
Iam dederat cantus lucis praenuntius ales,
  cum referunt iuuenes in sua castra pedem.
Carpitur attonitos absentis imagine sensus
  ille; recordanti plura magisque placent.   770
Sic sedit, sic culta fuit, sic stamina neuit,
  iniectae collo sic iacuere comae,
hos habuit uoltus, haec illi uerba fuerunt,
  hic color, haec facies, hic decor oris erat.
Vt solet a magno fluctus languescere flatu,   775
  sed tamen a uento, qui fuit, unda tumet,
sic, quamuis aberat placitae praesentia formae,
  quem dederat praesens forma, manebat amor.
Ardet, et iniusti stimulis agitatus amoris
  comparat indigno uimque metumque toro.   780

estava no seu quarto a fiar lã.
Perto do lume, o fuso as servas enrolavam,
    e Lucrécia em voz baixa assim dizia:
"Apressai, moças. Esta capa que tecemos
    tem de ser enviada ao meu senhor.
Mas, o que ouvistes? – pois pudestes mais ouvir,
    quanto dizem que vai durar a guerra?
Cairás logo vencida: aos melhores resistes,
    ó ímproba Árdea, que afastas nossos homens.
Que eles retornem. Mas o meu é temerário...
    De espada em punho ataca em qualquer parte.
Desmaio e morro toda vez que eu o imagino
    a combater: meu peito se enregela".
Calou-se em lágrimas, soltou o fio em curso
    e seu rosto inclinou sobre o regaço.
Isso mesmo conveio: as lágrimas pudicas
    e o rosto digno, igual ao coração.
"Não temas; vim"! O esposo disse, e ela avivou-se,
    e prendeu-se no colo do marido.
No entanto, o jovem régio em ígneas fúrias arde
    e se enfurece, cego por amor.
Apraz-lhe a branca cor, a forma, a loura coma
    e a beleza que nada às artes deve:
As palavras, a voz e a firmeza o encantam,
    quanto menos espera, mais deseja.
Prenunciado o dia, a ave já dera o canto,
    quando os jovens voltaram p'r'os quartéis.
Pela imagem da ausente, é sua razão tomada,
    quanto mais coisas lembra, mais se apraz.
Assim sentava, assim vestia, assim fiava,
    os cabelos no colo assim caíam.
Tinha esse rosto; essas palavras eram suas...
    Que cor, forma e beleza tinha a face.
Como depois de um furacão se acalma o mar,
    e embora findo o vento, incham-se as ondas,
assim, posto faltasse a presença da forma,
    a que dera a presença, o amor guardava.
Arde e, agitado pelo ilícito do amor,
    prepara a força e o medo para o leito.

'Exitus in dubio est: audebimus ultima' dixit:
   'uiderit! Audentes forsque deusque iuuat.
cepimus audendo Gabios quoque.' Talia fatus
   ense latus cinxit tergaque pressit equi.
Accipit aerata iuuenem Collatia porta,   785
   condere iam uoltus sole parante suos.
Hostis ut hospes init penetralia Collatini:
   comiter excipitur; sanguine iunctus erat.
Quantum animis erroris inest! Parat inscia rerum
   infelix epulas hostibus illa suis.   790
Functus erat dapibus: poscunt sua tempora somnum;
   nox erat, et tota lumina nulla domo.
Surgit et aurata uagina liberat ensem
   et uenit in thalamos, nupta pudica, tuos;
Vtque torum pressit, 'ferrum, Lucretia, mecum est'   795
   natus ait regis, 'Tarquiniusque loquor.'
Illa nihil, neque enim uocem uiresque loquendi
   aut aliquid toto pectore mentis habet;
sed tremit, ut quondam stabulis deprensa relictis
   parua sub infesto cum iacet agna lupo.   800
Quid faciat? Pugnet? Vincetur femina pugnans.
   clamet? At in dextra, qui uetet, ensis erat.
Effugiat? Positis urgentur pectora palmis,
   tum primum externa pectora tacta manu.
Instat amans hostis precibus pretioque minisque: 805
   nec prece nec pretio nec mouet ille minis.
'Nil agis: eripiam' dixit 'per crimina uitam:
   falsus adulterii testis adulter ero:
interimam famulum, cum quo deprensa fereris.'
   Succubuit famae uicta puella metu.   810
Quid, uictor, gaudes? Haec te uictoria perdet.
   Heu quanto regnis nox stetit una tuis!
Iamque erat orta dies: passis sedet illa capillis,
   ut solet ad nati mater itura rogum,
grandaeuumque patrem fido cum coniuge castris   815
   euocat: et posita uenit uterque mora.
Vtque uident habitum, quae luctus causa, requirunt,
   cui paret exsequias, quoque sit icta malo.

"O êxito é incerto", diz. "Tudo ousarei. Veremos.
    Aos ousados a sorte e o deus ajudam.
Ousando eu conquistei os gábios". Assim disse;
    cingiu co'a espada o flanco e cavalgou.
Nas brônzeas portas, a Colácia acolheu o jovem,
    quando se preparava o pôr do sol.
Chegando o hóspede hostil ao lar de Colatino,
    foi logo aceito – o sangue aparentava-os.
Ó quanto ela se engana! A inocente infeliz
    prepara p'r'o inimigo a refeição.
Terminado o repasto, as horas pedem sono.
    Era noite, nenhuma luz na casa.
Ele levanta, tira a espada da bainha,
    e a teu quarto, ó pudica esposa, vai.
Quando o leito tocou, disse o filho do rei:
    "Lucrécia, empunho o ferro, sou Tarquínio"!
Nada ela faz; não tem forças para falar;
    nem voz ou consciência há em todo corpo.
Mas treme como, achada fora do redil,
    u'a cordeirinha diante do cruel lobo.
Que faz? Luta? A mulher na luta é derrotada.
    Grita? Na mão que a impede havia u'a espada.
Foge? Prendem-lhe o peito as palmas que o apertam
    – peito por outras mãos nunca tocado.
O amante hostil, com rogos, prêmios e ameaças
    insta-a, porém, prêmio ou preces a movem.
Diz: "Nada faças, ou num crime irei matar-te
    e de falso adultério acusar-te-ei.
U'escravo matarei, com quem direi que estavas".
    E ela, temendo a fama, sucumbiu.
Por que te alegras, vencedor? Vencer te perde.
    Quanto uma noite só custou teu reino!
Ao vir do dia, ela se assenta, desgrenhada,
    como u'a mãe que do filho vai à pira,
e chama, dos quartéis o velho pai e o fiel
    marido: um e outro chegam sem demora.
Vendo seus trajes, por que o luto eles perguntam,
    de quem é o funeral, ou o que a atingiu.

Illa diu reticet pudibundaque celat amictu
    ora: fluunt lacrimae more perennis aquae.   820
Hinc pater, hinc coniunx lacrimas solantur et orant
    indicet et caeco flentque pauentque metu.
Ter conata loqui ter destitit, ausaque quarto
    non oculos ideo sustulit illa suos.
'Hoc quoque Tarquinio debebimus? Eloquar' inquit,   825
    'eloquar infelix dedecus ipsa meum?'
Quaeque potest, narrat; restabant ultima: fleuit,
    et matronales erubuere genae.
Dant ueniam facto genitor coniunxque coactae:
    'Quam' dixit 'ueniam uos datis, ipsa nego.'   830
Nec mora, celato fixit sua pectora ferro,
    et cadit in patrios sanguinulenta pedes.
Tum quoque iam moriens ne non procumbat honeste
    respicit: haec etiam cura cadentis erat.
Ecce super corpus, communia damna gementes,   835
    obliti decoris uirque paterque iacent.
Brutus adest, tandemque animo sua nomina fallit,
    fixaque semanimi corpore tela rapit,
stillantemque tenens generoso sanguine cultrum
    edidit impauidos ore minante sonos: 840
'Per tibi ego hunc iuro fortem castumque cruorem,
    perque tuos manes, qui mihi numen erunt,
Tarquinium profuga poenas cum stirpe daturum.
    Iam satis est uirtus dissimulata diu.'
Illa iacens ad uerba oculos sine lumine mouit,   845
    uisaque concussa dicta probare coma.
Fertur in exsequias animi matrona uirilis
    et secum lacrimas inuidiamque trahit.
Volnus inane patet: Brutus clamore Quirites
    concitat et regis facta nefanda refert.   850
Tarquinius cum prole fugit: capit annua consul
    iura: dies regnis illa suprema fuit.
Fallimur, an ueris praenuntia uenit hirundo,
    nec metuit ne qua uersa recurrat hiems?
Saepe tamen, Procne, nimium properasse quereris,   855
    uirque tuo Tereus frigore laetus erit.

Cala-se muito tempo e co'o manto recobre
    o rosto; como um rio, correm lágrimas.
Ora o esposo, ora o pai suas lágrimas consolam;
    pedem que diga a causa, choram, tremem.
Tenta falar três vezes, três vezes desiste;
    ousa a quarta, porém, não ergue os olhos.
"Também devo a Tarquínio?", ela diz. "Contarei?
    Eu mesma contarei minha desonra"?
Tudo o que pode, conta; o desfecho restava.
    Ela chorou; coraram-se as matronas.
Perdoam a ultrajada o marido e o pai,
    mas "O perdão que dais", diz, "eu recuso",
e, sem demora, trespassou com ferro o peito
    – ensanguentada cai aos pés do pai.
Também cuida, ao morrer, que tombe dignamente
    – essa preocupação teve ao cair.
Eis: junto ao corpo o esposo e o pai jazem gemendo
    sem guardar do decoro a dor dos dois.
Bruto chega: co'o nome, o ânimo não condiz;
    retira a arma do corpo moribundo,
e, segurando o ensanguentado ferro, diz,
    assustador, impávidas palavras:
"Juro por esse teu valente e casto cruor,
    por teus manes, que deuses meus serão,
a Tarquínio co'o filho as penas serão dadas:
    dissimulou-se muito já a virtude".
Ela ainda move o olhar sem luz para as palavras
    e, balançando a coma, aprova o dito.
A valente matrona é levada em exéquias;
    consigo arrasta pranto e indignação.
Mostra-se a chaga. Com clamor, Bruto convoca
    os Quirites, e conta o feito infame.
Fogem Tarquínio e o filho; o ano o cônsul governa
    – o último dia foi da monarquia.
Me engano ou traz já a primavera uma andorinha,
    que já não teme o inverno retornar?
Porém, se te apressasses, Procne, queixar-te-ias,
    mas Tereu gostaria do teu frio.

27. B EQVIR : NP

Iamque duae restant noctes de mense secundo,
    Marsque citos iunctis curribus urget equos;
ex uero positum permansit Equirria nomen,
    quae deus in campo prospicit ipse suo.   860
Iure uenis, Gradiue: locum tua tempora poscunt,
    signatusque tuo nomine mensis adest.
Venimus in portum libro cum mense peracto.
    nauiget hinc alia iam mihi linter aqua.

27 de fevereiro – as festas Equírrias

Para o segundo mês só resta um par de noites,
 Marte co'o carro impele os dois *equinos* –
permanece, de fato, o nome das *Equírrias*
 porque o deus em seu campo os procurou.
Vens, Gradivo, por lei. Teu tempo pede espaço;
 chega o mês por teu nome assinalado.
Co'livro e o mês prontos, ao porto nós chegamos;
 noutras águas naveguem minhas velas.

LIVRO III – MARÇO

Bellice, depositis clipeo paulisper et hasta,
    Mars, ades et nitidas casside solue comas.
Forsitan ipse roges quid sit cum Marte poetae:
    a te qui canitur nomina mensis habet.
Ipse uides manibus peragi fera bella Mineruae: 5
    num minus ingenuis artibus illa uacat?
Palladis exemplo ponendae tempora sume
    cuspidis: inuenies et quod inermis agas.

Tum quoque inermis eras, cum te Romana sacerdos
    cepit, ut huic urbi semina magna dares.   10
Siluia Vestalis (quid enim uetat inde moueri?)
    sacra lauaturas mane petebat aquas.
Ventum erat ad molli decliuem tramite ripam;
    ponitur e summa fictilis urna coma:
fessa resedit humo, uentosque accepit aperto   15
    pectore, turbatas restituitque comas.
Dum sedet, umbrosae salices uolucresque canorae
    fecerunt somnos et leue murmur aquae;
blanda quies furtim uictis obrepsit ocellis,
    et cadit a mento languida facta manus.   20
Mars uidet hanc uisamque cupit potiturque cupita,
    et sua diuina furta fefellit ope.
Somnus abit, iacet ipsa grauis; iam scilicet intra
    uiscera Romanae conditor urbis erat.
Languida consurgit, nec scit cur languida surgat,   25
    et peragit tales arbore nixa sonos:
'Vtile sit faustumque, precor, quod imagine somni
    uidimus: an somno clarius illud erat?
Ignibus Iliacis aderam, cum lapsa capillis
    decidit ante sacros lanea uitta focos.   30
Inde duae pariter, uisu mirabile, palmae
    surgunt: ex illis altera maior erat,
et grauibus ramis totum protexerat orbem,
    contigeratque sua sidera summa coma.
Ecce meus ferrum patruus molitur in illas: 35

Invocação a Marte

Baixando um pouco a lança e o escudo, chega, ó Marte.
    Solta, ó Guerreiro, do elmo a cabeleira.
Talvez perguntes por que o poeta invoca Marte:
    do mês que eu canto o nome vem de ti.
Tu próprio vês co'a mão Minerva fazer guerras;
    mas nas artes domésticas descansa?
Ao seu exemplo, marca o tempo de abaixar
    os gumes; acha inerme o que fazeres.

Marte e a vestal Reia Sílvia

Inerme estava quando a romana vestal
    conquistou-te p'ra teres grandes filhos.
Sílvia, pela manhã – que me impede contar? –
    já ia buscar as águas p'ra abluções.
Ela desce a ladeira em direção ao rio;
    traz sobre a coma um cântaro de barro.
No chão sentou-se exausta; abriu ao vento o peito
    e ajeitou a desfeita cabeleira.
Enquanto descansava, os salgueiros, as aves
    e o murmurar do rio a adormeceram.
Aos poucos, a quietude inseriu-se em seus olhos
    e, enlanguescida cai do rosto a mão.
Marte, ao vê-la, a deseja e dela se apodera;
    mas co'o poder divino oculta o crime.
Grávida ela desperta – o fundador de Roma
    desse modo já estava em suas entranhas.
Ergue-se fraca, sem saber por que fraqueja,
    e, encostada numa árvore, assim diz:
"Rogo seja propícia a imagem que sonhei.
    Acaso era mais nítido que um sonho?
Junto aos fogos de Troia estava eu quando a fita
    de lã, solta da coma, caiu no altar.
Então, prodígio! Duas palmas surgem juntas
    – uma delas, porém, era maior.
Com seus ramos cobria inteiramente o mundo,
    e tocava as estrelas co'a alta copa.
Eis que meu tio apronta o ferro contra as duas.

terreor admonitu, corque timore micat.
Martia, picus, auis gemino pro stipite pugnant
    et lupa: tuta per hos utraque palma fuit.'
Dixerat, et plenam non firmis uiribus urnam
    sustulit: implerat, dum sua uisa refert.   40
Interea crescente Remo, crescente Quirino,
    caelesti tumidus pondere uenter erat.

Quo minus emeritis exiret cursibus annus
    restabant nitido iam duo signa deo:
Siluia fit mater; Vestae simulacra feruntur   45
    uirgineas oculis opposuisse manus.
Ara deae certe tremuit pariente ministra,
    et subiit cineres territa flamma suos.
Hoc ubi cognouit contemptor Amulius aequi
    (nam raptas fratri uictor habebat opes),   50
Amne iubet mergi geminos. Scelus unda refugit:
    in sicca pueri destituuntur humo.
Lacte quis infantes nescit creuisse ferino,
    et picum expositis saepe tulisse cibos?
Non ego te, tantae nutrix Larentia gentis,   55
    nec taceam uestras, Faustule pauper, opes:
uester honos ueniet, cum Larentalia dicam:
    acceptus geniis illa December habet.
Martia ter senos proles adoleuerat annos,
    et suberat flauae iam noua barba comae: 60
omnibus agricolis armentorumque magistris
    Iliadae fratres iura petita dabant.
Saepe domum ueniunt praedonum sanguine laeti
    et redigunt actos in sua rura boues.
Vt genus audierunt, animos pater editus auget,   65
    et pudet in paucis nomen habere casis,
Romuleoque cadit traiectus Amulius ense,
    regnaque longaeuo restituuntur auo.
Moenia conduntur, quae, quamuis parua fuerunt,
    non tamen expediit transiluisse Remo.   70
Iam, modo quae fuerant siluae pecorumque recessus,
    urbs erat, aeternae cum pater urbis ait:

Temo, meu coração gela de medo.
O picanço de Marte e a loba as duas salvam,
  ambas palmas por eles são guardadas".
Disse ela, e levantou co'infirmes mãos o cântaro,
  que enchera enquanto o sonho recordava.
Crescendo Remo, então, e crescendo Quirino,
  com o peso do céu inchou-se o ventre.

Rômulo e Remo

Quando, p'ra completar o ano em curso restavam
  menos do que dois signos para o sol,
Sílvia foi mãe. De Vesta dizem que as estátuas
  co'as castas mãos os olhos recobriram.
Tremeu o altar da deusa enquanto ela paria;
  nas cinzas, assustado o fogo entrou.
Ao saber disso, Amúlio, o violador da lei
  – pois, por vencer o irmão, tinha suas forças –,
manda afogar os dois. A água recusa o crime,
  e os meninos p'r'o seco são levados.
Quem desconhece que os nutriu ferino leite
  e que o picanço sempre alimentava-os?
Ó Larência, nutriz do povo, ó pobre Fáustulo,
  que eu não me cale quanto a vossa ajuda.
Vos honrarei quando falar das Larentálias
  – pelos deuses aceito, as tem dezembro.
Já dezoito anos tinha a márcia descendência,
  e sob a loura coma vinha a barba.
Os camponeses e pastores lhes pediam
  que aplicasse a justiça. Amiúde em casa
chegavam, pelo cruor dos ladrões satisfeitos
  e ao campo os bois roubados devolviam.
Ao saberem da estirpe, ouvir do pai anima-os,
  e peja haver tal nome em reles feito.
Pela romúlea espada, Amúlio é trespassado,
  e o reino é devolvido ao velho avô.
Ergueu-se um muro, que, pequeno embora fosse,
  impunemente Remo não pulou.
Onde antes mata e pasto havia, já era a Urbe,
  quando da Urbe eterna diz o pai:

'Arbiter armorum, de cuius sanguine natus
    credor et, ut credar, pignora multa dabo,
a te principium Romano dicimus anno: 75
    primus de patrio nomine mensis erit.'
Vox rata fit, patrioque uocat de nomine mensem:
    dicitur haec pietas grata fuisse deo.

Et tamen ante omnes Martem coluere priores;
    hoc dederat studiis bellica turba suis.   80
Pallada Cecropidae, Minoia Creta Dianam,
    Volcanum tellus Hypsipylaea colit,
Iunonem Sparte Pelopeiadesque Mycenae,
    pinigerum Fauni Maenalis ora caput:
Mars Latio uenerandus erat, quia praesidet armis;   85
    arma ferae genti remque decusque dabant.
Quod si forte uacas, peregrinos inspice fastos:
    mensis in his etiam nomine Martis erit.
Tertius Albanis, quintus fuit ille Faliscis,
    sextus apud populos, Hernica terra, tuos;   90
inter Aricinos Albanaque tempora constat
    factaque Telegoni moenia celsa manu;
quintum Laurentes, bis quintum Aequiculus acer,
    a tribus hunc primum turba Curensis habet;
et tibi cum proauis, miles Paeligne, Sabinis   95
    conuenit; huic genti quartus utrique deus.
Romulus, hos omnes ut uinceret ordine saltem,
    sanguinis auctori tempora prima dedit.

Nec totidem ueteres, quot nunc, habuere Kalendas:
    ille minor geminis mensibus annus erat.   100
nondum tradiderat uictas uictoribus artes
    Graecia, facundum sed male forte genus:
qui bene pugnabat, Romanam nouerat artem;
    mittere qui poterat pila, disertus erat.
Quis tunc aut Hyadas aut Pliadas Atlanteas   105
    senserat, aut geminos esse sub axe polos,
esse duas Arctos, quarum Cynosura petatur

"Ó juiz das armas, de quem creio eu ser do sangue
    e, p'ra provar darei muitos penhores,
do ano romano a ti consagramos o início:
    de meu pai terá o nome o primo mês".
Cumpre-se a fala, e o mês tem o nome do pai:
    dizem que a reverência aprouve ao deus.

Marte em Roma

Cultuam Marte antes de todos outros numes,
    aceito pelo povo belicoso.
Creta festeja Diana; os cecrópitas, Palas;
    Lemnos – terra de Hipsípila –, Vulcano;
os espartanos e os micênicos têm Juno,
    e o pinígero Fauno, o monte Mênalo.
Adoraram no Lácio o armipotente Marte,
    as armas deram glória à fera gente.
Mas se tens folga, olha p'r'os fastos estrangeiros:
    tinham co'o márcio nome um mês também.
De Alba, o terceiro, dos Faliscos era o quinto,
    ó Hérnica terra, o sexto entre o teu povo;
do mesmo modo que Alba, conta o tempo a Arícia,
    cujos muros Telégono erigiu;
dos laurentes é o quinto, o décimo entre os équos,
    e o primeiro depois de três, em Cures;
co'os sabinos avós, ó peligno, concorda:
    do deus é o quarto mês entre os dois povos.
Para que vencesses os outros todos na sequência,
    Rômulo deu ao pai a primazia.

O ano de Rômulo

Tantas Calendas os antigos não tiveram,
    o ano deles menor era em dois meses.
A Grécia, ao vencedor, ainda não dera as artes
    – povo facundo, embora pouco forte.
Quem bem lutava conhecia a arte romana
    – eloquente era quem lançava o dardo.
Quem conhecia, então, as Híades e as Plêiades?
    Quem sabia no céu haver dois polos
e duas Ursas? Que nau grega observa a Hélice,

Sidoniis, Helicen Graia carina notet,
signaque quae longo frater percenseat anno,
   ire per haec uno mense sororis equos? 110
Libera currebant et inobseruata per annum
   sidera; constabat sed tamen esse deos.
Non illi caelo labentia signa tenebant,
   sed sua, quae magnum perdere crimen erat,
Illa quidem e feno, sed erat reuerentia feno 115
   quantam nunc aquilas cernis habere tuas.
Pertica suspensos portabat longa maniplos,
   unde maniplaris nomina miles habet.
Ergo animi indociles et adhuc ratione carentes
   mensibus egerunt lustra minora decem. 120
Annus erat decimum cum luna receperat orbem:
   hic numerus magno tunc in honore fuit,
seu quia tot digiti, per quos numerare solemus,
   seu quia bis quinto femina mense parit,
seu quod adusque decem numero crescente uenitur, 125
   principium spatiis sumitur inde nouis.
Inde patres centum denos secreuit in orbes
   Romulus, hastatos instituitque decem,
et totidem princeps, totidem pilanus habebat
   corpora, legitimo quique merebat equo. 130
Quin etiam partes totidem Titiensibus ille,
   quosque uocant Ramnes, Luceribusque dedit.
Adsuetos igitur numeros seruauit in anno;
   hoc luget spatio femina maesta uirum.

Neu dubites primae fuerint quin ante Kalendae 135
   Martis, ad haec animum signa referre potes.
Laurea flaminibus quae toto perstitit anno
   tollitur, et frondes sunt in honore nouae;
Ianua tum regis posita uiret arbore Phoebi;
   ante tuas fit idem, Curia prisca, fores. 140
Vesta quoque ut folio niteat uelata recenti,
   cedit ab Iliacis laurea cana focis.
Adde quod arcana fieri nouus ignis in aede
   dicitur, et uires flamma refecta capit.

que os sidônios perseguem Cinosura,
que os signos que o irmão no longo ano percorre
    pode a irmã percorrer num único mês?
Inobservadas as estrelas iam livres,
    ainda se imaginava fossem deuses.
Não havia no céu a brilhar nenhum signo,
    só as insígnias, que crime era perder.
Eram de feno, mas o feno veneravam,
    tanto quanto hoje vês as tuas águias.
Manípulos de feno o soldado levava
    na vara, assim, chamavam-no *Manípulo*.
Logo, os espíritos incultos e ignorantes
    tinham dez meses menos tinham nos seus lustros.
Com dez voltas da lua, o ano se completava:
    grandes honras, então, teve esse número.
Seja porque com nossos dez dedos contamos,
    porque a mulher com dez meses dá à luz,
seja porque, crescendo, até dez chega o número
    e recomeça, então, nova contagem.
Por isso Rômulo o Senado em dez partiu
    e instituiu as dez turmas dos hastatos;
o *primeiro* e o *pilano* iguais tinham as turmas,
    e aquele que o cavalo merecia.
Ele, também, em dez as tribos repartiu –
    os ticienses, os ramnes e os luceres.
No ano guardou, enfim, os costumeiros números:
    o tempo de chorar a viúva o esposo.

Março era o primeiro mês

Que as Calendas de março eram do ano as primeiras,
    na mente os sinais podes perceber.
O loureiro que o ano inteiro ornou os flâmines
    é tirado, e são postas novas folhas;
verdeja, então, de Febo a árvore nos umbrais,
    e também nos portões da velha Cúria.
Para que Vesta com rebentos seja ornada,
    os velhos louros caem nas teucras aras.
Junta que um novo fogo acende-se no templo,
    e o fogo restaurado ganha forças.

Nec mihi parua fides annos hinc isse priores 145
    Anna quod hoc coepta est mense Perenna coli.
Hinc etiam ueteres initi memorantur honores
    ad spatium belli, perfide Poene, tui.
Denique quintus ab hoc fuerat Quintilis, et inde
    incipit a numero nomina quisquis habet. 150

Primus, oliuiferis Romam deductus ab aruis,
    Pompilius menses sensit abesse duos,
siue hoc a Samio doctus, qui posse renasci
    nos putat, Egeria siue monente sua.
Sed tamen errabant etiam nunc tempora, donec 155
    Caesaris in multis haec quoque cura fuit.
Non haec ille deus tantaeque propaginis auctor
    credidit officiis esse minora suis,
Promissumque sibi uoluit praenoscere caelum
    nec deus ignotas hospes inire domos. 160
Ille moras solis, quibus in sua signa rediret,
    traditur exactis disposuisse notis;
Is decies senos ter centum et quinque diebus
    iunxit et a pleno tempora quinta die.
Hic anni modus est: in lustrum accedere debet, 165
    quae consummatur partibus, una dies.

1. D : K : MAR : NP

'Si licet occultos monitus audire deorum
    uatibus, ut certe fama licere putat,
cum sis officiis, Gradiue, uirilibus aptus,
    dic mihi matronae cur tua festa colant.' 170
Sic ego. Sic posita dixit mihi casside Mauors
    (sed tamen in dextra missilis hasta fuit):
'Nunc primum studiis pacis deus utilis armis
    aduocor, et gressus in noua castra fero.
Nec piget incepti: iuuat hac quoque parte morari, 175
    hoc solam ne se posse Minerua putet.
Disce, Latinorum uates operose dierum,
    quod petis, et memori pectore dicta nota.

LIVRO III – MARÇO | 141

Acredito que em março os anos começassem
 – mês em que se cultua Ana Perena.
Iniciavam-se em março, ainda, os antigos cargos,
 desde os tempos, ó Aníbal, de tua guerra.
O quinto mês, enfim, era quintembro, e assim,
 com o número os nomes começavam.

Os calendários de Numa e de César

Dos olivais levado a Roma foi Pompílio,
 o primo a ver que dois meses faltavam.
O douto sâmio, crendo que nós renascemos,
 mostrou-lhe, ou foi Egéria quem lhe disse.
Móveis assim eram as datas, 'té que César,
 que de muito cuidou, as ajustou.
Aquele deus, que é o pai da estirpe, não julgou
 ser u'assunto menor p'ra sua atenção.
Quis antes conhecer o céu que habitaria,
 e não entrar como hóspede na casa.
Dizem que ele marcou co'anotações exatas
 quanto tarda p'r'o sol voltar a um signo.
E ele aos trezentos e sessenta e cinco dias,
 juntou de um dia inteiro a quinta parte.
Essa é a medida do ano: a cada lustro deve
 dessas partes um dia ser somado.

1 de março – as festas Matronálias

"Se pode o vate ouvir os segredos dos deuses
 – como a fama permite que se pense –,
como, ó Gradivo, se viril é teu ofício,
 em tua festa mulheres te cultuam"?
Pergunto e Marte, o elmo depondo, assim me diz,
 enquanto tem na mão direita o dardo:
"Hoje a mim, deus da guerra, à paz primeiro chamam;
 a um novo acampamento eu levo os passos.
Não me envergonha a empresa: apraz-me que Minerva
 saiba que não só ela pode tanto.
Poeta dos dias dos latinos, o que indagas
 aprende, e põe no peito o que é dito.

Parua fuit, si prima uelis elementa referre,
    Roma, sed in parua spes tamen huius erat.   180
Moenia iam stabant, populis angusta futuris,
    credita sed turbae tum nimis ampla suae.
Quae fuerit nostri si quaeris regia nati,
    aspice de canna straminibusque domum.
In stipula placidi capiebat munera somni,   185
    et tamen ex illo uenit in astra toro.
Iamque loco maius nomen Romanus habebat,
    nec coniunx illi nec socer ullus erat.
Spernebant generos inopes uicinia diues,
    et male credebar sanguinis auctor ego.   190
In stabulis habitasse et oues pauisse nocebat
    iugeraque inculti pauca tenere soli.
Cum pare quaeque suo coeunt uolucresque feraeque
    atque aliquam de qua procreet anguis habet.
Extremis dantur conubia gentibus: at quae   195
    Romano uellet nubere nulla fuit.
Indolui patriamque dedi tibi, Romule, mentem.
    "Tolle preces", dixi "quod petis arma dabunt."
Festa parat Conso. Consus tibi cetera dicet,
    illa facta die dum sua sacra canet.   200
Intumuere Cures et quos dolor attigit idem:
    tum primum generis intulit arma socer.
Iamque fere raptae matrum quoque nomen habebant,
    tractaque erant longa bella propinqua mora:
conueniunt nuptae dictam Iunonis in aedem,   205
    quas inter mea sic est nurus ausa loqui:
"O pariter raptae, quoniam hoc commune tenemus,
    non ultra lente possumus esse piae.
Stant acies: sed utra di sint pro parte rogandi
    eligite; hinc coniunx, hinc pater arma tenet.   210
Quaerendum est uiduae fieri malitis an orbae.
    consilium uobis forte piumque dabo."
Consilium dederat: parent, crinesque resoluunt
    maestaque funerea corpora ueste tegunt.
Iam steterant acies ferro mortique paratae,   215
    iam lituus pugnae signa daturus erat,

As mulheres sabinas

Queres saber do início? Roma foi pequena,
    mas, ainda que pequena, promissora.
Muros já tinha, ainda que estreitos p'r'os vindouros,
    eram, porém, bastante amplos p'r'os seus.
Perguntas como foi de meu filho o palácio?
    Olha as choças de junco e de sapé.
Na palha ele colhia os dons de um sono plácido;
    desse leito, porém, foi p'ras estrelas.
Nome maior que a terra os romanos já tinham,
    mas lhes faltavam sogros e as esposas.
A vizinhança desprezava genros pobres,
    e não criam que eu fosse o pai da estirpe.
Incomodava que morassem nos estábulos,
    que pastoreassem, tendo poucas terras.
Unem-se com seu par cada ave e cada fera,
    até a serpente tem com quem procrie.
O casamento co'estrangeiras era lícito,
    mas nenhuma casar quis co'os romanos.
Ó Rômulo, irritei-me e deitei-te a minha mente.
    'As preces guarda' eu disse, 'dou-te as armas'.
Festeja a Conso – Conso o resto irá contar-te,
    cantará o que foi feito no seu dia.
A dor que os atingiu e Cures se inflamaram:
    pela primeira vez, o sogro ataca ao genro.
As raptadas, de mãe já quase o nome tinham,
    e a guerra entre os vizinhos demorava.
No templo dedicado a Juno se reúnem
    as mulheres, e disse u'a minha nora:
'Ó nós raptadas! Como em comum temos isso,
    não podemos tardar mais co'a impiedade.
Mantêm-se as lutas. Escolhei qual deus instar;
    lutam de um lado o pai, de outro o marido.
Enviuvardes quereis ou preferis ser órfãs?
    Pio e forte é o conselho que vos dou.'
Acataram o aviso: as comas desataram
    e com lutuosas vestes se cobriram.
Preparadas p'ra morte encontravam-se as tropas,
    já dariam sinal p'ra luta as trompas,

cum raptae ueniunt inter patresque uirosque,
     inque sinu natos, pignora cara, tenent.
Vt medium campi scissis tetigere capillis,
     in terram posito procubuere genu;   220
et, quasi sentirent, blando clamore nepotes
     tendebant ad auos bracchia parua suos.
Qui poterat, clamabat auum tum denique uisum,
     et, qui uix poterat, posse coactus erat.
Tela uiris animique cadunt, gladiisque remotis   225
     dant soceri generis accipiuntque manus,
laudatasque tenent natas, scutoque nepotem
     fert auus: hic scuti dulcior usus erat.
Inde diem quae prima meas celebrare Kalendas
     Oebaliae matres non leue munus habent,   230
aut quia committi strictis mucronibus ausae
     finierant lacrimis Martia bella suis;
uel quod erat de me feliciter Ilia mater
     rite colunt matres sacra diemque meum.

Quid quod hiems adoperta gelu tum denique cedit,   235
     et pereunt lapsae sole tepente niues;
arboribus redeunt detonsae frigore frondes,
     uuidaque in tenero palmite gemma tumet;
quaeque diu latuit, nunc, se qua tollat in auras,
     fertilis occultas inuenit herba uias?   240
Nunc fecundus ager, pecoris nunc hora creandi,
     nunc auis in ramo tecta laremque parat.
Tempora iure colunt Latiae fecunda parentes,
     quarum militiam uotaque partus habet.

Adde quod, excubias ubi rex Romanus agebat,   245
     qui nunc Esquilias nomina collis habet,
illic a nuribus Iunoni templa Latinis
     hac sunt, si memini, publica facta die.
Quid moror et uariis onero tua pectora causis?
     Eminet ante oculos quod petis ecce tuos.   250
Mater amat nuptas: matris me turba frequentat.

quando elas entre os pais e os maridos chegaram,
   carregando no seio os caros filhos.
Quando entraram no campo, arrancaram cabelos
   e de joelhos à terra se arrojaram.
Os netos, como se o sentissem, com vagidos,
   os braços estendiam p'r'os avós.
Quem podia chamava o avô, primeiro o vendo,
   e quem bem não podia era obrigado.
Ânimos e armas caem; arremessando os gládios,
   cada sogro do genro aperta a mão
e acolhe a nobre filha. O avô no escudo leva
   o neto – era o melhor uso do escudo.
Por isso, as mães ebálias têm no primo dia
   dever de celebrar minhas Calendas;
ou porque ousando defrontar armas abertas,
   terminaram a guerra com suas lágrimas;
ou porque foi Ília por mim tornada mãe,
   meu dia, em sacro rito, as mães cultuam.

A chegada da Primavera

Porque o inverno enregelante, enfim, termina
   e ao morno sol derrete a caída neve,
a folhagem retorna às desbastadas árvores,
   crescem nas vinhas brotos suculentos,
o mato, há muito oculto, agora ergue-se aos ventos
   e acha fértil caminhos escondidos.
Fecundo agora é o campo, os rebanhos procriam,
   num galho a ave prepara abrigo e ninho.
Tempos fecundos as latinas mães cultuam,
   o parto delas tem dever e votos.

Juno Lucina

Soma também que onde o romano rei *escrutava*,
   na colina chamada hoje *Esquilina*,
ali um templo a Juno as mulheres latinas,
   se me lembro, erigiram nesse dia.
Mas por que tardo e onero o teu peito co'as causas?
   Eis que a teus olhos salta o que procuras.
Por minha mãe, que ama as esposas, me cultuaram,

Haec nos praecipue tam pia causa decet.'
Ferte deae flores: gaudet florentibus herbis
    haec dea; de tenero cingite flore caput:
Dicite 'Tu nobis lucem, Lucina, dedisti':   255
    dicite 'tu uoto parturientis ades.'
Siqua tamen grauida est, resoluto crine precetur
    ut soluat partus molliter illa suos.

Quis mihi nunc dicet quare caelestia Martis
    arma ferant Salii Mamuriumque canant?   260
Nympha, mone, nemori stagnoque operata Dianae;
    nympha, Numae coniunx, ad tua facta ueni.

Vallis Aricinae silua praecinctus opaca
    est lacus, antiqua religione sacer;
Hic latet Hippolytus loris direptus equorum,   265
    unde nemus nullis illud aditur equis.
Licia dependent longas uelantia saepes,
    et posita est meritae multa tabella deae.
Saepe potens uoti, frontem redimita coronis,
    femina lucentes portat ab Urbe faces.   270
Regna tenent fortes manibus pedibusque fugaces,
    et perit exemplo postmodo quisque suo.

Defluit incerto lapidosus murmure riuus:
    saepe, sed exiguis haustibus, inde bibi.
Egeria est quae praebet aquas, dea grata Camenis: 275
    illa Numae coniunx consiliumque fuit.
Principio nimium promptos ad bella Quirites
    molliri placuit iure deumque metu.
Inde datae leges, ne firmior omnia posset,
    coeptaque sunt pure tradita sacra coli.   280
Exuitur feritas, armisque potentius aequum est,
    et cum ciue pudet conseruisse manus,
atque aliquis, modo trux, uisa iam uertitur ara
    uinaque dat tepidis farraque salsa focis.

mais que todos convém-me esse motivo."
Trazei flores à deusa, ela gosta de flores;
    cingi com flores novas a cabeça.
Dizei-lhe: "Tu, *Lucina* Juno, à *luz* nos deste".
    Dizei-lhe: "Atende os votos das gestantes".
Se grávida está alguma, ore co'a coma solta
    para que suavemente ocorra o parto.

Os sálios e Mamúrio

Quem hoje me dirá por que os sálios levam
    de Marte as armas, e Mamúrio cantam?
Ninfa, que habitas de Diana o bosque e o lago,
    de Numa esposa, inspira-me a teus feitos.

Arícia

Pelos vales da Arícia ensombrada por matas,
    existe um lago sacro p'r'os antigos.
Por cavalos rasgado, ali se oculta Hipólito
    — assim, nenhum cavalo entra no bosque.
Em longas varas pende u'a cortina de cordas,
    muitos quadros à deusa há pendurados.
Uma mulher que teve os votos atendidos,
    engrinaldada, traz de Roma as tochas.
Reinam ali fortes varões de pés ligeiros,
    e morre cada um, co'o próprio exemplo.

Invocação a Egéria

Nas pedras corre um rio em incerto murmurar.
    Bebe-se dele amiúde em curtos goles.
Egéria, a deusa cara às Camenas, dá as águas
    — ela de Numa foi a esposa e oráculo.
Os quirites, no início, à guerra tão propensos,
    Numa abrandou, com jus e pio medo.
Dadas as leis, não pode tudo o que é mais forte;
    ritos tradicionais são celebrados.
Expulsou-se a barbárie; a Justiça armas vence;
    avilta aos cidadãos se confrontarem.
Se alguém, há pouco irado, olha p'r'o altar, transforma-se,
    verte no fogo o vinho, o farro e o sal.

Ecce deum genitor rutilas per nubila flammas 285
  spargit, et effusis aethera siccat aquis.
Non alias missi cecidere frequentius ignes:
  rex pauet et uolgi pectora terror habet.
Cui dea 'Ne nimium terrere: piabile fulmen
  est' ait 'et saeui flectitur ira Iouis. 290
Sed poterunt ritum Picus Faunusque piandi
  tradere, Romani numen utrumque soli.
nec sine ui tradent: adhibe tu uincula captis';
  Atque ita qua possint edidit arte capi.
Lucus Auentino suberat niger ilicis umbra, 295
  quo posses uiso dicere 'numen inest'.
In medio gramen, muscoque adoperta uirenti
  manabat saxo uena perennis aquae;
inde fere soli Faunus Picusque bibebant:
  huc uenit et fonti rex Numa mactat ouem, 300
plenaque odorati disponit pocula Bacchi,
  cumque suis antro conditus ipse latet.
Ad solitos ueniunt siluestria numina fontes
  et releuant multo pectora sicca mero.
Vina quies sequitur: gelido Numa prodit ab antro 305
  uinclaque sopitas addit in arta manus.
Somnus ut abscessit, pugnando uincula temptant
  rumpere; pugnantes fortius illa tenent.
Tum Numa: 'di nemorum, factis ignoscite nostris
  si scelus ingenio scitis abesse meo, 310
quoque modo possit fulmen monstrate piari.'
  sic Numa; sic quatiens cornua Faunus ait:
'Magna petis, nec quae monitu tibi discere nostro
  fas sit: habent fines numina nostra suos.
Di sumus agrestes et qui dominemur in altis 315
  montibus; arbitrium est in sua tecta Ioui.
Hunc tu non poteris per te deducere caelo,
  at poteris nostra forsitan usus ope.'
Dixerat haec Faunus; par est sententia Pici.
  'Deme tamen nobis uincula', Picus ait, 320
'Iuppiter huc ueniet, ualida perductus ab arte:
  nubila promissi Styx mihi testis erit.'

Numa, Pico, Fauno e Júpiter Elício

Eis que das nuvens raios lança o pai dos deuses,
  e, derramando as águas, seca o céu.
Ele nunca lançou raios com tal frequência:
  o terror toma o povo: teme o rei.
"Não temas", diz a deusa. "O raio é esconjurável;
  pode-se demover a ira de Jove.
Poderão Pico e Fauno os ritos de expiação
  ensinar-te – ambos deuses dos romanos.
Mas sem violência não ensinam. Agrilhoa-os".
  E ela mostrou o modo de fazer.
Sob o Aventino, há um bosque escuro de azinheiras;
  podes dizer ao vê-lo: "Há aqui um deus".
Por musgos verdes recoberta, em meio à grama,
  de uma rocha manava um veio d'água.
Sozinhos, Fauno e Pico a sede ali matavam:
  chega o rei Numa e imola à fonte u'a ovelha;
de perfumado Baco espalha taças cheias,
  e se esconde, co'os seus, numa caverna.
Chegam à useira fonte os numes da floresta,
  e saciam com vinho os secos ventres.
Do vinho, o sono. Numa sai da gruta fria
  e com atilhos prende as mãos, que dormem.
Vai-se o sono. Lutando, eles tentam romper
  os atilhos, que então mais forte os prendem.
Diz Numa: "Ó deuses da floresta, perdoai-me.
  Sabeis que não há ultraje em meu intento.
Então, mostrai-me como esconjurar o raio".
  Responde Fauno, os chifres sacudindo:
"Pedes muito – ensinar-te a nós é proibido;
  nossos poderes têm os seus limites.
Somos agrestes deuses, do alto das montanhas:
  no domínio de Jove fica o arbítrio.
Só, tu não poderás fazê-lo vir do céu
  – poderias, talvez, com nossa ajuda".
Fauno assim disse, e igual foi de Pico a sentença:
  "Livra-nos dos atilhos", Pico diz,
"e Júpiter virá por nossa arte trazido:
  que o Estige testemunhe o que eu prometo".

Eemissi laqueis quid agant, quae carmina dicant,
    quaque trahant superis sedibus arte Iouem
scire nefas homini. Nobis concessa canentur   325
    quaeque pio dici uatis ab ore licet.
Eliciunt caelo te, Iuppiter; unde minores
    nunc quoque te celebrant Eliciumque uocant.

Constat Auentinae tremuisse cacumina siluae,
    terraque subsedit pondere pressa Iouis: 330
corda micant regis totoque e corpore sanguis
    fugit et hirsutae deriguere comae.
Vt rediit animus, 'Da certa piamina' dixit
    'fulminis, altorum rexque paterque deum,
si tua contigimus manibus donaria puris,   335
    hoc quoque quod petitur si pia lingua rogat.'
Adnuit oranti, sed uerum ambage remota
    abdidit et dubio terruit ore uirum.
'Caede caput' dixit; cui rex 'parebimus' inquit;
    'caedenda est hortis eruta cepa meis.'   340
Addidit hic 'hominis'; 'sumes' ait ille 'capillos.'
    postulat hic animam; cui Numa 'piscis' ait.
Risit, et 'his' inquit 'facito mea tela procures,
    o uir conloquio non abigende deum.
sed tibi, protulerit cum totum crastinus orbis   345
    Cynthius, imperii pignora certa dabo.'
Dixit et ingenti tonitru super aethera motum
    fertur, adorantem destituitque Numam.
Ille redit laetus memoratque Quiritibus acta:
    tarda uenit dictis difficilisque fides.   350
'At certe credemur' ait 'si uerba sequetur
    exitus: en audi crastina, quisquis ades.
Protulerit terris cum totum Cynthius orbem,
    Iuppiter imperii pignora certa dabit.'
Discedunt dubii, promissaque tarda uidentur,   355
    dependetque fides a ueniente die.

Mollis erat tellus rorata mane pruina:
    ante sui populus limina regis adest.

Soltos os laços, o que fazem, o que ensinam
 e a arte com que do céu arrastam Jove
não pode o homem saber. Canto o que é permitido
 e o que dizer convém ao pio vate.
Eliciam-te, Jove, e por isso até hoje
 celebram-te e também chamam-te *Elício*.

Júpiter e Numa

Contam que a mata do Aventino estremeceu,
 e a terra suportou o peso de Jove.
O coração do rei dispara, foge o sangue
 do corpo, e a cabeleira se arrepia.
Disse, ao voltar a si: "Ensina a esconjurar
 o raio, ó rei do céu e pai dos deuses,
se com mãos puras é que toco os teus altares
 e a língua que isso pede é reverente".
Co'o rogo, Jove anui. Mas oculta a verdade,
 e com sua fala ambígua assusta o homem.
"Corte u'a *cabeça*", diz. Responde o rei: "Faremos.
 Cortem na horta a *cabeça* de u'a cebola".
E o deus: "De um homem"! Diz o rei: "Eis os *cabelos*".
 Pede u'a vida, e Numa diz: "De um peixe"!
Riu Jove e disse: "Faz assim, e afasta os raios,
 ó homem, cuja conversa agrada ao deus.
Mas quando o Cíntio, de manhã, erguer o disco,
 eu te darei as provas do poder".
Falou, e co'um trovão ingente, os céus moveu,
 foi levado, deixando Numa em preces.
Este retorna e conta aos quirites o que houve:
 custam a acreditar em suas palavras.
"Crer-me-ão, decerto", diz, "se êxito vier à fala.
 Vós que aqui estais, ouvi sobre amanhã.
Mas quando o Cíntio, de manhã, erguer o disco,
 Júpiter dará provas de poder".
Duvidam; pensam demoradas já as promessas,
 e do dia seguinte a fé depende.

Os escudos ancilos e Mamúrio

Do orvalho matinal úmida estava a terra,
 e o povo chega à porta de seu rei.

Prodit et in solio medius consedit acerno;
    innumeri circa stantque silentque uiri.   360
Ortus erat summo tantummodo margine Phoebus:
    sollicitae mentes speque metuque pauent.
Constitit atque caput niueo uelatus amictu
    iam bene dis notas sustulit ille manus,
atque ita 'Tempus adest promissi muneris' inquit;   365
    'pollicitam dictis, Iuppiter, adde fidem.'
Dum loquitur, totum iam sol emouerat orbem,
    et grauis aetherio uenit ab axe fragor.
Ter tonuit sine nube deus, tria fulgura misit.
    credite dicenti: mira sed acta loquor: 370
a media caelum regione dehiscere coepit:
    summisere oculos cum duce turba suo.
Ecce leui scutum uersatum leniter aura
    decidit: a populo clamor ad astra uenit.
Tollit humo munus caesa prius ille iuuenca   375
    quae dederat nulli colla premenda iugo,
idque ancile uocat, quod ab omni parte recisum est,
    quaque notes oculis angulus omnis abest.
Tum, memor imperii sortem consistere in illo,
    consilium multae calliditatis init: 380
plura iubet fieri simili caelata figura,
    error ut ante oculos insidiantis eat.
Mamurius, morum fabraene exactior artis
    difficile est, illud, dicere, clausit opus.
Cui Numa munificus 'Facti pete praemia' dixit   385
    'si mea nota fides, inrita nulla petes.'
Iam dederat Saliis a saltu nomina ducta
    armaque et ad certos uerba canenda modos;
tum sic Mamurius: 'merces mihi gloria detur,
    nominaque extremo carmine nostra sonent.'   390
Inde sacerdotes operi promissa uetusto
    praemia persoluunt Mamuriumque uocant.

Nubere siqua uoles, quamuis properabitis ambo,
    differ; habent paruae commoda magna morae.
Arma mouent pugnas, pugna est aliena maritis;   395

Ele sai e se assenta em um trono de abeto;
    há em volta homens inúmeros, silentes.
Febo nascia; aparecera o alto da borda:
    com esperança e medo, as mentes tremem.
Numa se levantou e, velado de branco,
    ergueu as mãos dos deuses conhecidas.
"Do prometido dom", diz ele, "chega o tempo.
    Ó Jove, dá à promessa o cumprimento".
Enquanto fala, o sol já move todo o disco,
    e do polo do céu vem grande estrondo.
O deus três vezes trovejou, mandou três raios:
    maravilhoso embora, aconteceu!
Crede: o meio do céu começou a se abrir,
    levantaram o olhar o rei e o povo.
Eis que, descendo mansamente no ar, u'escudo
    cai: o clamor do povo chega aos astros.
Numa o apanha no chão; antes imola u'a rês
    cuja nuca jamais fora jungida,
chama-o *ancilo*, pois, cortado à toda roda,
    nenhum ângulo nele há que se note.
Lembrando que do escudo o império dependia,
    com muito engenho um plano arquitetou.
Ele manda fazer mais imagens iguais
    para que os insidiosos olhos errem.
Mamúrio – se melhor no costume ou as artes,
    é difícil dizer – findou a obra.
Recompensando-o, Numa disse: "Pede o prêmio.
    Nada em vão pedirás, pois sou leal".
Já dera aos *sálios*, que dos *saltos* têm o nome,
    os hinos no compasso certo e as armas.
Diz Mamúrio: "Que seja a glória a recompensa
    e que meu nome soe ao fim do canto".
Por isso, o sacerdote o prêmio prometido
    pela obra, ao invocar Mamúrio, paga.

Interdição aos casamentos

Se há quem queira casar, mesmo ansiosa, que espere;
    grandes proveitos traz um breve atraso.
As armas fazem guerra, e odeiam-na os esposos;

condita cum fuerint, aptius omen erit.
His etiam coniunx apicati cincta Dialis
    lucibus impexas debet habere comas.

3. F C

Tertia nox de mense suos ubi mouerit ortus
    conditus e geminis Piscibus alter erit. 400
Nam duo sunt: Austris hic est, Aquilonibus ille
    proximus; a uento nomen uterque tenet.

5. H C

Cum croceis rorare genis Tithonia coniunx
    coeperit et quintae tempora lucis aget,
siue est Arctophylax, siue est piger ille Bootes, 405
    mergetur uisus effugietque tuos.

At non effugiet Vindemitor: hoc quoque causam
    unde trahat sidus parua docere mora est.
Ampelon intonsum satyro nymphaque creatum
    fertur in Ismariis Bacchus amasse iugis. 410
Tradidit huic uitem pendentem frondibus ulmi,
    quae nunc de pueri nomine nomen habet.
Dum legit in ramo pictas temerarius uuas,
    decidit: amissum Liber in astra tulit.

6. A NP

Sextus ubi Oceano cliuosum scandit Olympum 415
    Phoebus et alatis aethera carpit equis,
quisquis ades castaeque colis penetralia Vestae,
    gratare, Iliacis turaque pone focis.

Caesaris innumeris, quos maluit ille mereri,
    accessit titulis pontificalis honor. 420
Ignibus aeternis aeterni numina praesunt
    Caesaris: imperii pignora iuncta uides.
Di ueteris Troiae, dignissima praeda ferenti,
    qua grauis Aeneas tutus ab hoste fuit,

quando as guardarem, bom será o agouro.
Nesse dia, também a esposa do Dial
deve manter a coma despenteada.

3 de março — a constelação de Peixes

Quando a terceira noite houver no mês nascido,
ficará escondido um dos dois Peixes.
Pois são dois: esse no Austro, aquele no Aquilão,
e cada um possui do vento o nome.

5 de março — a constelação de Bootes

Quando a titônia esposa orvalhar suas faces
de açafrão e trouxer a quinta luz,
tanto Artófilax, quanto aquele lento Bootes
mergulharão fugindo de tua vista.

A constelação de Âmpelo

Não fugirá o Vindimador: será ligeiro
dessa constelação contar-se a causa.
Dizem que Baco amou, no Ísmaro, o jovem Âmpelo
– que era o filho de um sátiro e u'a ninfa.
Deu-lhe u'a videira que pendia no alto olmeiro,
e que hoje tem o nome do menino.
E, quando o temerário as uvas foi pegar,
caiu, e Líber o levou p'r'o céu.

6 de março — culto a Vesta

Na sexta vez que Febo vai do mar p'r'o Olimpo,
e nos corcéis alados chega aos astros,
quem quer que aos penetrais adentre em culto a Vesta,
festeja, e põe no altar de Troia incenso.

O pontificado de Augusto

A honra pontifical aos títulos de César
some-se – e dele foi o preferido.
De César o imortal nume os fogos preside
– os penhores do império veem-se juntos.
Deuses da velha Troia, ó mais digna relíquia,
cujo peso livrou do imigo Eneias,

ortus ab Aenea tangit cognata sacerdos 425
    numina: cognatum, Vesta, tuere caput.
Quos sancta fouet ille manu, bene uiuitis, ignes:
    uiuite inexstincti, flammaque duxque, precor.

7. B NON : F

Vna nota est Marti Nonis, sacrata quod illis
    templa putant lucos Veiouis ante duos. 430
Romulus, ut saxo lucum circumdedit alto,
    'Quilibet huc' inquit 'confuge; tutus eris.'
O quam de tenui Romanus origine creuit,
    turba uetus quam non inuidiosa fuit!
Ne tamen ignaro nouitas tibi nominis obstet, 435
    disce quis iste deus, curue uocetur ita.
Iuppiter est iuuenis: iuuenales aspice uoltus;
    aspice deinde manum: fulmina nulla tenet.
Fulmina post ausos caelum adfectare Gigantas
    sumpta Ioui: primo tempore inermis erat; 440
ignibus Ossa nouis et Pelion altius Ossa
    arsit et in solida fixus Olympus humo.
Stat quoque capra simul: nymphae pauisse feruntur
    Cretides, infanti lac dedit illa Ioui.
Nunc uocor ad nomen: uegrandia farra coloni 445
    quae male creuerunt, uescaque parua uocant;
uis ea si uerbi est, cur non ego Veiouis aedem
    aedem non magni suspicer esse Iouis?

Iamque ubi caeruleum uariabunt sidera caelum,
    suspice: Gorgonei colla uidebis equi. 450
Creditur hic caesae grauida ceruice Medusae
    sanguine respersis prosiluisse iubis.
Huic supra nubes et subter sidera lapso
    caelum pro terra, pro pede pinna fuit;
iamque indignanti noua frena receperat ore 455
    cum leuis Aonias ungula fodit aquas.
Nunc fruitur caelo, quod pinnis ante petebat,
    et nitidus stellis quinque decemque micat.

numes avitos toca o enéade ministro,
cuida, ó Vesta, do irmão. Co'a santa mão
os fogos em que bem viveis ele alimenta.
Vivei p'ra sempre, ó fogo, ó imperador!

7 de março — templo de Véjove

Há nas Nonas de março u'a só marca, pois ante
os dois bosques sagrou-se o templo a Véjove.
Rômulo disse, ao circundar co'um muro o bosque:
"Quem aqui se abrigar, está seguro".
De que origem tão baixa o romano cresceu!
Que invejo não foi o povo antigo!
Porém, se o nome que aparece não conheces,
aprende quem é o deus, e por que o nome.
É o jovem Júpiter: observa a jovem face;
também observa a mão: raios não tem
— assumiu-os depois que os gigantes ousaram
tomar os céus: inerme era antes.
Queimou o primeiro raio o Ossa, o Pélio, mais alto,
e o Olimpo, em terra firme alicerçado.
Há junto dele u'a cabra: em Creta apascentaram-na
as ninfas, e ela o leite deu a Jove.
Explico o nome: os grãos *vegrandes* p'r'o colono
são os gorados; *vescas*, os pequenos.
Se esse é o sentido por que eu não suspeitarei
que Jove adulto seja o mesmo Véjove?

A constelação de Pégaso

Quando as constelações no céu azul mudarem,
do gorgôneo corcel verás a nuca.
Crê-se que ele saltou da garganta cortada
da Medusa, co'a crina ensanguentada.
Sobre as nuvens pulando, e debaixo dos astros,
teve por terra o céu, por pés as asas.
Já na indignada boca os freios recebera
quando cavou co'o casco a fonte aônia.
Desfruta hoje do céu, aonde co'asas chegou
e, refulgente, em quinze estrelas brilha.

8. CF

Protinus aspicies uenienti nocte Coronam
  Cnosida: Theseo crimine facta dea est.   460
Iam bene periuro mutarat coniuge Bacchum
  quae dedit ingrato fila legenda uiro;
sorte tori gaudens 'Quid flebam rustica?' dixit;
  'utiliter nobis perfidus ille fuit.'
Interea Liber depexos crinibus Indos   465
  uicit, et Eoo diues ab orbe redit.
Inter captiuas facie praestante puellas
  grata nimis Baccho filia regis erat.
Flebat amans coniunx, spatiataque litore curuo
  edidit incultis talia uerba comis: 470
'En iterum, fluctus, similes audite querellas.
  En iterum lacrimas accipe, harena, meas.
Dicebam, memini, "Periure et perfide Theseu!"
  Ille abiit, eadem crimina Bacchus habet.
Nunc quoque "nulla uiro" clamabo "femina credat";   475
  nomine mutato causa relata mea est.
O utinam mea sors qua primum coeperat isset,
  iamque ego praesenti tempore nulla forem.
Quid me desertis morituram, Liber, harenis
  seruabas? Potui dedoluisse semel.   480
Bacche leuis leuiorque tuis, quae tempora cingunt,
  frondibus, in lacrimas cognite Bacche meas,
ausus es ante oculos adducta paelice nostros
  tam bene compositum sollicitare torum?
Heu ubi pacta fides? Vbi quae iurare solebas?   485
  Me miseram, quotiens haec ego uerba loquar?
Thesea culpabas fallacemque ipse uocabas:
  iudicio peccas turpius ipse tuo.
Ne sciat haec quisquam tacitisque doloribus urar,
  ne totiens falli digna fuisse puter.   490
Praecipue cupiam celari Thesea, ne te
  consortem culpae gaudeat esse suae.
At, puto, praeposita est fuscae mihi candida paelex!
  eueniat nostris hostibus ille color.
Quid tamen hoc refert? Vitio tibi gratior ipso est.   495
  Quid facis? Amplexus inquinat illa tuos.

8 de março – a constelação de Ariadne

Na outra noite verás da cretense a Coroa:
    o crime de Teseu fê-la uma deusa.
Já por Baco trocara o pérfido marido,
    a quem, varão ingrato, dera o fio.
Feliz co'o novo leito, diz: "Por que eu chorava?
    Aquele traidor útil me foi".
Líber venceu, no entanto, os indianos penteados,
    e voltou co'os tesouros do levante.
Excelindo em beleza, entre as jovens cativas,
    muito agradara a Baco uma princesa.
Chorava a esposa amante e vagando na praia,
    co'a coma esparsa disse tais palavras:
"Minhas queixas de novo, ó ondas, iguais ouvi;
    bebei de novo, ó areias, minhas lágrimas.
Lembro, eu dizia: 'Ó Teseu pérfido e perjuro!'
    Ele se foi e igual de Baco é o crime.
Também direi: 'Mulher alguma em homem creia'.
    Mudado o nome, é a mesma a minha queixa.
Quem dera a minha sorte fosse ainda a primeira,
    para que neste tempo eu nada fosse.
Por que salvaste-me, na areia moribunda,
    ó Líber? Minha dor teria acabado.
Leviano Baco, mais leviano do que as folhas
    que a fronte adornam, vê as minhas lágrimas.
Ousaste vir co'a tua amante ante os meus olhos
    e atrapalhar um leito bem composto?
Ah, os pactos onde estão? Onde estão as promessas?
    Ai de mim! Quantas vezes eu o direi?
Acusavas Teseu e o chamavas falaz:
    pecas mais torpemente, a teu juízo.
Que eu me arda em muda dor, p'ra que ninguém perceba
    e não pense que digna fui dos logros.
O mais quero ocultar de Teseu, p'ra que não
    se alegre em compartir contigo a culpa.
Por ser mais clara do que eu, a amante é preferida!
    Que aos nossos inimigos vá sua cor.
O que isso importa? Mais te agrada esse defeito.
    Que fazes? Ela mancha os teus abraços.

Bacche, fidem praesta, nec praefer amoribus ullam
    coniugis: adsueui semper amare uirum.
Ceperunt matrem formosi cornua tauri,
    me tua; at hic laudi est, ille pudendus amor.   500
Ne noceat quod amo: neque enim tibi, Bacche, nocebat
    quod flammas nobis fassus es ipse tuas.
Nec, quod nos uris, mirum facis: ortus in igne
    diceris, et patria raptus ab igne manu.
Illa ego sum cui tu solitus promittere caelum.   505
    ei mihi, pro caelo qualia dona fero!'
Dixerat; audibat iamdudum uerba querentis
    Liber, ut a tergo forte secutus erat.
Occupat amplexu lacrimasque per oscula siccat,
    et 'Pariter caeli summa petamus' ait: 510
'Tu mihi iuncta toro mihi iuncta uocabula sumes,
    nam tibi mutatae Libera nomen erit,
sintque tuae tecum faciam monimenta coronae,
    Volcanus Veneri quam dedit, illa tibi.'
Dicta facit, gemmasque nouem transformat in ignes: 515
    aurea per stellas nunc micat illa nouem.

14. A EQVIRR : NP
Sex ubi sustulerit, totidem demerserit orbes
    purpureum rapido qui uehit axe diem,
altera gramineo spectabis Equirria Campo,
    quem Tiberis curuis in latus urget aquis;   520
qui tamen eiecta si forte tenebitur unda,
    Caelius accipiat puluerulentus equos.

15. B EID : NP
Idibus est Annae festum geniale Perennae
    non procul a ripis, aduena Thybri, tuis.
Plebs uenit ac uirides passim disiecta per herbas   525
    potat, et accumbit cum pare quisque sua.
Sub Ioue pars durat, pauci tentoria ponunt,
    sunt quibus e ramis frondea facta casa est;
pars, ubi pro rigidis calamos statuere columnis,
    desuper extentas imposuere togas.   530
Sole tamen uinoque calent annosque precantur

Baco, mantém-te fiel! Não prefiras a amante
   à esposa: eu aprendi a amar p'ra sempre.
Tocaram minha mãe de um belo touro os chifres,
   e os teus em mim, porém u'amor louvável.
Não sofra eu por amar, pois não sofreste, ó Baco,
   quando me confessaste tuas chamas.
Não me surpreende que me queimes: tu nasceste
   do fogo, e o pai do fogo te tirou.
Eu sou aquela a quem prometias o céu.
   Ai, de mim! Pelo céu tal prêmio eu tenho"!
Disse. Líber ouviu a fala da queixosa,
   ao segui-la de perto, por acaso.
Toma-a nu'abraço, seca as lágrimas com beijos
   e diz: "P'r'o alto do céu iremos juntos.
Tu estiveste em meu leito; assume então meu nome;
   o teu será mudado para Líbera.
No monumento que te faço seja tua
   coroa a que Vulcano deu a Vênus".
Dito e feito. Transforma em fogo as nove gemas,
   e a coroa com nove estrelas brilha.

14 de março — as segundas Equírrias

Quando o deus que transporta o dia em lesto carro
   subir e mergulhar o sol seis vezes,
outras Equírrias tu verás no ervoso campo,
   que o Tibre com sinuosos cursos banha.
Mas, se acaso do rio as águas recobrirem-no,
   o Célio poeirento acolha os potros.

15 de março — Festa de Ana Perene

Há nos Idos o culto alegre a Ana Perene,
   ó Tibre, não distante de tuas margens.
O povo vem, bebe deitado em verdes ervas,
   e cada qual recosta com seu par.
Uns ficam ao relento, outros armam suas tendas;
   há os que fazem de ramos seu abrigo.
Colunas rígidas de junco alguns ergueram,
   e estenderam por cima abertas togas.
Ao sol e ao vinho eles se aquecem, pedem de anos

quot sumant cyathos, ad numerumque bibunt.
Inuenies illic qui Nestoris ebibat annos,
    quae sit per calices facta Sibylla suos.
Illic et cantant quicquid didicere theatris, 535
    et iactant faciles ad sua uerba manus,
et ducunt posito duras cratere choreas,
    cultaque diffusis saltat amica comis.
Cum redeunt, titubant et sunt spectacula uolgi,
    et fortunatos obuia turba uocat. 540
Occurrit nuper (uisa est mihi digna relatu)
    pompa: senem potum pota trahebat anus.
Quae tamen haec dea sit quoniam rumoribus errat,
    fabula proposito nulla tegenda meo.

Arserat Aeneae Dido miserabilis igne, 545
    arserat exstructis in sua fata rogis,
compositusque cinis, tumulique in marmore carmen
    hoc breue, quod moriens ipsa reliquit, erat:
praebuit Aeneas et causam mortis et ensem:
    ipsa sua Dido concidit usa manu. 550
Protinus inuadunt Numidae sine uindice regnum,
    et potitur capta Maurus Iarba domo,
seque memor spretum 'Thalamis tamen' inquit 'Elissae
    en ego, quem totiens reppulit illa, fruor.'
Diffugiunt Tyrii quo quemque agit error, ut olim 555
    amisso dubiae rege uagantur apes.
Tertia nudandas acceperat area messes,
    inque cauos ierant tertia musta lacus:
pellitur Anna domo, lacrimansque sororia linquit
    moenia; germanae iusta dat ante suae. 560
Mixta bibunt molles lacrimis unguenta fauillae,
    uertice libatas accipiuntque comas,
terque 'Vale'- dixit, cineres ter ad ora relatos
    pressit, et est illis uisa subesse soror.
Nacta ratem comitesque fugae pede labitur aequo 565
    moenia respiciens, dulce sororis opus.
Fertilis est Melite sterili uicina Cosyrae
    insula, quam Libyci uerberat unda freti.

o número de cálices que bebem.
Ali acharás quem beba os anos de Nestor,
  e pelas taças faça-se a Sibila.
Cantam ali o que aprenderam nos teatros,
  e acompanham com mímica as palavras.
Deposto o cráter, rudes coros são dançados,
  baila co'a coma solta a ornada amiga.
Quando retornam, cambaleiam; vê-os o povo
  que, ao os encontrar, os chama afortunados.
Há pouco houve um cortejo, acho digno contá-lo:
  u'a ébria velha levava u'ébrio velho.
Como essa deusa, então, entre rumores vaga,
  todas histórias vêm ao meu propósito.

Ana irmã de Dido e ninfa do Numício

A miserável Dido ardera por Eneias
  — ardera seu destino numa pira.
Reunida a cinza, foi no túmulo de mármore
  posto este verso, que ela, ao morrer, disse:
"Eneias deu da morte os motivos e a espada,
  mas Dido se matou co'a própria mão".
Logo o reino indefeso os númidas invadem;
  da casa se apodera o mauro Jarbas,
que, lembrando o desdém, diz: "Do leito da Elissa,
  eis que eu, por ela repelido, fruo".
Os tírios fogem sem destino, como abelhas
  que vagam quando perdem por um rei.
Pela terceira vez desnudaram-se as messes
  e nos jarros os mostos fermentavam.
Do paço expulsa, Ana, a chorar, deixa as muralhas
  — mas homenagens presta antes à irmã.
Com perfumes e pranto embebe as leves cinzas
  e oferta-lhe u'a madeixa do cabelo.
Três vezes disse adeus; as cinzas, três beijou,
  e viu surgir a irmã diante de si.
Companheiros de fuga e barco encontra, e zarpa,
  vendo os muros — querida obra da irmã.
À fértil Mélite, vizinha de Cosira,
  pela água do mar líbico cortada,

Hanc petit, hospitio regis confisa uetusto:
    hospes opum diues rex ibi Battus erat.   570
Qui postquam didicit casus utriusque sororis,
    'Haec' inquit 'tellus quantulacumque tua est.'
Et tamen hospitii seruasset ad ultima munus;
    sed timuit magnas Pygmalionis opes.
Signa recensuerat bis sol sua, tertius ibat   575
    annus, et exilio terra paranda noua est.
Frater adest belloque petit. Rex arma perosus
    'Nos sumus inbelles, tu fuge sospes' ait.
Iussa fugit uentoque ratem committit et undis:
    asperior quouis aequore frater erat.   580
Est prope piscosos lapidosi Crathidis amnes
    paruus ager, Cameren incola turba uocat:
illuc cursus erat. Nec longius abfuit inde
    quam quantum nouies mittere funda potest:
uela cadunt primo et dubia librantur ab aura: 585
    'Findite remigio' nauita dixit 'aquas';
dumque parant torto subducere carbasa lino,
    percutitur rapido puppis adunca Noto,
inque patens aequor, frustra pugnante magistro,
    fertur, et ex oculis uisa refugit humus.   590
Adsiliunt fluctus imoque a gurgite pontus
    uertitur, et canas alueus haurit aquas.
Vincitur ars uento nec iam moderator habenis
    utitur, at uotis is quoque poscit opem.
Iactatur tumidas exul Phoenissa per undas,   595
    umidaque opposita lumina ueste tegit.
Tum primum Dido felix est dicta sorori
    et quaecumque aliquam corpore pressit humum.
Ducitur ad Laurens ingenti flamine litus
    puppis, et expositis omnibus hausta perit.   600
Iam pius Aeneas regno nataque Latini
    auctus erat, populos miscueratque duos.
Litore dotali solo comitatus Achate
    secretum nudo dum pede carpit iter,
aspicit errantem, nec credere sustinet Annam   605
    esse: quid in Latios illa ueniret agros?
Dum secum Aeneas, 'Anna est!' exclamat Achates:

dirige-se; confia em que o rei vá acolhê-la
   – o rico anfitrião ali era Batos,
que, ao ouvir das irmãs as desventuras, disse:
   "Ainda que mínima, esta terra é tua".
Mas, ainda que guardasse os deveres de asilo,
   Batos temeu o poder de Pigmalião.
Duas voltas completara o sol; no ano terceiro,
   nova terra p'r'o exílio se aprontava.
P'ra guerra chega o irmão: o rei, que odeia as lutas,
   diz: "Foge a salvo, pois imbeles somos".
Ela obedece e foge: entrega o barco às ondas,
   mais áspero que os mares era o irmão.
Há um campo perto do piscoso rio Crates,
   que o povo que lá habita chama Câmere.
Era esse o curso. E não mais longe tinha ido
   do que dista da funda nove tiros.
Fecham as velas, pois em brisa incerta vagam.
   Grita o piloto: "O mar fendei co'os remos".
Enquanto afainam-se em prender com corda as velas,
   é pelo Noto a curva nau batida.
No mar aberto, enquanto em vão o mestre grita,
   seguem, e a terra escapa da visão.
Rebentam vagas; do imo abismo vira o mar;
   e o leito do mar sorve as brancas águas.
Vence à ciência o vento; ao nauta, a enxárcia é inútil;
   e ele nos votos pede salvação.
A exilada fenícia é abalada por ondas,
   cobre co'o manto os olhos marejados.
Pela primeira vez chamou de afortunados
   Dido e todos que têm na terra o corpo.
À costa laurentina um vento leva o barco,
   que, após todos salvar, sorvido, afunda.
Já o pio Eneias recebera o reino e a filha
   de Latino, e os dois povos misturara.
No chão dotal, acompanhado por Acates,
   enquanto por u'atalho segue a pé,
encontra Ana a vagar, e custa a acreditar:
   "Por que viria ao campo dos latinos"?,
diz Eneias consigo. "É Ana", exclama Acates.

ad nomen uoltus sustulit illa suos.
Heu, quid agat? Fugiat? Quos terrae quaerat hiatus?
    Ante oculos miserae fata sororis erant.   610
Sensit, et adloquitur trepidam Cythereius heros
    (flet tamen admonitu motus, Elissa, tui):
'Anna, per hanc iuro, quam quondam audire solebas
    tellurem fato prosperiore dari,
perque deos comites, hac nuper sede locatos,   615
    saepe meas illos increpuisse moras.
Nec timui de morte tamen: metus abfuit iste.
    ei mihi, credibili fortior illa fuit.
Ne refer: aspexi non illo corpore digna
    uolnera Tartareas ausus adire domos.   620
At tu, seu ratio te nostris adpulit oris
    siue deus, regni commoda carpe mei.
Multa tibi memores, nil non debemus Elissae:
    nomine grata tuo, grata sororis eris.'
Talia dicenti (neque enim spes altera restat)   625
    credidit, errores exposuitque suos;
utque domum intrauit Tyrios induta paratus,
    incipit Aeneas (cetera turba tacet):
'Hanc tibi cur tradam, pia causa, Lauinia coniunx,
    est mihi: consumpsi naufragus huius opes.   630
Orta Tyro est, regnum Libyca possedit in ora:
    quam precor ut carae more sororis ames.'
Omnia promittit falsumque Lauinia uolnus
    mente premit tacita dissimulatque metus;
donaque cum uideat praeter sua lumina ferri   635
    multa, tamen mitti clam quoque multa putat.
Non habet exactum quid agat: furialiter odit,
    et parat insidias et cupit ulta mori.
Nox erat: ante torum uisa est adstare sororis
    squalenti Dido sanguinulenta coma   640
et 'Fuge, ne dubita, maestum fuge' dicere 'tectum';
    sub uerbum querulas impulit aura fores.
Exsilit et uelox humili super ausa fenestra
    se iacit (audacem fecerat ipse timor),
cumque metu rapitur tunica uelata recincta,   645
    currit ut auditis territa damma lupis,

Ela, ao ouvir seu nome, eleva o rosto.
Ah, que fazer? Fugir? Buscar na terra u'a greta?
　　Tinha a sina da irmã diante dos olhos.
O citereio herói percebe e diz à trépida
　　– chora, ó Elissa, também por tua lembrança:
"Por esta terra, Ana, que outrora sempre ouvias
　　que o melhor fado me daria, eu juro,
e pelos deuses companheiros, que a demora
　　me increparam, e há pouco acharam pouso.
Não tive medo. Aquela morte eu não temia,
　　ai de mim, pensei que ela era mais forte.
Não contes. Vi naquele corpo a indigna chaga,
　　quando ousei adentrar a mansão tártara.
Porém, se um deus, ou tua vontade, às minhas praias
　　te trouxe, de meu reino colhe o asilo.
Lembro muito de ti e muito devo à Elissa:
　　por teu nome e da irmã me serás grata".
Ana nele confiou – nenhuma outra esperança
　　restava; e lhe contou suas desventuras.
Quando, vestida ao modo tírio, entrou em casa,
　　Eneias disse, e todos se calaram:
"A causa de trazê-la a ti, Lavínia, é pia.
　　Eu, quando naufraguei, gastei seus bens.
Nascida em Tiro, tem seu reino em praia líbica:
　　peço-te a ames como fosse u'a irmã".
Lavínia a tudo anui, mas u'a falsa ferida
　　lhe cala a mente, e o medo ela disfarça.
Como diante de si muitos presentes vê,
　　pensa que ainda há mais muitos escondidos.
Não sabe o que fazer; furiosamente odeia,
　　prepara insídias, e vingada quer morrer.
Era noite. Ana viu chegar diante do leito
　　Dido, co'a ensanguentada cabeleira,
e dizer: "Foge! Não duvides, infausta é a casa".
　　Um vento, co'as palavras, range as portas.
Salta da cama e de u'a janela, que era baixa,
　　Ana se arroja – audaz fizera-a o medo.
Tomada por pavor, co'as vestes desatadas,
　　corre como uma corça, ouvindo o lobo.

168 | COLEÇÃO CLÁSSICA

corniger hanc cupidis rapuisse Numicius undis
    creditur et stagnis occuluisse suis.
Sidonis interea magno clamore per agros
    quaeritur: apparent signa notaeque pedum;   650
uentum erat ad ripas: inerant uestigia ripis;
    sustinuit tacitas conscius amnis aquas.
Ipsa loqui uisa est 'placidi sum nympha Numici:
    amne perenne latens Anna Perenna uocor.'
Protinus erratis laeti uescuntur in agris   655
    et celebrant largo seque diemque mero.

Sunt quibus haec Luna est, quia mensibus impleat annum;
    pars Themin, Inachiam pars putat esse bouem.
Inuenies qui te nymphen Azanida dicant
    teque Ioui primos, Anna, dedisse cibos.   660
Haec quoque, quam referam, nostras peruenit ad aures
    fama, nec a ueri dissidet illa fide.
Plebs uetus et nullis etiam nunc tuta tribunis
    fugit et in Sacri uertice Montis erat;
iam quoque quem secum tulerant defecerat illos   665
    uictus et humanis usibus apta Ceres.

Orta suburbanis quaedam fuit Anna Bouillis,
    pauper, sed multae sedulitatis anus;
illa, leui mitra canos incincta capillos,
    fingebat tremula rustica liba manu,   670
atque ita per populum fumantia mane solebat
    diuidere: haec populo copia grata fuit.
Pace domi facta signum posuere Perennae,
    quod sibi defectis illa ferebat opem.

Nunc mihi, cur cantent, superest, obscena puellae,   675
    dicere; nam coeunt certaque probra canunt.
Nuper erat dea facta: uenit Gradiuus ad Annam,
    et cum seducta talia uerba facit:
'Mense meo coleris, iunxi mea tempora tecum;
    pendet ab officio spes mihi magna tuo.   680

Creem que o cornígero Numício a arrebatou
   nas ondas e a escondeu em suas lagoas.
No entanto, com clamor, procuram-na nos campos:
   aparecem sinais, são vistos rastros.
Chegaram à ribança, e havia ali pegadas.
   O rio emudeceu, e ela falou:
"Sou ninfa do Numício. Abriga-me o caudal
   perene, assim, me chamo *Ana Perene*".
Logo, nos campos percorridos, banqueteiam
   e celebram com muito vinho o dia.

Ana, Lua, Têmis, Io, Amalteia

P'ra alguns, é a Lua, pois recheia o ano de meses;
   uns pensam que ela é Têmis, outros, Io.
Ó Ana, acharás quem diga que és a ninfa Azânida,
   que deste a Jove os primos alimentos.
Aos meus ouvidos chega a fama, que também
   contarei, sem do vero me afastar.
Pelos tribunos ainda não zelada, a plebe
   no alto do Monte Sacro se abrigara.
Faltavam-lhe, porém, já as provisões levadas
   e Ceres, p'ra o uso humano apropriada.

Ana de Bovila

Ana há muito nasceu na aldeia de Bovila;
   pobre, trabalhadora muito *anosa*.
Co'as cãs cobertas pela touca, ela moldava,
   com as trêmulas mãos, rústicos pães,
que, fumegantes, de manhã, ela entre o povo
   distribuía: e a largueza ao povo aprouve.
Dedicaram, na paz, uma estátua a Perene,
   porque levava ajuda aos desvalidos.

Ana e Marte

Resta dizer por que cantam obscenidades
   as meninas, pois cantam indecência.
Fora Ana há pouco feita deusa: Marte a busca,
   leva-a consigo e diz-lhe tais palavras:
'És cultuada em meu mês. Meu tempo ao teu juntei.
   Pende de teu favor minha esperança.

Armifer armiferae correptus amore Mineruae
    uror, et hoc longo tempore uolnus alo.
Effice, di studio similes coeamus in unum:
    conueniunt partes hae tibi, comis anus.'
Dixerat; illa deum promisso ludit inani,   685
    et stultam dubia spem trahit usque mora.
Saepius instanti 'Mandata peregimus' inquit;
    'euicta est: precibus uix dedit illa manus.'
Credit amans thalamosque parat. Deducitur illuc
    Anna tegens uoltus, ut noua nupta, suos.   690
Oscula sumpturus subito Mars aspicit Annam:
    nunc pudor elusum, nunc subit ira, deum.
Ridet amatorem carae noua diua Mineruae,
    nec res hac Veneri gratior ulla fuit.
Inde ioci ueteres obscenaque dicta canuntur,   695
    et iuuat hanc magno uerba dedisse deo.

Praeteriturus eram gladios in principe fixos,
    cum sic a castis Vesta locuta focis:
'Ne dubita meminisse: meus fuit ille sacerdos;
    sacrilegae telis me petiere manus.   700
Ipsa uirum rapui simulacraque nuda reliqui:
    quae cecidit ferro, Caesaris umbra fuit.'
Ille quidem caelo positus Iouis atria uidit,
    et tenet in magno templa dicata foro;
at quicumque nefas ausi, prohibente deorum   705
    numine, polluerant pontificale caput,
morte iacent merita: testes estote, Philippi,
    et quorum sparsis ossibus albet humus.
Hoc opus, haec pietas, haec prima elementa fuerunt
    Caesaris, ulcisci iusta per arma patrem.   710

16. C F
Postera cum teneras aurora refecerit herbas,
    Scorpios a prima parte uidendus erit.

17. D LIB : AGON : NP
Tertia post Idus lux est celeberrima Baccho:
    Bacche, faue uati, dum tua festa cano.

Eu, deus armífero, me abraso por Minerva
    armífera, e essa chaga há muito eu nutro.
Faz que, deuses iguais, nos unamos nós dois:
    convém-te, ó anosa amiga, essa tarefa".
Ela ilude, porém, o deus com vãs promessas,
    e posterga-lhe a crédula esperança.
Quando ele a indaga, diz: "Tuas ordens já cumpri.
    Está vencida! A custo, mas cedeu".
Crê nela o amante, e apronta o leito. Ana até ele,
    velada como u'a noiva, é conduzida.
Ao fruir dos beijos, Marte a Ana reconhece;
    peja-se o deus logrado, que se irrita.
A nova deusa ri do que amava Minerva,
    e a Vênus coisa alguma foi mais grata.
Por isso, cantam-se motejos e indecências,
    e apraz a troça feita ao grande deus.

Assassinato de César

Eu iria omitir o assassínio do príncipe,
    quando do casto altar Vesta falou:
"Não hesites lembrá-lo: era meu sacerdote.
    As sacrílegas mãos me apunhalaram.
O homem eu retirei; deixei u'a inane imagem
    – foi a sombra de César que morreu".
No céu posto, ele vê os palácios de Júpiter,
    e um templo dedicado tem no Fórum.
Mas os que ousaram – mesmo os deuses proibindo –
    atingir a cabeça do pontífice
mereceram morrer: testemunha-o Filipos,
    e a terra esbranquiçada pelos ossos.
Essa obra e reverência Augusto fez primeiro,
    e, numa guerra justa, vingou o pai.

16 de março – constelação de Escorpião

Já quando a nova Aurora as ervas amornar,
    começará a ser visto o Escorpião.

17 de março – as Liberálias

Terceiro dia após os Idos é de Baco.
    Me inspira, Baco: eu canto as tuas festas.

Nec referam Semelen, ad quam nisi fulmina secum   715
    Iuppiter adferret, paruus inermis eras;
nec, puer ut posses maturo tempore nasci,
    expletum patrio corpore matris opus.
Sithonas et Scythicos longum narrare triumphos
    et domitas gentes, turifer Inde, tuas.   720
Tu quoque Thebanae mala praeda tacebere matris,
    inque tuum furiis acte Lycurge genus.
Ecce libet subitos pisces Tyrrhenaque monstra
    dicere; sed non est carminis huius opus.
Carminis huius opus causas exponere quare   725
    uitisator populos ad sua liba uocet.
Ante tuos ortus arae sine honore fuerunt,
    Liber, et in gelidis herba reperta focis.
Te memorant, Gange totoque Oriente subacto,
    primitias magno seposuisse Ioui: 730
cinnama tu primus captiuaque tura dedisti
    deque triumphato uiscera tosta boue.
Nomine ab auctoris ducunt libamina nomen
    libaque, quod sanctis pars datur inde focis;
liba deo fiunt, sucis quia dulcibus idem   735
    gaudet, et a Baccho mella reperta ferunt.
Ibat harenoso satyris comitatus ab Hebro
    (non habet ingratos fabula nostra iocos);
iamque erat ad Rhodopen Pangaeaque florida uentum:
    aeriferae comitum concrepuere manus.   740
Ecce nouae coeunt uolucres tinnitibus actae,
    quosque mouent sonitus aera, sequuntur apes;
colligit errantes et in arbore claudit inani
    Liber, et inuenti praemia mellis habet.
Vt satyri leuisque senex tetigere saporem   745
    quaerebant flauos per nemus omne fauos.
Audit in exesa stridorem examinis ulmo,
    aspicit et ceras dissimulatque senex;
utque piger pandi tergo residebat aselli,
    adplicat hunc ulmo corticibusque cauis.   750
Constitit ipse super ramoso stipite nixus,
    atque auide trunco condita mella petit:
milia crabronum coeunt, et uertice nudo

De Sêmele direi só que se o jóveo raio
    a não tocasse, inerme tu serias;
e que, p'ra que no tempo exato tu nascesses,
    a obra da mãe no pai se completou.
Longo é contar os triunfos sítonos e os cíticos,
    e o teu povo vencido, ó Indo turífero.
Também nada direi da caça da tebana,
    nem de Licurgo e a insânia contra o filho.
Posso falar do monstro em peixe transformado
    no Tirreno, porém, não cabe ao canto.
Cabe ao cantar expor a razão porque ao povo
    chama o vindimador p'ras libações.
Antes de teu nascer não se honravam as aras,
    e a erva, ó Líber, cobria os teus altares.
Lembram que, tendo submetido o Leste e o Ganges,
    as primícias a Jove tu ofertaste.
Foste o primeiro a oferecer canela, incenso
    e as entranhas de um touro triunfado.
Vêm do nome do deus as *libações* e os *libos*,
    porque u'a parte é entregue aos sacros fogos.
Fazem libos p'r'o deus, que ama doces sabores
    – dizem por Baco o mel foi descoberto.
Co'os sátiros do Ebro arenoso saíra
    – minha história não tem motes sem graça –
e ao florido Pangeu e ao Ródope chegara,
    quando o séquito címbalos tocou.
Eis que, a zunir, desconhecido enxame forma-se
    movido pelo bronze – são abelhas.
Líber reúne e as prende em uma árvore oca,
    tendo por prêmio o mel ter descoberto.
Quando sentiram o sabor, Sileno e os sátiros
    procuraram por todo o bosque os favos.
No buraco de um olmo, o velho escuta o som
    do enxame; vê e logo oculta as ceras.
Como no lombo de u'asno o preguiçoso ia,
    no tronco carcomido do olmo encosta.
Levantou-se apoiado em um galho ramoso,
    e busca ávido o mel no tronco oculto.
Juntam-se mil vespões – na calva os ferrões cravam,

spicula defigunt oraque sima notant.
Ille cadit praeceps et calce feritur aselli,   755
    inclamatque suos auxiliumque rogat.
Concurrunt satyri turgentiaque ora parentis
    rident: percusso claudicat ille genu.
Ridet et ipse deus, limumque inducere monstrat;
    hic paret monitis et linit ora luto.   760
Melle pater fruitur, liboque infusa calenti
    iure repertori splendida mella damus.
Femina cur praesit, non est rationis opertae:
    femineos thyrso concitat ille choros.
Cur anus hoc faciat, quaeris? Vinosior aetas   765
    haec erat et grauidae munera uitis amat.
Cur hedera cincta est? Hedera est gratissima Baccho;
    hoc quoque cur ita sit, discere nulla mora est.
Nysiadas nymphas puerum quaerente nouerca
    hanc frondem cunis opposuisse ferunt.   770
Restat ut inueniam quare toga libera detur
    Lucifero pueris, candide Bacche, tuo:
siue quod ipse puer semper iuuenisque uideris,
    et media est aetas inter utrumque tibi;
seu quia tu pater es, patres sua pignora, natos,   775
    commendant curae numinibusque tuis:
siue, quod es Liber, uestis quoque libera per te
    sumitur et uitae liberioris iter:
an quia, cum colerent prisci studiosius agros,
    et faceret patrio rure senator opus,   780
et caperet fasces a curuo consul aratro,
    nec crimen duras esset habere manus,
rusticus ad ludos populus ueniebat in Vrbem
    sed dis, non studiis ille dabatur honor:
luce sua ludos uuae commentor habebat,   785
    quos cum taedifera nunc habet ille dea
ergo ut tironem celebrare frequentia possit,
    uisa dies dandae non aliena togae?
Mite caput, pater, huc placataque cornua uertas,
    et des ingenio uela secunda meo.   790

Itur ad Argeos (qui sint, sua pagina dicet)
    hac, si commemini, praeteritaque die.

no nariz achatado deixam marcas.
Ele cai de cabeça, e o burrinho o escoiceia.
    Implora pelos seus e pede ajuda.
Correm os sátiros, que riem da cara inchada
    do pai, que manca após bater o joelho.
Ri o próprio deus, que ensina a recobrir de lama.
    Sileno o faz – com lodo esfrega o rosto.
Ao deus deleita o mel, que, em libo quente infuso,
    ao seu descobridor oferecemos.
Eis a razão por que mulher preside o culto:
    Baco conduz um coro feminino.
Perguntas por que u'a velha o faz? Porque essa é a idade
    mais dada ao vinho, e que ama os dons das uvas.
Por que é de hera a coroa? A hera apraz muito a Baco,
    e direi sem demora porque é assim.
Quando a madrasta procurou pelo menino,
    as ninfas recobriram de hera o berço.
Resta dizer por que em teu dia é dada aos jovens,
    ó lucífero Baco, a toga *líbera*:
ou porque és jovem e entre os jovens sempre estás
    – tens a média de idade deles todos;
ou porque és pai, e os pais confiam seus tesouros
    – seus filhos – ao poder e aos teus cuidados;
ou porque és *Líber, livres* vestes são trajadas,
    e um caminho mais *livre* é dado à vida;
ou porque, quando o campo os antigos lavravam,
    o senador na terra trabalhava,
o cônsul recebia, ao vir do arado, os fasces,
    e ter calosas mãos não era crime,
em Roma, aos jogos vinha o povo campesino,
    por culto aos deuses, não por diversão.
Tinha o descobridor da uva o dia dos jogos,
    que co'a deusa tedífera divide.
De dar a toga, assim, foi escolhido o dia,
    p'ra multidão também o celebrar.
Abranda a face, ó pai, volta-me os mansos chifres,
    e dá velas propícias a meu canto.

A procissão dos argeus

Procissão dos argeus – que terá sua página –
    será, se bem me lembro, no outro dia.

Stella Lycaoniam uergit declinis ad Arcton
　　Miluus: haec illa nocte uidenda uenit.
Quid dederit uolucri, si uis cognoscere, caelum,　　　　　795
　　Saturnus regnis a Ioue pulsus erat;
concitat iratus ualidos Titanas in arma,
　　quaeque fuit fatis debita temptat opem.
Matre satus Terra, monstrum mirabile, taurus
　　parte sui serpens posteriore fuit:　　　　　　　　800
hunc triplici muro lucis incluserat atris
　　Parcarum monitu Styx uiolenta trium.
Viscera qui tauri flammis adolenda dedisset,
　　sors erat aeternos uincere posse deos.
Immolat hunc Briareus facta ex adamante securi,　　　805
　　et iamiam flammis exta daturus erat:
Iuppiter alitibus rapere imperat: attulit illi
　　miluus, et meritis uenit in astra suis.

19. F QVINQ : NP
Vna dies media est, et fiunt sacra Mineruae,
　　nomina quae iunctis quinque diebus habent.　　　810
Sanguine prima uacat, nec fas concurrere ferro:
　　causa, quod est illa nata Minerua die.
Altera tresque super rasa celebrantur harena:
　　ensibus exsertis bellica laeta dea est.
Pallada nunc pueri teneraeque orate puellae;　　　　　815
　　qui bene placarit Pallada, doctus erit.
Pallade placata lanam mollire puellae
　　discant et plenas exonerare colos.
Illa etiam stantes radio percurrere telas
　　erudit et rarum pectine denset opus.　　　　　　820
Hanc cole, qui maculas laesis de uestibus aufers:
　　hanc cole, uelleribus quisquis aena paras.
Nec quisquam inuita faciet bene uincula plantae
　　Pallade, sit Tychio doctior ille licet:
et licet antiquo manibus conlatus Epeo　　　　　　　825
　　sit prior, irata Pallade mancus erit.
Vos quoque, Phoebea morbos qui pellitis arte,
　　munera de uestris pauca referte deae.

A constelação de Mílvio

E já a constelação do Mílvio ao Arcto inclina-se
  e deverá ser vista nessa noite.
Queres saber por que no céu foi posto o pássaro?
  Saturno foi por Jove destronado.
Irado, chama à luta os válidos titãs
  e lança mão da ajuda do destino.
Filho da terra, um touro, um fantástico monstro
  com cauda de serpente apareceu.
Num bosque escuro, em muro tríplice, o Estige
  o prendera, a conselho das três Parcas:
quem no fogo pusesse as vísceras do touro
  teria a sorte de vencer os deuses.
Briareu o imola com machado de adamante,
  e as entranhas ao fogo já daria.
Roubá-las Jove ordena às aves: fá-lo o Mílvio,
  que alcança por seu mérito as estrelas.

19 de março – as festas Quinquátrias

Um dia mais e chega a festa de Minerva,
  cujo nome – as Quinquátrias – vem dos dias.
No primeiro, não há sangue ou luta com ferro,
  pois Minerva nasceu naquele dia.
No seguinte e em mais três, os jogos são na areia,
  co'as espadas se alegra a deusa bélica.
A Palas hoje orai, meninas e meninos,
  pois quem aplacar Palas será douto.
Com Palas já aplacada, a cardar lã a moça
  aprende, e a fiar e encher pesados fusos.
Ela ensina a naveta a correr na urdidura
  e faz a obra co'o pente se adensar.
Cultua-a quem das vestes sujas tira manchas,
  e p'r'os velos prepara o caldeirão.
Calçados bons não faz quem Palas não protege,
  ainda que seja mais hábil que Tíquio.
Se embora alguém ultrapassar Epeu co'as mãos,
  se Palas se irritar, será imperfeito.
Também vós que curais co'arte fêbea as doenças,
  trazei de vosso ganho algo p'ra deusa;

178 | COLEÇÃO CLÁSSICA

Nec uos, turba fere censu fraudata, magistri,
    spernite (discipulos attrahit illa nouos),   830
quique moues caelum, tabulamque coloribus uris,
    quique facis docta mollia saxa manu.
Mille dea est operum: certe dea carminis illa est;
    si mereor, studiis adsit amica meis.
Caelius ex alto qua mons descendit in aequum,   835
    hic, ubi non plana est, sed prope plana uia,
parua licet uideas Captae delubra Mineruae,
    quae dea natali coepit habere suo.
Nominis in dubio causa est. Capitale uocamus
    ingenium sollers: ingeniosa dea est.   840
An quia de capitis fertur sine matre paterni
    uertice cum clipeo prosiluisse suo?
An quia perdomitis ad nos captiua Faliscis
    uenit? Et hoc signo littera prisca docet.
An quod habet legem, capitis quae pendere poenas   845
    ex illo iubeat furta recepta loco?
A quacumque trahis ratione uocabula, Pallas,
    pro ducibus nostris aegida semper habe.

23. B TVBIL : NP
Summa dies e quinque tubas lustrare canoras
    admonet et forti sacrificare deae.   850

Nunc potes ad solem sublato dicere uoltu
    'Hic here Phrixeae uellera pressit ouis.'
Seminibus tostis sceleratae fraude nouercae
    sustulerat nullas, ut solet, herba comas:
mittitur ad tripodas certa qui sorte reportet   855
    quam sterili terrae Delphicus edat opem.
Hic quoque corruptus cum semine nuntiat Helles
    et iuuenis Phrixi funera sorte peti.
Vsque recusantem ciues et tempus et Ino
    compulerunt regem iussa nefanda pati;   860
et soror et Phrixus, uelati tempora uittis,
    stant simul ante aras iunctaque fata gemunt.
Aspicit hos, ut forte pependerat aethere, mater

vós, professores sem riqueza, não deixeis
    de a cultuar – é quem traz novos discípulos,
e tu que moves o buril, que pintas quadros
    e que co'a douta mão a pedra esculpes.
Mil obras tem a deusa – e também os poemas:
    se eu mereço, afeiçoe-se a meus versos.
Por onde o monte Célio à planície se abaixa,
    onde a via não é plana, mas quase,
se poderá ver de *Minerva Capta* o templo,
    que a deusa assume ser onde nasceu.
Do nome a causa é dúbia: é da *cabeça* o engenho,
    e engenhosa dizemos que é a deusa;
ou por sair sem mãe da *cabeça* do pai,
    quando do alto surgiu com seu escudo;
ou porque nos chegou *captiva* co'os faliscos,
    como antiga inscrição assim ensina;
ou porque existe a lei com pena *capital*
    que castiga quem furta aquele templo?
Qualquer razão que seja a da palavra, ó Palas,
    protege sempre os nossos *capitães*.

23 de março – as festas Tubilústrias

O quinto dia é o de lustrar canoras tubas,
    de prestar sacrifício à forte deusa.

A constelação do Carneiro

Co'o rosto sob o sol podes hoje dizer:
    "Ontem ele tocou o Tosão de Frixo"!
As sementes que, em dolo, a madrasta cozeu,
    como sói, não ergueram seus rebentos.
À trípode mandou-se alguém buscar o oráculo
    com que o Délfico à terra desse ajuda.
Como os grãos corrompido, o núncio diz que o oráculo
    pede a morte dos jovens Frixo e Heles.
Tempo, Ino e os cidadãos compeliram o rei,
    que inda se recusava ao mando infame.
Juntos, Frixo e a irmã, co'as têmporas com fitas,
    param diante do altar, e a sina gemem.
A mãe, que por acaso ia pelo ar, os vê

et ferit attonita pectora nuda manu,
inque draconigenam nimbis comitantibus urbem 865
desilit, et natos eripit inde suos;
utque fugam capiant, aries nitidissimus auro
traditur: ille uehit per freta longa duos.
Dicitur infirma cornu tenuisse sinistra
femina, cum de se nomina fecit aquae. 870
Paene simul periit, dum uolt succurrere lapsae,
frater, et extentas porrigit usque manus.
Flebat, ut amissa gemini consorte pericli,
caeruleo iunctam nescius esse deo.
Litoribus tactis aries fit sidus; at huius 875
peruenit in Colchas aurea lana domos.

26. EC
Tres ubi Luciferos ueniens praemiserit Eos,
tempora nocturnis aequa diurna feres.

30. AC
Inde quater pastor saturos ubi clauserit haedos,
canuerint herbae rore recente quater, 880
Ianus adorandus cumque hoc Concordia mitis
et Romana Salus Araque Pacis erit.

31. BC
Luna regit menses: huius quoque tempora mensis
finit Auentino Luna colenda iugo.

e fere o peito atônito co'a mão.
Co'as nuvens logo desce à cidade das cobras
— Tebas —, e de lá tira os filhos seus.
P'ra que fujam, lhes dá um carneiro dourado,
   que, pelo longo mar, os dois carrega.
Dizem que por infirme o chifre segurar,
   Heles de si deu o nome àquelas águas.
Quase que o irmão perece junto, quando tenta
   a salvar e estende as esticadas mãos.
Chorava a irmã perdida, a consorte nos riscos,
   sem saber que ela ao deus azul se unira.
O carneiro, ao tocar a praia fez-se estrelas,
   e a lã de ouro chegou ao paço colco.

26 de março — o equinócio de primavera

Quando o Lucífero trouxer três vezes Eos,
   tempos iguais terão o dia e a noite.

30 de março — Jano, Concórdia, Salvação e a Ara da Paz

Mais quatro vezes, o pastor prenderá o bode,
   e orvalhar-se-ão as ervas quatro vezes.
Jano será adorado, e a Concórdia com ele,
   e a Salvação Romana, e a Ara da Paz

31 de março — templo da Lua

Rege os meses a lua — é dela o fim do mês—,
   que deve no Aventino ser cultuada.

LIVRO IV – ABRIL

'Alma, faue', dixi 'geminorum mater Amorum';
    ad uatem uoltus rettulit illa suos;
'Quid tibi' ait 'mecum? Certe maiora canebas.
    Num uetus in molli pectore uolnus habes?'
'Scis, dea', respondi 'de uolnere.' risit, et aether   5
    protinus ex illa parte serenus erat.
'Saucius an sanus numquid tua signa reliqui?
    Tu mihi propositum, tu mihi semper opus.
Quae decuit primis sine crimine lusimus annis;
    nunc teritur nostris area maior equis.   10
Tempora cum causis, annalibus eruta priscis,
    lapsaque sub terras ortaque signa cano.
Venimus ad quartum, quo tu celeberrima mense:
    et uatem et mensem scis, Venus, esse tuos.'
Mota Cytheriaca leuiter mea tempora myrto   15
    contigit et 'Coeptum perfice' dixit 'opus'.
Sensimus, et causae subito patuere dierum:
    dum licet et spirant flamina, nauis eat.

Siqua tamen pars te de fastis tangere debet,
    Caesar, in Aprili quod tuearis habes: 20
hic ad te magna descendit imagine mensis,
    et fit adoptiua nobilitate tuus.
Hoc pater Iliades, cum longum scriberet annum,
    uidit et auctores rettulit ipse tuos:
utque fero Marti primam dedit ordine sortem,   25
    quod sibi nascendi proxima causa fuit,
sic Venerem gradibus multis in gente receptam
    alterius uoluit mensis habere locum;
principiumque sui generis reuolutaque quaerens
    saecula, cognatos uenit adusque deos.   30
Dardanon Electra nesciret Atlantide natum
    scilicet, Electran concubuisse Ioui?
Huius Ericthonius, Tros est generatus ab illo,
    Assaracon creat hic, Assaracusque Capyn;
proximus Anchises, cum quo commune parentis   35
    non dedignata est nomen habere Venus:

Vênus e o poeta

"Ó alma, me inspira", eu disse, "mãe dos dois amores",
   e ela voltou seus olhos para o vate.
"O que queres de mim? Coisas grandes cantavas...
   No peito acaso tens uma ferida"?
"De feridas", respondo, "ó deusa, tu conheces".
   Ela ri; perto dela o ar é sereno.
"Ferido ou são, quando deixei as tuas insígnias?
   Tu meu propósito e obra sempre foste.
Como aos jovens convém, diverti-me sem culpa.
   Hoje, com meus cavalos, mais percorro.
Dos antigos anais tiro os tempos e as causas;
   de astros eu canto o ocaso e o nascimento.
Ao quarto mês, célebre Vênus, nós chegamos,
   e sabes que são teus o poeta e o mês".
Com mirto ela tocou de leve as minhas têmporas
   e me disse: "Arremata o teu trabalho".
Dos dias eu senti desvelarem-se as causas:
   que enquanto sopra o vento, a nau prossiga!

A genealogia dos júlios

Se dos *Fastos*, porém, te interessa uma parte,
   em abril deves, César, te atentares.
Esse mês chega a ti por grande descendência,
   por nobreza adotiva é feito teu.
Quando o ilíade pai o longo ano ordenou,
   anteviu-te e antepôs teus pais aos meses.
E como dera a Marte o primeiro lugar
   por ser o causador de seu nascer,
assim a Vênus, sua parenta mais distante
   quis que fosse entre os meses a segunda.
O princípio da estirpe e o retorno dos séculos
   buscando, encontra os deuses ancestrais.
Que Dárdano, de Electra – a Atlântida – era filho
   ele sabe, e que a Electra Jove amou?
Dele é Erictônio, e Tros por este foi gerado.
   Tros gera Assáraco, que gera Cápis.
Segue-se Anquises, com quem Vênus não recusa
   ter em comum os nomes parentais.

hinc satus Aeneas; pietas spectata per ignes
    sacra patremque umeris, altera sacra, tulit.
Venimus ad felix aliquando nomen Iuli,
    unde domus Teucros Iulia tangit auos.   40
Postumus hinc, qui, quod siluis fuit ortus in altis,
    Siluis in Latia gente uocatus erat.
Isque, Latine, tibi pater est; subit Alba Latinum;
    proximus est titulis Epytus, Alba, tuis.
Ille dedit Capyi repetita uocabula Troiae   45
    et tuus est idem, Calpete, factus auus.
Cumque patris regnum post hunc Tiberinus haberet,
    dicitur in Tuscae gurgite mersus aquae.
Iam tamen Agrippam natum Remulumque nepotem
    uiderat; in Remulum fulmina missa ferunt.   50
Venit Auentinus post hos, locus unde uocatur,
    mons quoque; post illum tradita regna Procae;
quem sequitur duri Numitor germanus Amuli;
    Ilia cum Lauso de Numitore sati:
ense cadit patrui Lausus; placet Ilia Marti,   55
    teque parit, gemino iuncte Quirine Remo.
Ille suos semper Venerem Martemque parentes
    dixit, et emeruit uocis habere fidem:
neue secuturi possent nescire nepotes,
    tempora dis generis continuata dedit.   60

Sed Veneris mensem Graio sermone notatum
    auguror; a spumis est dea dicta maris.
Nec tibi sit mirum Graeco rem nomine dici;
    Itala nam tellus Graecia maior erat.
Venerat Euander plena cum classe suorum,   65
    uenerat Alcides, Graius uterque genus
(hospes Auentinis armentum pauit in herbis
    clauiger, et tanto est Albula pota deo),
dux quoque Neritius; testes Laestrygones exstant
    et quod adhuc Circes nomina litus habet;   70
et iam Telegoni, iam moenia Tiburis udi
    stabant, Argolicae quod posuere manus.
Venerat Atridae fatis agitatus Halaesus,

Nasceu Eneias, que no incêndio, reverente,
    nos ombros trouxe o pai e os sacros deuses.
Assim chegamos ao feliz nome de Iulo,
    e a casa Júlia tange os avós teucros.
Dele foi Póstumo – porque nasceu na selva,
    pelos latinos Sílvio foi chamado.
Este é teu pai, Latino. Alba é quem te sucede –
    e, ó Alba, Épito teus títulos recebe.
Épito a Cápis deu nome buscado em Troia
    – e o teu avô, ó Calpeto, fez o mesmo.
Quando o reino do pai Tiberino assumiu,
    dizem que se afogou no rio Tusco.
Mas antes vira o filho Agripa e o neto Rêmulo –
    contra este foram raios atirados.
Vem depois Aventino – o lugar tem seu nome;
    depois dele, passou-se o reino a Proca.
O segue Numitor – o irmão do duro Amúlio;
    de Numitor são filhos Ília e Lauso.
O tio matou Lauso; a Ília desejou Marte,
    que, ó Quirino, contigo gerou Remo.
Rômulo sempre disse que eram Marte e Vênus
    seus ancestrais – sua fala a fé valeu.
E p'ra que os netos o soubessem, dedicou
    consecutivos meses a seus pais.

Vênus e o mês de abril

Creio que é grego o nome dado ao mês de Vênus:
    das espumas do mar vem Afrodite.
Não te assustes que em grego as coisas tenham nome,
    afinal era a Itália a Magna Grécia.
Em nau, com os seus completa, Evandro veio à Itália,
    – veio também o Alcides, ambos gregos.
Co'erva aventina o deus clavígero o rebanho
    alimentou, e do Álbula bebeu.
Também há Ulisses, e a atestá-lo, os Lestrigões,
    e a rocha que de Circe guarda o nome.
De Telégono havia, e de Tíbur, os muros
    por argólicas mãos edificados.
Pela sina acossado, o atrida Heleso veio

a quo se dictam terra Falisca putat.
Adice Troianae suasorem Antenora pacis, 75
    et generum Oeniden, Apule Daune, tuum.
Serus ab Iliacis, et post Antenora, flammis
    attulit Aeneas in loca nostra deos.
Huius erat Solimus Phrygia comes unus ab Ida,
    a quo Sulmonis moenia nomen habent, 80
Sulmonis gelidi, patriae, Germanice, nostrae.
    Me miserum, Scythico quam procul illa solo est!
ergo ego tam longe sed supprime, Musa, querellas:
    non tibi sunt maesta sacra canenda lyra.
Quo non liuor abit? Sunt qui tibi mensis honorem 85
    eripuisse uelint inuideantque, Venus.
Nam, quia uer aperit tunc omnia densaque cedit
    frigoris asperitas fetaque terra patet,
Aprilem memorant ab aperto tempore dictum,
    quem Venus iniecta uindicat alma manu. 90

Illa quidem totum dignissima temperat orbem,
    illa tenet nullo regna minora deo,
iuraque dat caelo, terrae, natalibus undis,
    perque suos initus continet omne genus.
Illa deos omnes (longum est numerare) creauit, 95
    illa satis causas arboribusque dedit,
illa rudes animos hominum contraxit in unum,
    et docuit iungi cum pare quemque sua.
Quid genus omne creat uolucrum, nisi blanda uoluptas?
    Nec coeant pecudes, si leuis absit amor. 100
Cum mare trux aries cornu decertat, at idem
    frontem dilectae laedere parcit ouis;
deposita sequitur taurus feritate iuuencam,
    quem toti saltus, quem nemus omne tremit;
uis eadem lato quodcumque sub aequore uiuit 105
    seruat, et innumeris piscibus implet aquas.
Prima feros habitus homini detraxit: ab illa
    uenerunt cultus mundaque cura sui.
Primus amans carmen uigilatum nocte negata
    dicitur ad clausas concinuisse fores, 110

aos faliscos, que creem dever-lhe o nome.
Soma Antenor – o que exortava à paz troiana –,
  e Diomedes, teu genro, ó apúlio Dáunio.
E, depois de Antenor, das chamas de Ílio Eneias
  os deuses para aqui trouxe mais tarde.
Do Ida frígio somente o acompanhou Solimo,
  que deu nome às muralhas sulmonenses:
Germânico, Sulmona é minha amena pátria.
  Ai de mim, que distante é o solo cítico.
Tão longe estou ... Musa, porém, cessa os queixumes,
  pois tua lira não deve cantar triste.
Até onde chega a inveja? Há quem queira tirar
  a homenagem do mês, Vênus, de ti.
U'a vez que se abre a primavera e espanta o gelo,
  e a terra fecundada põe-se à mostra,
chama-se *abril*, por ser o tempo de se *abrir*.
  A alma Vênus, porém, co'a mão o reclama.

Hino a Vênus

É ela, de fato, quem governa o mundo inteiro,
  nenhum deus tem maior reino que o dela;
as leis dita no céu, nas terras e no mar;
  por seus coitos conserva as criações.
Todos deuses criou – é longo enumerá-los;
  às árvores semeadas dá ela causa,
os rudes ânimos dos homens ela uniu,
  e ensinou a seu par cada um se unir.
Senão volúpia, o que procria todas aves?
  Se falta o Amor, o gado não copula.
Co'outro macho, o carneiro os chifres terça, e evita
  machucar da dileta ovelha a fronte.
Não mais feroz, o touro acompanha a novilha,
  por ele, toda a mata e o bosque tremem.
É a mesma força que conserva tudo aquilo
  que sob as águas vive, e enche-as de peixes.
Foi primeira a mudar dos feros homens o hábito;
  vieram dela a cultura, o asseio e o alinho.
Primo verso compôs junto às portas fechadas
  vígil amante ao ter frustrada a noite –

eloquiumque fuit duram exorare puellam,
    proque sua causa quisque disertus erat.
Mille per hanc artes motae; studioque placendi,
    quae latuere prius, multa reperta ferunt.
Hanc quisquam titulo mensis spoliare secundi   115
    audeat? A nobis sit furor iste procul.
Quid quod ubique potens templisque frequentibus aucta
    urbe tamen nostra ius dea maius habet?
Pro Troia, Romane, tua Venus arma ferebat,
    cum gemuit teneram cuspide laesa manum;   120
caelestesque duas Troiano iudice uicit
    (ah nolim uictas hoc meminisse deas),
Assaracique nurus dicta est, ut scilicet olim
    magnus Iuleos Caesar haberet auos.
Nec Veneri tempus, quam uer, erat aptius ullum   125
    (uere nitent terrae, uere remissus ager;
nunc herbae rupta tellure cacumina tollunt,
    nunc tumido gemmas cortice palmes agit),
et formosa Venus formoso tempore digna est,
    utque solet, Marti continuata suo est.   130
Vere monet curuas materna per aequora puppes
    ire nec hibernas iam timuisse minas.

1. C K : APRIL : F

Rite deam colitis, Latiae matresque nurusque
    et uos, quis uittae longaque uestis abest.
Aurea marmoreo redimicula demite collo,   135
    demite diuitias: tota lauanda dea est.
Aurea siccato redimicula reddite collo:
    nunc alii flores, nunc noua danda rosa est.
Vos quoque sub uiridi myrto iubet ipsa lauari:
    causaque cur iubeat, discite, certa subest.   140
Litore siccabat rorantes nuda capillos:
    uiderunt satyri, turba proterua, deam.
Sensit et opposita texit sua corpora myrto:
    tuta fuit facto, uosque referre iubet.

Discite nunc, quare Fortunae tura Virili   145
    detis eo, gelida qui locus umet aqua.

foi eloquente quando instou a dura moça:
    cada um em causa própria bem falava.
Mil artes ela move; o esforço do prazer
    faz descobrir o que antes era oculto.
Quem a honra o segundo mês lhe tomará?
    Fique longe de mim essa loucura.
Em toda parte, poderosa em tantos templos,
    que deusa teve na Urbe mais direitos?
Por tua Troia, ó romano, armas Vênus levava,
    quando gemeu, ferida pela lança;
um juiz troiano a fez derrotar duas deusas
    – ah, que as deusas vencidas não recordem.
Dizem que foi nora de Assáraco, p'ra um dia
    o grande César ter júlios avós.
Tempo algum mais convém que a primavera a Vênus
    – a terra brilha e o campo é renovado.
Do chão rompido, agora as ervas se levantam,
    túmida, a vinha brota agora as frutas.
Da formosa estação, digna é a formosa Vênus
    que segue, como sempre, unida a Marte.
Na primavera, pelo mar, seguem-na as naus,
    que as ameaças do inverno já não temem.

1 de abril – a lavagem da estátua de Vênus

Cultuai a deusa, mães latinas, jovens noras,
    e vós, que inda não tendes fita ou veste.
Tirai o áureo colar do pescoço de mármore
    e as riquezas; deveis lavar a deusa.
Voltai o áureo colar ao pescoço enxugado,
    devem ser dadas rosas e outras flores.
Vos lavardes também sob o mirto ela ordena
    – aprendei a razão porque ela o faz.
Os cabelos, na praia, ela, nua, secava
    quando os lascivos sátiros a viram.
Percebeu e cobriu com verde mirto o corpo:
    salvou-se assim, e ordena recordá-lo.

Culto à Fortuna Viril

Aprendei por que dais à Fortuna Viril
    incenso onde a água fria molha o chão.

Accipit ille locus posito uelamine cunctas
    et uitium nudi corporis omne uidet;
Vt tegat hoc celetque uiros, Fortuna Virilis
    praestat et hoc paruo ture rogata facit.   150
Nec pigeat tritum niueo cum lacte papauer
    sumere et expressis mella liquata fauis:
cum primum cupido Venus est deducta marito,
    hoc bibit; ex illo tempore nupta fuit.
Supplicibus uerbis illam placate: sub illa   155
    et forma et mores et bona fama manet.
Roma pudicitia proauorum tempore lapsa est:
    Cumaeam, ueteres, consuluistis anum.

Templa iubet fieri Veneri: quibus ordine factis
    inde Venus uerso nomina corde tenet.   160
Semper ad Aeneadas placido, pulcherrima, uoltu
    respice, totque tuas, diua, tuere nurus.

Dum loquor, elatae metuendus acumine caudae
    Scorpios in uirides praecipitatur aquas.

2. D F
Nox ubi transierit, caelumque rubescere primo   165
    coeperit, et tactae rore querentur aues,
semustamque facem uigilata nocte uiator
    ponet, et ad solitum rusticus ibit opus,
Pliades incipient umeros releuare paternos,
    quae septem dici, sex tamen esse solent: 170
seu quod in amplexum sex hinc uenere deorum
    (nam Steropen Marti concubuisse ferunt,
Neptuno Alcyonen et te, formosa Celaeno,
    Maian et Electran Taygetenque Ioui),
septima mortali Merope tibi, Sisyphe, nupsit;   175
    paenitet, et facti sola pudore latet:
siue quod Electra Troiae spectare ruinas
    non tulit, ante oculos opposuitque manum.

Despidas todas, as acolhe esse lugar
    que vê nos corpos nus qualquer defeito;
p'ra que dos homens o oculte e se apresente,
    a Fortuna Viril só pede incenso.
Não deixeis de tomar o leite com papoula,
    nem o líquido mel tirado aos favos:
Vênus, ao ser pelo marido conduzida,
    isso bebeu – casou naquela noite.
Com preces súplices, rogai: ela mantém
    os costumes, a fama e a formosura.
Roma, no tempo antigo, os pudores perdeu:
    consultastes, ó anciãos, a velha em Cumas.

Culto a Vênus Verticórdia

Manda-se erguer um templo a Vênus, que, erigido,
    por *virar corações* recebe o nome.
Deusa pulquérrima, aos enéades benigna,
    olha sempre e protege as tuas noras.

A constelação de Escorpião

Enquanto falo, o Escorpião, assustador
    pela cauda, no verde mar imerge.

2 de abril – a constelação das Plêiades

Passada a noite, quando o céu se avermelhar,
    as aves orvalhadas se queixarem,
depuser o viajante a tocha não queimada
    e o agricultor a useira obra encetar,
das espáduas do pai irão descerão as Plêiades,
    dizem que sete, embora sejam seis:
ou porque seis a divos braços se entregaram
    (dizem que se deitou com Marte Estérope;
Alcíone e Celeno – a bela –, com Netuno;
    Maia, Electra e Taígete, com Jove),
e co'o mortal Sísifo Mérope casou;
    assim, sofre e se esconde por vergonha;
ou porque sem poder ver a queda de Troia,
    Electra pôs a mão diante dos olhos.

4. FC

Ter sine perpetuo caelum uersetur in axe,
    ter iungat Titan terque resoluat equos,   180
protinus inflexo Berecyntia tibia cornu
    flabit, et Idaeae festa parentis erunt.
Ibunt semimares et inania tympana tundent,
    aeraque tinnitus aere repulsa dabunt;
ipsa sedens molli comitum ceruice feretur   185
    Urbis per medias exululata uias.
Scaena sonat, ludique uocant: spectate, Quirites,
    et fora Marte suo litigiosa uacent.

Quaerere multa libet, sed me sonus aeris acuti
    terret et horrendo lotos adunca sono.   190
'Da, dea, quam sciter.' Doctas Cybeleia neptes
    uidit et has curae iussit adesse meae.
'Pandite mandati memores, Heliconis alumnae,
    gaudeat assiduo cur dea Magna sono.'
Sic ego. Sic Erato (mensis Cythereius illi   195
    cessit, quod teneri nomen amoris habet):
'Reddita Saturno sors haec erat: "optime regum,
    a nato sceptris excutiere tuis."
Ille suam metuens, ut quaeque erat edita, prolem
    deuorat, immersam uisceribusque tenet.   200
Saepe Rhea questa est totiens fecunda nec umquam
    mater, et indoluit fertilitate sua.
Iuppiter ortus erat: (pro magno teste uetustas
    creditur; acceptam parce mouere fidem)
ueste latens saxum caelesti gutture sedit: 205
    sic genitor fatis decipiendus erat.
Ardua iamdudum resonat tinnitibus Ide,
    tutus ut infanti uagiat ore puer.
Pars clipeos sudibus, galeas pars tundit inanes:
    hoc Curetes habent, hoc Corybantes opus.   210
Res latuit, priscique manent imitamina facti:
    aera deae comites raucaque terga mouent.
Cymbala pro galeis, pro scutis tympana pulsant:
    tibia dat Phrygios, ut dedit ante, modos.'

4 de abril – a procissão de Cibele

Deixa que gire o céu três vezes no eixo eterno,
    junja e solte os corcéis o Sol três vezes;
logo, no curvo chifre, a trompa berecíntia
    soprará – são da mãe do Ida as festas.
Eunucos tocarão tímpanos retumbantes,
    tintilarão os címbalos de bronze;
será levada a deusa em delicados ombros,
    co'exaltação gritada pelas ruas.
Os jogos chamam, soa a cena: Olhai, quirites!
    Cesse nos tribunais a litigância.

Cibele

Quisera eu muito perguntar, porém o som
    do bronze e da recurva flauta assusta:
"Dá, deusa, o que pergunto": as doutas netas vê
    Cibele, e lhes ordena me ajudarem.
"Lembrai do mando e me mostrai, Musas do Hélicon,
    por que o barulho agrada à grande deusa",
eu disse. E Érato – lhe coube o mês de Vênus,
    porque do terno Amor possui o nome:
"Deu-se esse oráculo a Saturno: 'Ótimo rei,
    do cetro um filho irá te despojar.'
Temendo a prole, ele a devora assim que nasce
    e a mantém mergulhada nas entranhas.
Lamentou Reia, tantas vezes fecundada
    e nunca mãe: sofreu, porque era fértil.
Jove nasceu (a Antiguidade é a testemunha!
    Evita rejeitar a aceita fé):
uma pedra embrulhada à garganta chegou:
    o pai, pelo destino, foi logrado.
O alto do Ida, entretanto, em tinidos ressoa,
    para que a criança chore em segurança.
Os curetes, com chuço, os escudos percutem,
    e os coribantes batem no elmo inane.
Ocultaram-no, e o feito antigo ainda é imitado:
    da deusa os coros tocam bronze e couro –
o címbalo pelo elmo, e pelo escudo, o tímpano;
    e, como antes, modula a flauta frígia".

Desierat; coepi: 'Cur huic genus acre leonum   215
    praebent insolitas ad iuga curua iubas?'
Desieram; coepit: 'Feritas mollita per illam
    creditur; id curru testificata suo est.'
'At cur turrifera caput est onerata corona?
    An primis turres urbibus illa dedit?'   220
Adnuit. 'Vnde uenit' dixi 'sua membra secandi
    impetus?' Vt tacui, Pieris orsa loqui:

'Phryx puer in siluis, facie spectabilis, Attis
    turrigeram casto uinxit amore deam;
hunc sibi seruari uoluit, sua templa tueri,   225
    et dixit "semper fac puer esse uelis."
Ille fidem iussis dedit, et "Si mentiar", inquit
    "ultima, qua fallam, sit Venus illa mihi."
Fallit, et in nympha Sagaritide desinit esse
    quod fuit: hinc poenas exigit ira deae.   230
Naida uolneribus succidit in arbore factis,
    illa perit; fatum Naidos arbor erat;
hic furit, et credens thalami procumbere tectum
    effugit, et cursu Dindyma summa petit;

et modo "Tolle faces", "remoue" modo "uerbera" clamat   235
    saepe Palaestinas iurat adesse deas.
Ille etiam saxo corpus laniauit acuto,
    longaque in immundo puluere tracta coma est,
Voxque fuit "Merui: meritas do sanguine poenas.
    Ah pereant partes quae nocuere mihi!"   240
"Ah pereant" Dicebat adhuc; onus inguinis aufert,
    nullaque sunt subito signa relicta uiri.
Venit in exemplum furor hic, mollesque ministri
    caedunt iactatis uilia membra comis.'
Talibus Aoniae facunda uoce Camenae   245
    reddita quaesiti causa furoris erat.

'Hoc quoque, dux operis, moneas precor, unde petita
    uenerit; an nostra semper in urbe fuit?'

E eu prossegui: "Por que os leões, furiosa espécie,
   da deusa ao jugo as jubas oferecem"?
Disse: "A ferocidade ela abrandou, assim
   se crê, e seu carro é disso testemunha".
"Por que tem na cabeça u'a coroa de torres?
   Torres às primas urbes foi quem deu"?
Anuiu; e eu perguntei "O ímpeto de castrarem-se
   de onde vem"? Pôs-se a piéria a responder:

Átis

"Na mata, um jovem frígio, o belo Átis, venceu
   a turrígera deusa em casto amor.
P'ra cuidar de seu templo, ela o quis e lhe disse:
   'Casto menino sempre permanece.'
E ele lhe prometeu: 'Se perjurar, que seja
   último aquele amor que me perder.'
Perde-se. A ninfa Sagarite o faz não ser
   o que era – e a ira da deusa exige as penas.
Cortou a árvore da náiade com golpes,
   e ela morreu – a vida estava na árvore.
Ele enlouquece. Crê que cai do quarto o teto,
   e foge procurando o alto do Dídimo:

'Afasta as tochas e os chicotes', grita e jura
   que irá buscar as deusas de Palesto.
Com u'a pedra afiada ele mutila o corpo
   e arroja na poeira a cabeleira.
'Mereci', foi a voz. 'Pago com sangue as penas;
   morra a parte de mim que me malfez.
Morra', dizia, e tira o peso da virilha
   – e da virilidade nada resta.
O exemplo é esse furor: arrancando os cabelos
   os adamados servos se emasculam."
Com melodiosa voz, a aônia Camena assim
   disse qual era a causa dos furores.

O culto de Cibele em Roma

"Peço também, guia do canto, que me digas
   de onde veio e se esteve na urbe sempre".

'Dindymon et Cybelen et amoenam fontibus Iden
　　semper et Iliacas Mater amauit opes:　　　　　　　　　　250
cum Troiam Aeneas Italos portaret in agros,
　　est dea sacriferas paene secuta rates,
sed nondum fatis Latio sua numina posci
　　senserat, adsuetis substiteratque locis.
Post, ut Roma potens opibus iam saecula quinque　　　255
　　uidit et edomito sustulit orbe caput,
carminis Euboici fatalia uerba sacerdos
　　inspicit; inspectum tale fuisse ferunt:
"Mater abest: matrem iubeo, Romane, requiras.
　　Cum ueniet, casta est accipienda manu."　　　　　　260
Obscurae sortis patres ambagibus errant,
　　quaeue parens absit, quoue petenda loco.
Consulitur Paean, "Diuum" que "arcessite Matrem"
　　inquit; "in Idaeo est inuenienda iugo."
Mittuntur proceres. Phrygiae tum sceptra tenebat　　265
　　Attalus; Ausoniis rem negat ille uiris.
Mira canam: longo tremuit cum murmure tellus,
　　et sic est adytis diua locuta suis:
"Ipsa peti uolui: ne sit mora; mitte uolentem:
　　dignus Roma locus quo deus omnis eat."　　　　　270
Ille soni terrore pauens "proficiscere" dixit;
　　"nostra eris: in Phrygios Roma refertur auos."
Protinus innumerae caedunt pineta secures
　　illa, quibus fugiens Phryx pius usus erat.
Mille manus coeunt, et picta coloribus ustis　　　　　275
　　caelestum Matrem concaua puppis habet.
Illa sui per aquas fertur tutissima nati,
　　longaque Phrixeae stagna sororis adit,
Rhoeteumque capax Sigeaque litora transit,
　　et Tenedum et ueteres Eetionis opes.　　　　　　　280
Cyclades excipiunt, Lesbo post terga relicta,
　　quaeque Carysteis frangitur unda uadis;
transit et Icarium, lapsas ubi perdidit alas
　　Icarus, et uastae nomina fecit aquae.
Tum laeua Creten, dextra Pelopeidas undas　　　　　285
　　deserit, et Veneris sacra Cythera petit.
Hinc mare Trinacrium, candens ubi tinguere ferrum

"Os montes Dídimo e Cibele, o ameno Ida
    e a opulência de Troia a mãe amou:
Quando Eneias levou Troia aos campos da Itália,
    quase a deusa seguiu as naus sacríferas,
mas sentiu que no Lácio ainda não precisavam
    de seu nume, e ficou no usual lugar.
Já poderosa, Roma vira cinco séculos
    e sobre o orbe a cabeça erguera, quando
um sacerdote examinou as profecias
    do canto eubeu — disseram que isso viu:
'Ausente é a mãe: Romano, ordeno a mãe procures.
    Ao vir, com casta mão seja acolhida.'
Os senadores se confundem com o oráculo —
    que mãe seria, e em qual lugar buscá-la?
Consultam Pean, que diz: 'Trazei a mãe dos deuses,
    que encontrada será nos picos do Ida.'
Mandam-se os nobres. Átalo era o rei da Frígia,
    e aos ausônios varões nega ele a deusa.
Prodígios cantarei: a terra estremeceu,
    e assim nos penetrais falou a deusa:
'Quis me buscassem: sem tardar quero me mandem —
    Roma é digno lugar p'ra todos deuses.'
Apavorado, Átalo disse: 'Ainda que partas,
    serás nossa — ancestrais frígios tem Roma.'
Tombam logo os pinhais inúmeros machados,
    na fuga pelo pio frígio usados.
Mil mãos se ajuntam e a bojuda nau pintada
    recebe a mãe dos deuses. Pelas águas
de seu filho é levada em segurança.
    Da irmã de Frixo chega ao longo estreito.
O selvagem Reteu e a orla sigeia passa,
    o Tênedos e as velhas forças de Éecio.
Lesbos fica p'ra trás; já se alcançam as Cíclades
    e as ondas que em Caristo se arrebentam.
Atravessa o Icário, onde Ícaro perdeu
    asas, e deu nome ao vasto mar.
À esquerda, Creta; o mar de Pélops, à direita
    deixa, e chega a Citera, sacra a Vênus.
Vai ao Trinácrio mar, onde os Brontes, Estéropes

Brontes et Steropes Acmonidesque solent,
aequoraque Afra legit, Sardoaque regna sinistris
    respicit a remis, Ausoniamque tenet.   290
Ostia contigerat, qua se Tiberinus in altum
    diuidit et campo liberiore natat.

Omnis eques mixtaque grauis cum plebe senatus
    obuius ad Tusci fluminis ora uenit.
Procedunt pariter matres nataeque nurusque   295
    quaeque colunt sanctos uirginitate focos.
Sedula fune uiri contento bracchia lassant:
    uix subit aduersas hospita nauis aquas.
Sicca diu fuerat tellus, sitis usserat herbas:
    sedit limoso pressa carina uado.   300
Quisquis adest operi, plus quam pro parte laborat,
    adiuuat et fortes uoce sonante manus:
illa uelut medio stabilis sedet insula ponto;
    attoniti monstro stantque pauentque uiri.
Claudia Quinta genus Clauso referebat ab alto   305
    (nec facies impar nobilitate fuit),
casta quidem, sed non et credita: rumor iniquus
    laeserat, et falsi criminis acta rea est.
Cultus et ornatis uarie prodisse capillis
    obfuit ad rigidos promptaque lingua senes.   310
Conscia mens recti famae mendacia risit,
    sed nos in uitium credula turba sumus.
Haec ubi castarum processit ab agmine matrum
    et manibus puram fluminis hausit aquam,
ter caput inrorat, ter tollit in aethera palmas   315
    (quicumque aspiciunt, mente carere putant),
summissoque genu uoltus in imagine diuae
    figit, et hos edit crine iacente sonos:
"Supplicis, alma, tuae, genetrix fecunda deorum,
    accipe sub certa condicione preces.   320
Casta negor: si tu damnas, meruisse fatebor;
    morte luam poenas iudice uicta dea;
sed si crimen abest, tu nostrae pignora uitae
    re dabis, et castas casta sequere manus."

e Acmônides temperam o aço rubro.
Margeia as águas africanas; a bombordo
    avista o sardo reino, e chega à Ausônia.
Atinge a barra, onde, no oceano, o Tiberino
    dispersa-se, em mais livre campo, nada.

Cláudia Quinta

Os cavaleiros, o Senado e toda a plebe
    encontram-na na foz do rio Tusco.
Acompanham-nos mães, filhas, noras e todas
    virgens que no sagrado fogo adoram.
Nos tesos cabos, braços fortes se fatigam,
    mas sobe o barco, a custo, a água a montante.
Na terra enxuta, a sede as ervas ressecara,
    e no lodoso leito a quilha encalha.
Quem vem p'ra trabalhar, mais que o normal labuta;
    às fortes mãos ajuda u'a voz potente:
Mas para o barco, como u'a ilha em meio ao mar.
    Os homens, co'o prodígio, pasmos temem.
Descendente de Clauso, o antigo, Cláudia Quinta
    tinha aparência igual à sua nobreza.
Descriam dela, embora casta: a fama iníqua
    a atingiu, a imputar-lhe um falso crime.
Prejudicaram-na a vaidade, os seus penteados
    e a língua pronta contra os velhos rígidos.
Cônscia da retidão, ri dos falsos da fama
    – mas somos turba crédula no mal.
Quando se adianta à multidão de castas mães,
    co'a água pura do rio ela enche as mãos,
três vezes banha o rosto e alteia as palmas
    (quem quer que a veja crê que enlouqueceu).
Curvando os joelhos, fixa o olhar na diva imagem,
    e profere esses sons, a escabelar-se.
'De tua suplicante, ó mãe alma dos deuses,
    com condições, aceita as minhas preces.
Negam-me casta: se condenas, eu confesso!
    Co'a morte eu pagarei o que apenares.
Mas se crimes não há, me atestarás a vida
    e, casta, as castas mãos me seguirão!'

Dixit, et exiguo funem conamine traxit; 325
    mira, sed et scaena testificata loquar:
mota dea est, sequiturque ducem laudatque sequendo;
    index laetitiae fertur ad astra sonus.
Fluminis ad flexum ueniunt (Tiberina priores
    Atria dixerunt), unde sinister abit. 330
Nox aderat: querno religant in stipite funem,
    dantque leui somno corpora functa cibo.
Lux aderat: querno soluunt a stipite funem,
    ante tamen posito tura dedere foco,
ante coronarunt puppem, sine labe iuuencam 335
    mactarunt operum coniugiique rudem.
Est locus, in Tiberim qua lubricus influit Almo
    et nomen magno perdit in amne minor.
Illic purpurea canus cum ueste sacerdos
    Almonis dominam sacraque lauit aquis. 340
Exululant comites, furiosaque tibia flatur,
    et feriunt molles taurea terga manus.
Claudia praecedit laeto celeberrima uoltu,
    credita uix tandem teste pudica dea;
ipsa sedens plaustro porta est inuecta Capena: 345
    sparguntur iunctae flore recente boues.
Nasica accepit; templi non perstitit auctor:
    Augustus nunc est, ante Metellus erat.'

Substitit hic Erato. mora fit, si cetera quaeram.
    'Dic' inquam 'parua cur stipe quaerat opes.' 350
'Contulit aes populus, de quo delubra Metellus
    fecit' ait; 'dandae mos stipis inde manet.'
Cur uicibus factis ineant conuiuia, quaero,
    tum magis indictas concelebrentque dapes.
'Quod bene mutarit sedem Berecyntia', dixit 355
    'captant mutatis sedibus omen idem.'
Institeram, quare primi Megalesia ludi
    urbe forent nostra, cum dea (sensit enim)
'Illa deos' inquit 'peperit: cessere parenti,
    principiumque dati Mater honoris habet.' 360
'Cur igitur Gallos qui se excidere uocamus,

Disse, e do barco, sem esforço, puxa o cabo;
  um prodígio, que a própria cena atesta.
Move-se a deusa, e segue a mão que a guia e louva;
  um grito de alegria aos astros chega.
Tocam a curva, em que, p'ra esquerda segue o rio:
  Porta do Tibre os velhos a chamavam.
Chegava a noite: num carvalho a corda amarram,
  e dão comida e leve sono aos corpos.
Chegava o dia: do carvalho a corda soltam.
  Antes, u'altar ergueram e o incensaram.
Coroaram a popa, imolaram novilha
  imaculada e nunca posta ao jugo.
Há um lugar, onde o Almão ao Tibre se mistura,
  e o nome do menor no mor se perde.
Ali, um grisalho sacerdote, em vestes púrpuras,
  banha no Almão a deusa e os paramentos.
Todos exultam; as furiosas flautas tocam
  e nos couros de touro as mãos percutem.
Cláudia os precede, satisfeita, pois enfim
  atesta sua pureza a casta deusa,
que, no carro, é levada entre as Portas Capenas,
  e nos bois são lançadas flores frescas.
Recebe-a Násica – do templo o autor perdeu-se:
  antes era Metelo, agora é Augusto".

O culto

Érato aqui parou para eu mais perguntar.
  "Por que", indaguei, "as moedas quer a deusa?".
"Moedas deu o povo, com que ergueu Metelo o templo",
  respondeu, "e o costume se mantém".
"Por que há festins tão mais frequentes", eu pergunto,
  "e convida-se mais para os banquetes?".
"Pois Berecíntia achou por bem mudar de casa",
  disse, "e, mudando, o augúrio todos querem".
Questionaria por que os fogos megalésios
  são em Roma os primeiros, quando a deusa,
percebendo, responde: "Os deuses são seus filhos,
  e as primícias dos jogos dão-se às mães".
"Por que de *galo*, então, chamamos quem se castra,

cum tanto a Phrygia Gallica distet humus?'
'Inter' ait 'uiridem Cybelen altasque Celaenas
    amnis it insana, nomine Gallus, aqua.
Qui bibit inde, furit: procul hinc discedite, quis est   365
    cura bonae mentis: qui bibit inde, furit.'
'Non pudet herbosum' dixi 'posuisse moretum
    in dominae mensis: an sua causa subest?'
'Lacte mero ueteres usi narrantur et herbis,
    sponte sua siquas terra ferebat' ait;   370
'Candidus elisae miscetur caseus herbae,
    cognoscat priscos ut dea prisca cibos.'

5. G NON : N
Postera cum caelo motis Pallantias astris
    fulserit, et niueos Luna leuarit equos,
qui dicet 'Quondam sacrata est colle Quirini   375
    hac Fortuna die Publica', uerus erit.

6. H NP
Tertia lux (memini) ludis erat, ac mihi quidam
    spectanti senior continuusque loco:
'Haec' ait 'illa dies, Libycis qua Caesar in oris
    perfida magnanimi contudit arma Iubae.   380
Dux mihi Caesar erat, sub quo meruisse tribunus
    glorior: officio praefuit ille meo.
Hanc ego militia sedem, tu pace parasti,
    inter bis quinos usus honore uiros.'

9. CN
Plura locuturi subito seducimur imbre: 385
    pendula caelestes Libra mouebat aquas.

Ante tamen quam summa dies spectacula sistat
    ensifer Orion aequore mersus erit.

10. DN
Proxima uictricem cum Romam inspexerit Eos
    et dederit Phoebo stella fugata locum,   390

quando da Frígia a Gália tanto dista?"
"Entre o verde Cibélio e a alta Celena", diz,
     "de insanas águas corre um rio – o *Galo.*
Quem dele bebe, endoida: afasta-te se tens
     juízo, porque quem dele bebe, endoida".
"Não é vergonha pôr na mesa da senhora
     o moreto?" indaguei. "Resta a razão?"
"Dizem que o povo antigo erva e leite comia
     – era o que dava a terra", ela responde.
"Misturam-se com queijo as ervas amassadas,
     lembrando à prisca deusa os alimentos".

5 de abril – o templo à Fortuna Pública

Quando a próxima Aurora ofuscar as estrelas,
     e a Lua os corcéis níveos desatar,
quem disser: "Neste dia à Pública Fortuna
     foi consagrado um templo", será vero.

6 de abril – aniversário da batalha de Tapso

Dos jogos, lembro, era o terceiro dia, e a mim,
     que a eles assistia, um velho disse:
"Foi neste dia que na costa Líbia César
     bateu as armas pérfidas de Juba.
César me comandava: orgulha-me ter sido
     um seu tribuno – ao cargo me investiu.
Ganhei este lugar na guerra, e tu na paz,
     pelo cargo que tens entre os decênviros".

9 de abril – a constelação da Balança

Mais falara não fosse a chuva a separar-nos:
     a Balança no céu movia as águas.

A constelação de Órion

E antes que o dia, co'o espetáculo, termine,
     co'a espada Órion no mar mergulhará.

10 de abril – fim dos jogos

Quando a nova manhã vir a triunfante Roma
     e a estrela afugentada ao sol ceder,

Circus erit pompa celeber numeroque deorum,
    primaque uentosis palma petetur equis.

12. FN

Hinc Cereris ludi: non est opus indice causae;
    sponte deae munus promeritumque patet.
Panis erat primis uirides mortalibus herbae,   395
    quas tellus nullo sollicitante dabat;
et modo carpebant uiuax e caespite gramen,
    nunc epulae tenera fronde cacumen erant.
Postmodo glans nota est: bene erat iam glande reperta,
    duraque magnificas quercus habebat opes.   400
Prima Ceres homine ad meliora alimenta uocato
    mutauit glandes utiliore cibo.
Illa iugo tauros collum praebere coegit:
    tum primum soles eruta uidit humus.
Aes erat in pretio, Chalybeia massa latebat: 405
    eheu, perpetuo debuit illa tegi.
Pace Ceres laeta est; et uos orate, coloni,
    perpetuam pacem pacificumque ducem.
Farra deae micaeque licet salientis honorem
    detis et in ueteres turea grana focos;   410
et, si tura aberunt, unctas accendite taedas:
    parua bonae Cereri, sint modo casta, placent.
A boue succincti cultros remouete ministri:
    bos aret; ignauam sacrificate suem.
Apta iugo ceruix non est ferienda securi: 415
    uiuat et in dura saepe laboret humo.

Exigit ipse locus raptus ut uirginis edam:
    plura recognosces, pauca docendus eris.
Terra tribus scopulis uastum procurrit in aequor
    Trinacris, a positu nomen adepta loci,   420
grata domus Cereri: multas ea possidet urbes,
    in quibus est culto fertilis Henna solo.
Frigida caelestum matres Arethusa uocarat:
    uenerat ad sacras et dea flaua dapes.
Filia, consuetis ut erat comitata puellis,   425

terá no Circo u'a procissão de muitos deuses,
e os cavalos o prêmio almejarão.

12 de abril – os jogos de Ceres

Jogos de Ceres: dar suas causas não precisa,
os méritos da deusa são patentes.
Dos primeiros mortais, eram pão verdes ervas
que a terra dava sem que lhe pedissem.
Arrancada do chão, a relva eles colhiam,
e brotos de árvore eram seu banquete.
Depois, foi descoberta e conhecida a glande,
tinha o carvalho opíparos tesouros.
Mas Ceres, os chamando, a um melhor alimento
por melhores rações trocou as glandes.
Ela obrigou os bois a aguentarem as cangas,
e o revirado chão enfim viu o sol.
Tinha o bronze valor – o ferro se escondia:
ela devia assim tê-lo mantido!
Ceres na paz se alegra: ó colonos, orai
por um líder pacífico e por paz.
Convém dar farro à deusa e a honra dos grãos de sal,
deponde nos altares os incensos.
Mas se faltar incenso, acendei os archotes:
o pouco agrada à Ceres, dês que casto.
Ó sacerdotes, afastai dos bois a faca:
o boi are, imolai o ignavo porco.
Não se deve ferir a cerviz apta ao jugo:
viva e trabalhe sempre o duro chão.

O rapto de Prosérpina

De Prosérpina exige o assunto eu conte o rapto:
muito conheces, pouco aprenderás.
A terra que no mar avança em *três* pontais
é a *Trinácria* – nomeia-a a posição.
Agrada a Ceres, que ali muitas urbes tem,
entre elas, cultivada, a fértil Hena.
Chamara a gélida Aretusa as mães dos deuses:
aos sacrifícios viera a loura deusa.
Na comitiva costumeira, a acompanhava

errabat nudo per sua prata pede.
Valle sub umbrosa locus est aspergine multa
    uuidus ex alto desilientis aquae.
Tot fuerant illic, quot habet natura, colores,
    pictaque dissimili flore nitebat humus.   430
Quam simul aspexit, 'Comites, accedite' dixit
    'et mecum plenos flore referte sinus.'
Praeda puellares animos prolectat inanis,
    et non sentitur sedulitate labor.
Haec implet lento calathos e uimine nexos,   435
    haec gremium, laxos degrauat illa sinus;
illa legit calthas, huic sunt uiolaria curae,
    illa papauereas subsecat ungue comas;
has, hyacinthe, tenes; illas, amarante, moraris;
    pars thyma, pars rhoean et meliloton amat;   440
plurima lecta rosa est, sunt et sine nomine flores:
    ipsa crocos tenues liliaque alba legit.
Carpendi studio paulatim longius itur,
    et dominam casu nulla secuta comes.
Hanc uidet et uisam patruus uelociter aufert   445
    regnaque caeruleis in sua portat equis.
Illa quidem clamabat 'Io, carissima mater,
    auferor!', ipsa suos abscideratque sinus:
panditur interea Diti uia, namque diurnum
    lumen inadsueti uix patiuntur equi.   450
At, chorus aequalis, cumulatae flore ministrae
    'Persephone', clamant 'ad tua dona ueni.'
Vt clamata silet, montes ululatibus implent,
    et feriunt maesta pectora nuda manu.
Attonita est plangore Ceres (modo uenerat Hennam)   455
    nec mora, 'me miseram! filia' dixit 'ubi es?'
Mentis inops rapitur, quales audire solemus
    Threicias fusis maenadas ire comis.
Vt uitulo mugit sua mater ab ubere rapto
    et quaerit fetus per nemus omne suos,   460
sic dea nec retinet gemitus, et concita cursu
    fertur, et e campis incipit, Henna, tuis.
Inde puellaris nacta est uestigia plantae
    et pressam noto pondere uidit humum;

a filha, que descalça caminhava.
Há no vale sombrio u'espaço umedecido
  pela água, que do píncaro é espargida.
As cores que há na natureza ali se achavam,
  e de flores juncado, o chão brilhava.
Assim que o viu, falou: "Aproximai, amigas,
  e de flores comigo o colo enchei".
A vazia rapina aos ânimos agrada,
  e o esforço do trabalho não percebem.
Uma, os cestos de vime enche de flores, outra,
  o seio; aquela, as roupas afrouxadas.
Colhe esta cravos, violetas outra apanha,
  as papoulas co'a unha aquela arranca;
a uma, o jacinto atrai, as outras, o amaranto,
  umas amam tomilho, a outra, alfazema;
a rosa é preferida, e há inominadas flores.
  Mas ela escolhe os lírios e açafrões.
Ela se afasta pouco a pouco da colheita,
  e nenhuma a Prosérpina acompanha.
Plutão, seu tio, a vê, e rápido a sequestra;
  nos sombrios corcéis leva-a a seu reino.
Ela gritava: "Ai, mãe querida, sou levada",
  e rasgava o vestido. Enquanto isso,
abrem-se as vias do Orco, e os cavalos, a custo,
  suportam sem costume a luz do dia.
Cumuladas de flor, o coro das amigas:
  "Vem, Perséfone", clama, "aos teus presentes".
Como ela não responde, enchem de ululo os montes,
  e, co'a mão nua, os tristes seios ferem.
Pasma pelo plangor, Ceres, chegada há pouco,
  não tarda e diz: "Ó filha, onde é que estás"?
Por desvario ela é tomada, como ouvimos
  as mênades da Trácia desgrenhadas.
Qual muge a mãe, cujo bezerro lhe tiraram,
  e por toda a floresta busca a cria,
assim não prende a deusa os ais e, em desabalo
  levada, ó Hena, alcança as tuas campinas.
Das pegadas da filha, ela encontra vestígios
  – os traços conhecidos vê no chão.

forsitan illa dies erroris summa fuisset,   465
    si non turbassent signa reperta sues.
Iamque Leontinos Amenanaque flumina cursu
    praeterit et ripas, herbifer Aci, tuas:
praeterit et Cyanen et fontes lenis Anapi
    et te, uerticibus non adeunde Gela.   470
Liquerat Ortygien Megareaque Pantagienque,
    quaque Symaetheas accipit aequor aquas,
antraque Cyclopum positis exusta caminis,
    quique locus curuae nomina falcis habet,
Himeraque et Didymen Acragantaque Tauromenumque   475
    sacrarumque Mylas pascua laeta boum:
hinc Camerinan adit Thapsonque et Heloria tempe,
    quaque iacet Zephyro semper apertus Eryx.
Iamque Peloriadem Lilybaeaque, iamque Pachynon
    lustrarat, terrae cornua prima suae: 480
quacumque ingreditur, miseris loca cuncta querellis
    implet, ut amissum cum gemit ales Ityn.
Perque uices modo 'Persephone!' modo 'filia!' clamat,
    clamat et alternis nomen utrumque ciet;
sed neque Persephone Cererem nec filia matrem   485
    audit, et alternis nomen utrumque perit;
unaque, pastorem uidisset an arua colentem,
    uox erat 'hac gressus ecqua puella tulit?'
Iam color unus inest rebus tenebrisque teguntur
    omnia, iam uigiles conticuere canes: 490
alta iacet uasti super ora Typhoeos Aetne,
    cuius anhelatis ignibus ardet humus;
illic accendit geminas pro lampade pinus:
    hinc Cereris sacris nunc quoque taeda datur.
Est specus exesi structura pumicis asper,   495
    non homini regio, non adeunda ferae:
quo simul ac uenit, frenatos curribus angues
    iungit et aequoreas sicca pererrat aquas.
Effugit et Syrtes et te, Zanclaea Charybdi,
    et uos, Nisei, naufraga monstra, canes,   500
Hadriacumque patens late bimaremque Corinthum:
    sic uenit ad portus, Attica terra, tuos.
Hic primum sedit gelido maestissima saxo:

Seria aquele o último dia da procura,
  se uma porca os sinais não perturbasse.
Assim, passou Leontina, o rio Amenana
  e, ó Ace, tuas margens de ervas recobertas.
Passou por Ciane, pela mansa água do Anapo
  e por ti, Gela, ínvia co'os tornados.
Deixou p'ra trás Ortígia, Mégara, Pantágie,
  o lugar onde ao mar chega o Simeto,
sob as fornalhas, a caverna dos ciclopes,
  a enseada que de foice tem o nome,
Himera, Dídimo, Agraganto, Tauromene
  e Mila – um pasto bom p'r'os bois sagrados;
a Camerina, a Tapso e ao vale Helório chega,
  e ao Érix, onde o Zéfiro descansa.
Perlustrou o Peloro, o Lilibeu e o Páquino
  – as pontas principais de sua terra.
Por onde passa, enche de queixas toda parte,
  como a ave que ao perdido Ítis lamenta.
Ora "ó Perséfone", ora "ó Filha", cháma à vez,
  chama e chama os dois nomes alternando-os.
Porém, Perséfone não ouve Ceres, nem
  a filha escuta a mãe – e os nomes morrem.
Ao pastor que no campo encontrava, indagava
  somente: "Alguma moça aqui passou?"
Uma só cor já há em todas coisas – tudo é trevas,
  e os vigilantes cães se silenciam.
Jaz por sobre Tifeu a cratera do Etna,
  cujo chão arde em fogos arquejantes.
Ceres acende ali dois pinhos, como tochas,
  e, por isso, às suas festas levam tedas.
Há uma áspera caverna, esculpida na rocha,
  aos homens e animais inacessível.
Quando ali chega, as embridadas serpes junge
  ao carro, e, sem molhar, percorre as águas.
Da Caríbdis Zancleia e das Sirtes escapa,
  e de vossos monstruosos cães, Niseida.
O Adriático atingindo, e Corinto bimar,
  assim chega a teus portos, terra Ática.
A prima rocha em que a tristíssima pousou,

illud Cecropidae nunc quoque triste uocant.
Sub Ioue durauit multis immota diebus, 505
  et lunae patiens et pluuialis aquae.

Sors sua cuique loco est: quod nunc Cerialis Eleusin
  dicitur, hoc Celei rura fuere senis.
Ille domum glandes excussaque mora rubetis
  portat et arsuris arida ligna focis. 510
Filia parua duas redigebat monte capellas,
  et tener in cunis filius aeger erat.
'Mater' ait uirgo (mota est dea nomine matris),
  'quid facis in solis incomitata locis?'
Perstitit et senior, quamuis onus urget, et orat 515
  tecta suae subeat quantulacumque casae.
Illa negat (simularat anum mitraque capillos
  presserat); instanti talia dicta refert:
'Sospes eas semperque parens; mihi filia rapta est.
  Heu, melior quanto sors tua sorte mea est!' 520
Dixit, et ut lacrimae (neque enim lacrimare deorum est)
  decidit in tepidos lucida gutta sinus.
Flent pariter molles animis uirgoque senexque;
  e quibus haec iusti uerba fuere senis:
'Sic tibi, quam raptam quaeris, sit filia sospes; 525
  surge, nec exiguae despice tecta casae.'
Cui dea 'Duc' inquit; 'scisti qua cogere posses',
  seque leuat saxo subsequiturque senem.
Dux comiti narrat quam sit sibi filius aeger,
  nec capiat somnos inuigiletque malis. 530
Illa soporiferum, paruos initura penates,
  colligit agresti lene papauer humo.
Dum legit, oblito fertur gustasse palato
  longamque imprudens exsoluisse famem;
quae quia principio posuit ieiunia noctis, 535
  tempus habent mystae sidera uisa cibi.
Limen ut intrauit, luctus uidet omnia plena;
  iam spes in puero nulla salutis erat.
Matre salutata (mater Metanira uocatur)
  iungere dignata est os puerile suo. 540

de Triste apelidaram-na os cecrópidas.
Ali, imóvel ficou muitos dias sob Jove,
    a lua suportando, e a água da chuva.

Ceres em Elêusis e Triptólemo

Cada qual tem sua sorte. Onde é a Elêusis de Ceres,
    outrora foi os campos de Celeu.
Ele levava à casa amoras-bravas, glandes
    e lenha seca, p'ra queimar no fogo.
Sua jovem filha com duas cabras retornava,
    e ele tinha no berço um filho enfermo.
"Mãe", diz a moça, e à deusa o nome "mãe" comove.
    "O que fazes sozinha nestes ermos"?
Embora a carga o apresse, o velho para e a chama
    à sua morada, posto que um casebre.
Ela recusa – numa velha transformara-se –,
    e tais palavras diz quando ele insiste:
"Feliz pai sejas sempre. A filha me roubaram.
    Melhor que a minha seja a tua sorte".
Ainda que os deuses não pranteiem, uma gota
    brilhante cai no seio, como lágrima.
A moça e o velho – brandas almas – também choram,
    e o justo velho disse essas palavras:
"Que esteja sã e salva a filha que procuras;
    ergue e a pobre choupana não recuses".
"Vamos", responde a deusa, "podes me obrigar".
    Da pedra se levanta e segue o velho.
Ele lhe conta que seu filho se acha enfermo:
    não consegue dormir e passa mal.
Antes de entrar na casa, ela apanha no chão
    agreste uma sonífera papoula.
Dizem a ter levado à imprudente boca
    quando a colheu, findando a longa fome.
E, porque, ao cair da noite, ela quebrou o jejum,
    só ao ver os astros come o sacerdote.
Quando ultrapassa a porta, o luto apenas vê –
    não havia esperança p'r'o menino.
Saudada pela mãe, chamada Metanira,
    dignou beijar a boca do menino.

Pallor abit, subitasque uident in corpore uires:
  tantus caelesti uenit ab ore uigor.
Tota domus laeta est, hoc est, materque paterque
  nataque: tres illi tota fuere domus.
Mox epulas ponunt, liquefacta coagula lacte   545
  pomaque et in ceris aurea mella suis.
Abstinet alma Ceres, somnique papauera causas
  dat tibi cum tepido lacte bibenda, puer.
Noctis erat medium placidique silentia somni:
  Triptolemum gremio sustulit illa suo,   550
terque manu permulsit eum, tria carmina dixit,
  carmina mortali non referenda sono,
inque foco corpus pueri uiuente fauilla
  obruit, humanum purget ut ignis onus.
Excutitur somno stulte pia mater, et amens   555
  'Quid facis?' exclamat, membraque ab igne rapit.
Cui dea 'Dum non es', dixit 'scelerata fuisti:
  inrita materno sunt mea dona metu.
Iste quidem mortalis erit: sed primus arabit
  et seret et culta praemia tollet humo.'   560

Dixit et egrediens nubem trahit, inque dracones
  transit et aligero tollitur axe Ceres.
Sunion expositum Piraeaque tuta recessu
  linquit et in dextrum quae iacet ora latus;
hinc init Aegaeum, quo Cycladas aspicit omnes,   565
  Ioniumque rapax Icariumque legit,
perque urbes Asiae longum petit Hellespontum,
  diuersumque locis alta pererrat iter.
Nam modo turilegos Arabas, modo despicit Indos;
  hinc Libys, hinc Meroe siccaque terra subest;   570
nunc adit Hesperios Rhenum Rhodanumque Padumque
  teque, future parens, Thybri, potentis aquae.
Quo feror? immensum est erratas dicere terras:
  praeteritus Cereri nullus in orbe locus.
Errat et in caelo, liquidique immunia ponti   575
  adloquitur gelido proxima signa polo:
'Parrhasides stellae, namque omnia nosse potestis,

Foi-se o palor, ao corpo as forças retornaram:
    vem da boca divina esse vigor.
A casa se alegrou, isto é, a mãe, o pai
    e a filha – aqueles três eram a casa.
Põem logo a refeição: u'a coalhada com leite,
    frutas e mel dourado em sua cera.
Ceres se abstém; mas dá ao menino p'ra beber
    a papoula sonífera com leite.
À meia-noite, no silêncio da quietude,
    ela pegou Triptólemo no colo.
Três vezes o afagou, três vezes disse encantos,
    que os sons mortais não podem repetir.
Ao menino enterrou nas brasas da lareira,
    p'ra que o fogo purgasse o que era humano.
A pia mãe do sono acorda e, insana, exclama:
    "Que fazes"? E do fogo apanha o corpo.
A deusa diz-lhe: "Foste má, bem que não sejas:
    o materno temor meus dons desfez.
Ele será mortal, porém, será o primeiro
    a cultivar o solo e a obter os prêmios".

As errâncias de Ceres

Disse, e partindo numa nuvem, Ceres sobe
    no carro de serpentes, que a transporta.
Deixa o conspícuo Súnio, o seguro Pireu
    e a costa que se estende p'ra direita.
Vai ao Egeu, onde nas Cíclades procura,
    atinge o Jônio impetuoso e o Icário.
Pelas cidades da Ásia, alcança o Helesponto,
    e a diversos lugares do alto voa.
De fato, logo vê os árabes e os indos;
    aqui, Méroe, a Líbia e os desertos.
Agora, a Hespéria, o Reno, o Ródano e o Pó,
    e tu, futuro pai, potente Tibre.
Que faço? É imenso enumerar onde passou:
    Ceres nenhum lugar deixa no mundo;
erra no céu e, junto ao zênite gelado,
    fala às constelações ao mar imunes:
"Podeis, ó estrelas do Parrásio, tudo ver,

aequoreas numquam cum subeatis aquas,
Persephonen natam miserae monstrate parenti.'
    Dixerat. Huic Helice talia uerba refert: 580
'Crimine nox uacua est; Solem de uirgine rapta
    consule, qui late facta diurna uidet.'
Sol aditus 'Quam quaeris', ait 'ne uana labores,
    nupta Iouis fratri tertia regna tenet.'

Questa diu secum, sic est adfata Tonantem   585
    (maximaque in uoltu signa dolentis erant):
'Si memor es de quo mihi sit Proserpina nata,
    dimidium curae debet habere tuae.
Orbe pererrato sola est iniuria facti
    cognita: commissi praemia raptor habet.   590
At neque Persephone digna est praedone marito,
    nec gener hoc nobis more parandus erat.
Quid grauius uictore Gyge captiua tulissem
    quam nunc te caeli sceptra tenente tuli?
Verum impune ferat, nos haec patiemur inultae;   595
    reddat et emendet facta priora nouis.'
Iuppiter hanc lenit, factumque excusat amore,
    nec gener est nobis ille pudendus ait;
'Non ego nobilior: posita est mihi regia caelo,
    possidet alter aquas, alter inane chaos.   600
Sed si forte tibi non est mutabile pectus,
    statque semel iuncti rumpere uincla tori,
hoc quoque temptemus, siquidem ieiuna remansit;
    si minus, inferni coniugis uxor erit.'

Tartara iussus adit sumptis Caducifer alis,   605
    speque redit citius uisaque certa refert:
'Rapta tribus' dixit 'soluit ieiunia granis,
    punica quae lento cortice poma tegunt.'
Non secus indoluit quam si modo rapta fuisset
    maesta parens, longa uixque refecta mora est.   610
Atque ita 'Nec nobis caelum est habitabile' dixit;
    'Taenaria recipi me quoque ualle iube.'

pois nunca mergulhais na água do mar.
Mostrai Perséfone à sua mísera parente".
    Com tais palavras, Hélice reponde:
"Não há crime na noite. Indaga sobre o rapto
    ao Sol, que longe vê os diurnos feitos".
Sol diz ao vir: 'São vãos labores a buscares.
    É a mulher do terceiro irmão de Jove".

Ceres e Júpiter

Muito consigo queixa e assim fala ao Tonante –
    grandes sinais de dor tinha no rosto:
"Se te lembras de quem é Proserpina filha,
    metade dos cuidados cabe a ti.
Depois de percorrer o orbe, somente injúrias
    eu percebo: o raptor guarda seu prêmio.
Um marido ladrão não merece Perséfone –
    esse não era o genro a nós fadado.
Vencesse Gige; o que eu pior suportaria
    que agora, quando tu deténs o cetro?
Porém, que impune fique; inulta aguentarei,
    desde que ma devolvas, e que a emendes".
A abranda Jove; pelo amor desculpa o feito;
    diz: "Nosso genro não nos envergonha".
"Que ele, eu não sou mais nobre: o céu por reino coube-me;
    a um, as águas, ao outro o caos vazio.
Mas, se acaso o teu peito é mutável e ordena
    que se rompam os vínculos do leito,
tentemo-lo também, dês que esteja em jejum;
    senão, ela será a mulher do inferno".

Proserpina no Orco

Mandado ao Tártaro, Mercúrio assume as asas;
    mais rápido que a espera, volta e conta.
A raptada rompeu jejum com três sementes
    que a púnica romã co'a casca envolve.
A triste mãe sofreu como se há pouco fora
    o rapto, e a custo o tempo foi refeito.
Mas disse assim: "O céu não mais habitarei.
    Ordena que também me acolha o Tênaro".

et factura fuit, pactus nisi Iuppiter esset
  bis tribus ut caelo mensibus illa foret.
Tum demum uoltumque Ceres animumque recepit,   615
  imposuitque suae spicea serta comae:
largaque prouenit cessatis messis in aruis,
  et uix congestas area cepit opes.

Alba decent Cererem: uestes Cerialibus albas
  sumite; nunc pulli uelleris usus abest.   620

13. G EID: NP

Occupat Apriles Idus cognomine Victor
  Iuppiter: hac illi sunt data templa die.
Hac quoque, ni fallor, populo dignissima nostro
  atria Libertas coepit habere sua.

14. HN
Luce secutura tutos pete, nauita, portus: 625
  uentus ab occasu grandine mixtus erit.
Scilicet ut fuerit, tamen hac Mutinensia Caesar
  grandine militia perculit arma sua.

15. A FORD
Tertia post Veneris cum lux surrexerit Idus,
  pontifices, forda sacra litate boue.   630
Forda ferens bos est fecundaque dicta ferendo:
  hinc etiam fetus nomen habere putant.

Nunc grauidum pecus est, grauidae quoque semine terrae:
  telluri plenae uictima plena datur.
Pars cadit arce Iouis, ter denas curia uaccas   635
  accipit et largo sparsa cruore madet.
Ast ubi uisceribus uitulos rapuere ministri,
  sectaque fumosis exta dedere focis,
igne cremat uitulos quae natu maxima Virgo est,
  luce Palis populos purget ut ille cinis.   640

E assim faria, não firmasse Jove o pacto
    que seis meses no céu ela ficasse.
Mas, enfim, Ceres recobrou a alma e a aparência,
    e coroou de espigas seus cabelos:
no campo inculto, largas messes aparecem
    e a terra a custo aguenta seus tesouros.

As cores do culto de Ceres

De Ceres branca é a cor: nas festas vesti branco.
    São proibidas hoje escuras lãs.

13 de abril – o templo de Júpiter Vencedor
e o Átrio da Liberdade

Júpiter Vencedor tem os Idos de abril:
    dedicaram-lhe os templos nesse dia.
Se não falho, também ganhou a Liberdade
    seu átrio, consagrado pelo povo.

14 de abril – aniversário da batalha de Módena

Porto seguro busca, ó nauta, no outro dia;
    no entardecer virão vento e granizo.
Embora fosse assim, sob o granizo, César,
    com sua tropa, venceu os mutinenses.

15 de abril – as festas Fordicídias

Quando se abrir a terça luz depois dos Idos,
    imolai, sacerdotes, *forda* vaca.
Chama-se *forda* a vaca fértil *fecundada*:
    pensam que daí deriva o nome *feto*.

Grávidas hoje estão as terras e os rebanhos,
    e à terra prenha dão-se prenhes vítimas.
No Capitólio tomba u'a parte; trinta vacas
    recebe a Cúria, e em largo cruor se banha.
Mas quando os fetos são tirados das entranhas,
    e as vísceras são postas nos altares;
uma vestal no fogo as queima, e com suas cinzas,
    à luz de Palas purifica o povo.

Rege Numa, fructu non respondente labori,
    inrita decepti uota colentis erant.
Nam modo siccus erat gelidis Aquilonibus annus,
    nunc ager assidua luxuriabat aqua;
saepe Ceres primis dominum fallebat in herbis,   645
    et leuis obsesso stabat auena solo,
et pecus ante diem partus edebat acerbos,
    agnaque nascendo saepe necabat ouem.
Silua uetus nullaque diu uiolata securi
    stabat, Maenalio sacra relicta deo: 650
Ille dabat tacitis animo responsa quieto
    noctibus; hic geminas rex Numa mactat oues.
Prima cadit Fauno, leni cadit altera Somno;
    sternitur in duro uellus utrumque solo.
Bis caput intonsum fontana spargitur unda,   655
    bis sua faginea tempora fronde premit.
Vsus abest Veneris, nec fas animalia mensis
    ponere, nec digitis anulus ullus inest;
ueste rudi tectus supra noua uellera corpus
    ponit, adorato per sua uerba deo.   660
Interea placidam redimita papauere frontem
    nox uenit, et secum somnia nigra trahit;
Faunus adest, ouiumque premens pede uellera duro
    edidit a dextro talia uerba toro:
'Morte boum tibi, rex, tellus placanda duarum: 665
    det sacris animas una iuuenca duas.'
Excutitur terrore quies: Numa uisa reuoluit,
    et secum ambages caecaque iussa refert.
Expedit errantem nemori gratissima coniunx
    et dixit 'Grauidae posceris exta bouis.'   670
Exta bouis grauidae dantur; fecundior annus
    prouenit, et fructum terra pecusque ferunt.

16. BN
Hanc quondam Cytherea diem properantius ire
    iussit et admissos praecipitauit equos,
ut titulum imperii cum primum luce sequenti   675
    Augusto iuueni prospera bella darent.

O oráculo de Fauno

Numa era o rei; a safra, o esforço não pagava,
    e os votos vãos aos fiéis decepcionavam.
Pois ou o frio Aquilão secava muito o ano,
    ou os temporais aos campos alagavam.
Ceres ao lavrador ao brotar iludia,
    e a avena se espalhava pelo solo.
Antes do tempo, acerbos partos tinha o gado,
    e o carneiro, ao nascer, matava a ovelha.
Havia um bosque antigo, inviolado por achas,
    há muito consagrado ao deus Menálio.
Às quietas mentes, Pã de noite oraculava;
    duas ovelhas ali o rei Numa imola.
A primeira p'r'o Fauno, a outra p'r'o doce Sono;
    e põe no duro solo ambos pelames.
Duas vezes banha numa fonte a cabeleira,
    de faias duas vezes se coroa.
De Vênus se abstivera; animais não podia
    pôr na mesa, e nenhum anel nos dedos.
Com veste rude deita sobre os velocinos,
    depois de ao deus nas rezas adorar.
No entanto, a Noite, de papoulas coroada,
    chega e consigo traz os negros sonos.
Fauno aproxima-se e, pisando o velocino,
    à direita do leito assim falou:
"A terra aplacarás co'a morte de duas reses;
    que u'a só vida dê duas novilhas".
Terror espanta o sono, e Numa o sonho lembra
    — leva consigo a obscura ordem e o enigma.
Sua querida esposa o encontra a errar na mata
    e diz: "U'a vaca prenha te é pedida."
Deram a vaca prenha, e um ano mais fecundo
    chega trazendo à terra o gado e o fruto.

16 de abril — Véspera da festa a Augusto imperador

Outrora a Citereia ordenou que este dia
    mais rápido se fosse nos cavalos,
p'ra que a vindoura luz, co'o título do Império,
    as vitórias na guerra a Augusto o dessem.

17. CN

Sed iam praeteritas quartus tibi Lucifer Idus
　　respicit; hac Hyades Dorida nocte tenent.

19. E CER : NP

Tertia post Hyadas cum lux erit orta remotas,
　　carcere partitos Circus habebit equos.　　　　　　　　680
Cur igitur missae uinctis ardentia taedis
　　terga ferant uolpes causa docenda mihi est.
Frigida Carseolis nec oliuis apta ferendis
　　terra, sed ad segetes ingeniosus ager;
hac ego Paelignos, natalia rura, petebam,　　　　　　　685
　　parua, sed assiduis obuia semper aquis.
Hospitis antiqui solitas intrauimus aedes;
　　dempserat emeritis iam iuga Phoebus equis.
Is mihi multa quidem, sed et haec narrare solebat,
　　unde meum praesens instrueretur opus:　　　　　　690
'Hoc' ait 'in campo'(campumque ostendit) 'habebat
　　rus breue cum duro parca colona uiro.
Ille suam peragebat humum, siue usus aratri,
　　seu curuae falcis, siue bidentis erat;
haec modo uerrebat stantem tibicine uillam,　　　　　695
　　nunc matris plumis oua fouenda dabat,
aut uirides maluas aut fungos colligit albos
　　aut humilem grato calfacit igne focum;
et tamen assiduis exercet bracchia telis,
　　aduersusque minas frigoris arma parat.　　　　　　700
Filius huius erat primo lasciuus in aeuo,
　　addideratque annos ad duo lustra duos.
Is capit extremi uolpem conualle salicti:
　　abstulerat multas illa cohortis aues.
Captiuam stipula fenoque inuoluit et ignes　　　　　　705
　　admouet: urentes effugit illa manus:
qua fugit, incendit uestitos messibus agros;
　　damnosis uires ignibus aura dabat.
Factum abiit, monimenta manent: nam dicere certam
　　nunc quoque lex uolpem Carseolana uetat,　　　　710
utque luat poenas, gens haec Cerialibus ardet,
　　quoque modo segetes perdidit ipsa perit.'

17 de abril – a constelação das Híades

Mas quando a quarta luz depois dos Idos vir-te,
    alcançarão o mar de noite as Híades.

19 de abril – as festas Cereálias

Na terça luz depois das Híades, no Circo
    cavalos haverá, saídos das baias.
Ora direi por que são soltas as raposas,
    tendo no dorso presas ígneas tochas.
Fria Carséole é terra imprópria à oliva,
    porém, um campo fértil para os grãos.
Eu por ali passava indo à natal Pelignos,
    pequena, porém de água abastecida.
Na casa de u'hospedeiro antigo, de uso entrei,
    quando Febo os cavalos disjungia.
Contava-me ele muitas coisas que, atualmente,
    servem para instruir o meu trabalho:
"Naquele campo", diz e o mostra, "um homem duro
    tinha pequeno sítio, co'u'a colona.
Ele sua terra trabalhava, com o arado,
    com a recurva foice ou co'o forcado.
Ela varria a casa em canas arrimada;
    ovos dava às galinhas p'ra chocarem;
malvas verdes colhia, ou brancos cogumelos,
    ou aquecia o altar co'o grato fogo;
nos tecidos ainda ela exercita os braços,
    e armas contra o rigor do inverno apronta.
 Seu filho, na primeira infância, era um travesso
    que somara a dois lustros mais dois anos.
Ele apanhou no salgueiral uma raposa,
    que roubara já coortes de suas aves.
Feixe de feno amarrou nela e botou fogo,
    e ela fugiu das mãos que a chamuscaram.
Por onde foge, acende os campos cultivados,
    e os ventos davam força ao fogo horrível.
Fica a lembrança – vai-se o fato. Pois u'a lei
    proíbe inocentar qualquer raposa,
e p'ra que as penas pague, nas festas de Ceres
    é queimada: quem mata as messes, morre.

20. FN

Proxima cum ueniet terras uisura patentes
    Memnonis in roseis lutea mater equis,
de duce lanigeri pecoris, qui prodidit Hellen,   715
    sol abit: egresso uictima maior adest.
Vacca sit an taurus non est cognoscere promptum:
    pars prior apparet, posteriora latent.
Seu tamen est taurus siue est hoc femina signum,
    Iunone inuita munus amoris habet.   720

21. G PAR : NP

Nox abiit, oriturque aurora: Parilia poscor;
    non poscor frustra, si fauet alma Pales.
Alma Pales, faueas pastoria sacra canenti,
    prosequor officio si tua festa meo.
Certe ego de uitulo cinerem stipulasque fabales   725
    saepe tuli plena, februa tosta, manu;
certe ego transilui positas ter in ordine flammas,
    udaque roratas laurea misit aquas.
Mota dea est, operique fauet. Naualibus exit
    puppis; habent uentos iam mea uela suos.   730
I, pete uirginea, populus, suffimen ab ara;
    Vesta dabit, Vestae munere purus eris.
Sanguis equi suffimen erit uitulique fauilla,
    tertia res durae culmen inane fabae.
Pastor, oues saturas ad prima crepuscula lustra: 735
    unda prius spargat, uirgaque uerrat humum;
frondibus et fixis decorentur ouilia ramis,
    et tegat ornatas longa corona fores.
Caerulei fiant puro de sulpure fumi,
    tactaque fumanti sulpure balet ouis.   740
Vre mares oleas taedamque herbasque Sabinas,
    et crepet in mediis laurus adusta focis;
libaque de milio milii fiscella sequatur:
    rustica praecipue est hoc dea laeta cibo.
Adde dapes mulctramque suas, dapibusque resectis   745
    siluicolam tepido lacte precare Palem.

20 de abril – as constelações de Carneiro e Touro

Quando de novo a lútea mãe, em róseos potros,
    vier para ver as terras manifestas,
o sol se afasta do Carneiro, em que em vão
    Heles confiou: já chega maior vítima.
É difícil dizer se é uma vaca ou um touro:
    vê-se a parte da frente, a ré se oculta.
Mas seja touro ou seja vaca, esse é um signo
    que, a despeito de Juno, prova u'amor.

21 de abril – as festas Parílias

Vai-se a noite, eis a Aurora. As Parílias me chamam;
    e não em vão, se Pales favorece.
Dá, alma Pales, que eu cante os ritos pastoris,
    se em meu ofício eu sigo a tua festa.
Muitas vezes levei as cinzas do vitelo,
    as favas, à mancheia, as oferendas.
Três vezes eu saltei enfileiradas chamas,
    e águas lustrais com louros aspergi.
Moveu-se a deusa – apraz-lhe a empresa. Zarpe a nau,
    recebam minhas velas já seus ventos.
Fumaças busca, ó povo, na ara virginal,
    Vesta as dará e puro ficarás –
fumigações de sangue equino, de vitelo,
    e, em terceiro lugar, de favas secas.
Ó pastor, de manhã, purifica o rebanho:
    seja a água borrifada e o chão varrido;
decorem-se os redis com frondes e com ramos,
    que um comprido festão enfeite as portas.
De puro enxofre se erga u'a fumaça azulada,
    que, alcançando uma ovelha, a faz balir.
Queima a oliveira-macho, a erva sabina e a tocha,
    no meio dos altares queime o louro.
Que cestinhos de milho os libos acompanhem:
    é o que mais satisfaz à deusa rústica.
Também dá leite e as iguarias; e, ao cortá-las
    com leite morno, roga à agreste Pales.

'Consule' dic 'pecori pariter pecorisque magistris:
    effugiat stabulis noxa repulsa meis.
Siue sacro paui, sediue sub arbore sacra,
    pabulaque e bustis inscia carpsit ouis;   750
si nemus intraui uetitum, nostrisue fugatae
    sunt oculis nymphae semicaperque deus;
si mea falx ramo lucum spoliauit opaco,
    unde data est aegrae fiscina frondis oui,
da ueniam culpae: nec, dum degrandinat, obsit   755
    agresti fano subposuisse pecus.
Nec noceat turbasse lacus: ignoscite, nymphae,
    mota quod obscuras ungula fecit aquas.
Tu, dea, pro nobis fontes fontanaque placa
    numina, tu sparsos per nemus omne deos.   760
Nec dryadas nec nos uideamus labra Dianae
    nec Faunum, medio cum premit arua die.
Pelle procul morbos; ualeant hominesque gregesque,
    et ualeant uigiles, prouida turba, canes.
Neue minus multos redigam quam mane fuerunt   765
    neue gemam referens uellera rapta lupo.
Absit iniqua fames: herbae frondesque supersint,
    quaeque lauent artus quaeque bibantur aquae.
Vbera plena premam, referat mihi caseus aera,
    dentque uiam liquido uimina rara sero;   770
sitque salax aries, conceptaque semina coniunx
    reddat, et in stabulo multa sit agna meo;
lanaque proueniat nullas laesura puellas,
    mollis et ad teneras quamlibet apta manus.
Quae precor, eueniant, et nos faciamus ad annum 775
    pastorum dominae grandia liba Pali.'

His dea placanda est: haec tu conuersus ad ortus
    dic quater et uiuo perlue rore manus.
Tum licet adposita, ueluti cratere, camella
    lac niueum potes purpureamque sapam;   780
moxque per ardentes stipulae crepitantis aceruos
    traicias celeri strenua membra pede.

A prece do pastor

Dize: "Protege ao mesmo tempo grei e pastor:
    afasta dos estábulos o mal.
Se levei a pastar em sacro campo o gado,
    se ínscia ovelha comeu em sepultura,
se entrei em mata proibida, e de meus olhos
    o deus caprídeo e as ninfas escaparam,
se minha foice cortou ramo em sacro bosque
    para dar a uma ovelha enferma as folhas,
perdoa a falta, ou se, na chuva de granizo,
    meu rebanho abriguei no templo agreste.
Desculpai, ninfas, por se haver turbado o lago,
    se as patas de animais sujaram a água.
Por mim aplaca, ó deusa, as fontes e seus numes,
    e os deuses que se espalham pelo bosque.
Não vejamos de Diana o banho, nem as dríades,
    nem o Fauno, que dorme ao meio-dia.
Some co'as pestes: passem bem homens, rebanhos
    e os vigilantes cães, valente turma.
Retorne eu o gado que levei pela manhã,
    não chore eu rês comida por um lobo;
não haja fome – sobrem pastos e forragem;
    haja água de beber e para os banhos.
Que úberes cheios eu ordenhe, os queijos rendam-me
    um bom dinheiro e em cestos perca o soro.
Sejam lascivos os carneiros, gere a ovelha
    e haja muitos cordeiros no redil.
Macias lãs que não machuquem moça alguma
    nasçam apropriadas para as mãos.
Haja o que imploro, e todos anos nós faremos
    grandes libos à Pales dos pastores".

Os ritos

Que assim se aplaque a deusa: isso, voltado ao leste,
    quatro vezes repete, e lava as mãos.
Numa gamela, então, no lugar de u'a cratera,
    bebe purpúreo mosto e níveo leite,
e, pelas palhas crepitantes da fogueira,
    atravessa, co'o pé ligeiro, os membros.

Expositus mos est; moris mihi restat origo:
  turba facit dubium coeptaque nostra tenet.
Omnia purgat edax ignis uitiumque metallis   785
  excoquit: idcirco cum duce purgat oues?
An, quia cunctarum contraria semina rerum
  sunt duo discordes, ignis et unda, dei,
iunxerunt elementa patres, aptumque putarunt
  ignibus et sparsa tangere corpus aqua?   790
An, quod in his uitae causa est, haec perdidit exul,
  his noua fit coniunx, haec duo magna putant?
Vix equidem credo: sunt qui Phaethonta referri
  credant et nimias Deucalionis aquas.
Pars quoque, cum saxis pastores saxa feribant,   795
  scintillam subito prosiluisse ferunt;
prima quidem periit, stipulis excepta secunda est:
  hoc argumentum flamma Parilis habet?
An magis hunc morem pietas Aeneia fecit,
  innocuum uicto cui dedit ignis iter?   800
Num tamen est uero propius, cum condita Roma est,
  transferri iussos in noua tecta Lares,
mutantesque domum tectis agrestibus ignem
  et cessaturae subposuisse casae,
per flammas saluisse pecus, saluisse colonos?   805

    Quod fit natali nunc quoque, Roma, tuo.
Ipse locum casus uati facit: Urbis origo
  uenit; ades factis, magne Quirine, tuis.
Iam luerat poenas frater Numitoris, et omne
  pastorum gemino sub duce uolgus erat.   810

Contrahere agrestes et moenia ponere utrique
  conuenit: ambigitur moenia ponat uter.
'Nil opus est' dixit 'certamine' Romulus 'ullo;
  magna fides auium est: experiamur aues.'
Res placet: alter init nemorosi saxa Palati;   815
  alter Auentinum mane cacumen init.
Sex Remus, hic uolucres bis sex uidet ordine; pacto
  statur, et arbitrium Romulus urbis habet.

Foi exposto o costume: as origens me restam.
   Tantas explicações põem-me confuso.
O fogo tudo purga e acrisola os metais;
   por isso purifica grei e pastor?
Ou, por acaso, sendo opostos os princípios
   – a água e o fogo – e discordes os dois deuses,
os anciãos os reuniram, a crer útil
   que a água aspergida e o fogo ao corpo toquem.
Ou os julgam grandes porque são causa da vida,
   e o êxul os perde, e a nova esposa os ganha?
Não creio. Há quem pense que assim se comemoram
   Faetonte e o deucaliônico dilúvio.
Outros dizem que, quando os pastores batiam
   pedra em pedra, e fagulhas cintilavam,
a primeira falhava e em palha a outra pegava:
   e essa era a razão do fogo nas Parílias?
Ou tal costume vem da piedade de Eneias,
   a quem, vencido, o fogo deu passagem?
Porém, mais vero é que, ao fundar-se Roma, os Lares
   p'ra novos tetos foram transferidos,
e que, mudando a casa por grosseiros tetos
   e os casebres deixados incendiando,
saltaram sobre o fogo o rebanho e os colonos?

Aniversário da fundação de Roma

   Hoje é assim, Roma, em teu aniversário.
O assunto inspira o vate – a origem da Urbe chega.
   Aproxima, ó Quirino, de teus feitos.
O irmão de Numitor já remira os castigos,
   e aos pastores os gêmeos comandavam.

A consulta das aves

Aos dois convém reunir o bando e erguer muralhas,
   mas fica incerto quem as erguerá.
Diz Rômulo: "Não há precisão de disputa.
   Nas aves se confia, as consultemos".
A ideia agrada. Um vai ao monte Palatino,
   e o outro, pela manhã, para o Aventino.
Remo seis aves vê; doze em fila o irmão. Cumpre-se
   o pacto, e da Urbe Rômulo é o rei.

Apta dies legitur qua moenia signet aratro:
    sacra Palis suberant; inde mouetur opus.   820
Fossa fit ad solidum, fruges iaciuntur in ima
    et de uicino terra petita solo.
Fossa repletur humo, plenaeque imponitur ara,
    et nouus accenso fungitur igne focus.
Inde premens stiuam designat moenia sulco;   825
    alba iugum niueo cum boue uacca tulit.
Vox fuit haec regis: 'Condenti, Iuppiter, urbem,
    et genitor Mauors Vestaque mater, ades,
quosque pium est adhibere deos, aduertite cuncti:
    auspicibus uobis hoc mihi surgat opus.   830
Longa sit huic aetas dominaeque potentia terrae,
    sitque sub hac oriens occiduusque dies.'
Ille precabatur, tonitru dedit omina laeuo
    Iuppiter, et laeuo fulmina missa polo.
Augurio laeti iaciunt fundamina ciues,   835
    et nouus exiguo tempore murus erat.

Hoc Celer urget opus, quem Romulus ipse uocarat,
    'Sint' que, 'Celer, curae' dixerat 'ista tuae,
neue quis aut muros aut factam uomere fossam
    transeat; audentem talia dede neci.'   840
Quod Remus ignorans humiles contemnere muros
    coepit, et 'His populus' dicere 'tutus erit?'
Nec mora, transiluit: rutro Celer occupat ausum;
    ille premit duram sanguinulentus humum.

Haec ubi rex didicit, lacrimas introrsus obortas   845
    deuorat et clausum pectore uolnus habet.
Flere palam non uolt exemplaque fortia seruat,
    'Sic' que 'meos muros transeat hostis' ait.
Dat tamen exsequias; nec iam suspendere fletum
    sustinet, et pietas dissimulata patet;   850
osculaque adplicuit posito suprema feretro,
    atque ait 'inuito frater adempte, uale',
Arsurosque artus unxit: fecere, quod ille,

Ritos de fundação

É eleito o dia de traçar co'arado os muros,
    chega a festa de Pales: põem-se à obra.
Cavam fosso no chão, jogam frutas lá dentro
    e a terra que de em volta foi trazida.
Enchem de terra o fosso, e erguem em cima u'altar,
    brilha ao larário quando o fogo é aceso.
Empunhando a rabiça, um sulco marca os muros
    – branca vaca e alvo boi levam o jugo.
Disse o rei: "Jove, pai Mavorte e Vesta mãe,
    auxiliai a quem funda esta cidade;
ó deuses que invocar é pio, a mim voltai-vos:
    auspiciai que minha obra se levante,
que tenha longa idade e o domínio da terra
    que existe entre o oriente e o ocidente".
Rogado, Júpiter à esquerda trovejou;
    um raio coriscou no esquerdo céu.
Co'o bom augúrio, os cidadãos lançam as bases,
    e um novo muro havia em pouco tempo.

Sacrilégio e morte de Remo

Célere apressa a obra – o convocara Rômulo.
    Disse: "Célere, fique aos teus cuidados:
que ninguém atravesse os muros nem os sulcos
    que fiz co'o arado. Morra quem ousar".
Sem saber, Remo debochou dos baixos muros
    e disse: "Ficará seguro o povo"?
Saltou-o. Célere co'a enxada acerta o ousado,
    que ensanguentado pesa a dura terra.

Os funerais de Remo

Ao saber disso, o rei por dentro aborta as lágrimas,
    e tem no peito presa uma ferida.
Esconde o choro, guarda o forte exemplo e diz:
    "Morre assim quem meus muros atravessa".
Mas dá-lhe exéquias. Não reprime mais o choro,
    e manifesta-se a piedade oculta.
Último beijo põe no esquife preparado
    e diz: "Adeus, irmão de mim tirado".

Faustulus et maestas Acca soluta comas.
Tum iuuenem nondum facti fleuere Quirites;   855
    ultima plorato subdita flamma rogo est.
Vrbs oritur (quis tunc hoc ulli credere posset?)
    uictorem terris impositura pedem.
Cuncta regas et sis magno sub Caesare semper,
    saepe etiam plures nominis huius habe;   860
et, quotiens steteris domito sublimis in orbe,
    omnia sint umeris inferiora tuis.

23. A VIN : FP

Dicta Pales nobis: idem Vinalia dicam,
    una tamen media est inter utramque dies.
Numina, uolgares, Veneris celebrate, puellae: 865
    multa professarum quaestibus apta Venus.
Poscite ture dato formam populique fauorem,
    poscite blanditias dignaque uerba ioco;
cumque sua dominae date grata sisymbria myrto
    tectaque composita iuncea uincla rosa.   870
Templa frequentari Collinae proxima portae
    nunc decet; a Siculo nomina colle tenent,
utque Syracusas Arethusidas abstulit armis
    Claudius et bello te quoque cepit, Eryx,
carmine uiuacis Venus est translata Sibyllae,   875
    inque suae stirpis maluit urbe coli.
Cur igitur Veneris festum Vinalia dicant
    quaeritis, et quare sit Iouis ista dies?
Turnus an Aeneas Latiae gener esset Amatae
    bellum erat: Etruscas Turnus adorat opes.   880
Clarus erat sumptisque ferox Mezentius armis,
    et uel equo magnus uel pede maior erat;
quem Rutuli Turnusque suis adsciscere temptat
    partibus. Haec contra dux ita Tuscus ait:
'Stat mihi non paruo uirtus mea: uolnera testor   885
    armaque, quae sparsi sanguine saepe meo.
Qui petis auxilium, non grandia diuide mecum
    praemia, de lacubus proxima musta tuis.
Nulla mora est operae: uestrum est dare uincere nostrum.

Ungiu os membros que arderiam, o ajudaram
   Fáustulo e Aca, co'os cabelos soltos.
Os que seriam os quirites o choraram
   e na pranteada pira pôs-se fogo.
Nasce a cidade – quem, então, podia crer? –
   que as terras vitoriosa pisaria.
Governa tudo, ó Roma, sob o grande César,
   e tenhas ainda muitos co'esse nome.
No mundo conquistado, altiva permanece
   e abaixo de teus ombros tudo fique.

23 de abril – as festas Vinálias

Se as Parílias contei, contarei as Vinálias,
   entre as duas um dia apenas há.
Meretrizes, cultuai os poderes de Vênus,
   suas profissionais Vênus escuta.
Dai-lhe incenso e pedi carinhos, formosura,
   favor do povo e fala prazerosa;
dai à senhora o mirto, o querido agrião
   e rosas arranjadas entre os juncos.
Convém agora irdes ao templo na Colina,
   que traz do monte sículo seu nome.
Quando Cláudio tomou armado Siracusa,
   e Érice, a ti também, cumprindo um oráculo
da anciã Sibila, a Roma Vênus foi levada –
   preferindo que os netos a adorassem.
"Mas por que são festas de Vênus as Vinálias
   e de Jove esse dia?", indagareis.
Turno fazia guerra a Eneias para ser
   genro de Amata, e chama a força etrusca.
O preclaro Mezêncio era feroz co'as armas,
   tão grande infante quanto cavaleiro.
Para o seu lado, Turno e os rútulos o chamam,
   e o comandante tusco assim responde:
"Tenho por muito meu valor – mostram-no as armas
   por meu sangue tingidas e as feridas.
Tu, que pedes auxílio, um parco prêmio pagas:
   dá-me o próximo mosto dos lagares.
Não tarde a empresa: é vosso o dar; nosso, o vencer.

Quam uelit Aeneas ista negata mihi!'   890
Adnuerant Rutuli. Mezentius induit arma,
    induit Aeneas adloquiturque Iouem:
'Hostica Tyrrheno uota est uindemia regi:
    Iuppiter, e Latio palmite musta feres.'
Vota ualent meliora: cadit Mezentius ingens   895
    atque indignanti pectore plangit humum.
Venerat Autumnus calcatis sordidus uuis:
    redduntur merito debita uina Ioui.
Dicta dies hinc est Vinalia; Iuppiter illa
    uindicat, et festis gaudet inesse suis.   900

25. C ROB : NP

Sex ubi, quae restant, luces Aprilis habebit,
    in medio cursu tempora ueris erunt,
et frustra pecudem quaeres Athamantidos Helles,
    signaque dant imbres, exoriturque Canis.

Hac mihi Nomento Romam cum luce redirem,   905
    obstitit in media candida turba uia:
flamen in antiquae lucum Robiginis ibat,
    exta canis flammis, exta daturus ouis.
Protinus accessi, ritus ne nescius essem;
    edidit haec flamen uerba, Quirine, tuus: 910
'Aspera Robigo, parcas Cerialibus herbis,
    et tremat in summa leue cacumen humo.
Tu sata sideribus caeli nutrita secundi
    crescere, dum fiant falcibus apta, sinas.
Vis tua non leuis est: quae tu frumenta notasti,   915
    maestus in amissis illa colonus habet;
nec uenti tantum Cereri nocuere nec imbres,
    nec sic marmoreo pallet adusta gelu,
quantum si culmos Titan incalfacit udos:
    tum locus est irae, diua timenda, tuae.   920
Parce, precor, scabrasque manus a messibus aufer,
    neue noce cultis; posse nocere sat est.
Nec teneras segetes, sed durum amplectere ferrum,

LIVRO IV – ABRIL | 235

Ah, quanto quer Eneias que mo negues".
Concordaram. Então, Mezêncio enverga as armas;
  Eneias também se arma e diz a Jove:
"Promete ao rei Tirreno o inimigo a vindima;
  da uva latina o mosto terás, Júpiter".
Vale o voto melhor: cai o ingente Mezêncio,
  e bate o indigno peito contra o chão.
De uvas pisadas encharcado, chega o outono,
  e com mérito é pago o *vinho* a Jove.
Vinálias chama o dia – o reivindica Júpiter,
  que se alegra de estar em suas festas.

25 de abril – as constelações de Carneiro e Cão

Quando seis dias para abril só mais restarem,
  chegará a primavera a meio curso.
Procurarás em vão pelo Carneiro de Heles;
  as chuvas sinalizam; nasce o Cão.

As festas Rubiginálias

Quando eu voltava de Nomento, um dia, a Roma,
  no caminho parou u'a branca turma.
Um flâmine ia ao bosque da antiga Rubígine
  de u'a ovelha e de um cão queimar as vísceras.
Logo me aproximei – eu conhecia os ritos.
  Teu flâmine, ó Quirino, assim falou:
"Poupa, ó Rubígine escabrosa, os dons de Ceres,
  e sobre o leve solo os brotos tremam.
Faze crescer as messes pelo céu nutridas
  até que estejam prontas para as foices.
Tua força não é pouca: os grãos que tu marcaste
  o triste agricultor tem por perdidos.
Nem vento ou temporais tanto a Ceres maltratam,
  nem o marmóreo gelo tanto queima,
como quando o Titã esquenta os colmos úmidos.
  Temível deusa, é hora de tuas iras.
Peço, poupa e retira a mão das plantações;
  não as danes – que baste tu o poderes.
Ataca o duro ferro, e não as searas tenras:

quodque potest alios perdere perde prior.
Vtilius gladios et tela nocentia carpes: 925
    nil opus est illis; otia mundus agit.
Sarcula nunc durusque bidens et uomer aduncus,
    ruris opes, niteant; inquinet arma situs,
conatusque aliquis uagina ducere ferrum
    adstrictum longa sentiat esse mora.   930
At tu ne uiola Cererem, semperque colonus
    absenti possit soluere uota tibi.'
Dixerat; a dextra uillis mantele solutis
    cumque meri patera turis acerra fuit.
Tura focis uinumque dedit fibrasque bidentis   935
    turpiaque obscenae (uidimus) exta canis.
Tum mihi 'cur detur sacris noua uictima quaeris?'
    (quaesieram) 'Causam percipe' flamen ait.
'Est Canis, Icarium dicunt, quo sidere moto
    tosta sitit tellus praecipiturque seges: 940
pro cane sidereo canis hic imponitur arae,
    et quare fiat nil nisi nomen habet.'

28. F NP

Cum Phrygis Assaraci Tithonia fratre relicto
    sustulit immenso ter iubar orbe suum,
mille uenit uariis florum dea nexa coronis;   945
    scaena ioci morem liberioris habet.
Exit et in Maias sacrum Florale Kalendas:
    tunc repetam, nunc me grandius urget opus.

Aufer, Vesta, diem: cognati Vesta recepta est
    limine; sic iusti constituere patres.   950
Phoebus habet partem: Vestae pars altera cessit:
    quod superest illis, tertius ipse tenet.
State Palatinae laurus, praetextaque quercu
    stet domus: aeternos tres habet una deos.

perde antes quem os outros perder pode.
Mais útil, roas gládios e armas assassinas.
    De nada servem; tenha o mundo paz.
Brilhem agora a enxada, o forcado, a charrua:
    forças do campo! Inquine à arma a ferrugem.
Quem tentar arrancar a espada da bainha
    demore a conseguir desemperrá-la.
Não violes Ceres; possa sempre o agricultor
    cumprir, por te ausentares, suas promessas".
Disse. Tinha na mão uma manta grosseira,
    uma taça de vinho e algum incenso.
Deu vinho e incenso ao fogo, as entranhas da ovelha
    e as vísceras – eu vi – de uma cadela.
Indagando o porquê das vítimas estranhas
    o flâmine me diz: "Aprende a causa.
Quando a constelação do icário Cão se move,
    seca-se a terra e apressam-se as colheitas.
Pela constelação de Cão se imola um cão,
    que nada fez senão possuir o nome.

28 de abril – início das festas de Flora

Quando a Titônia o irmão de Assáraco deixar,
    e três vezes se erguer no imenso céu,
chega Flora, por mil guirlandas coroada:
    mais liberais costumes tem o teatro.
De Flora a festa alcança as Calendas de maio –
    voltarei; mor empenho ora me chama.

Festa de Vesta

Tem Vesta o dia em que os parentes a acolheram:
    assim os senadores instituíram.
Febo possui u'a parte; a outra foi dada a Vesta;
    têm a terceira parte o próprio César.
Vivei, ó louros palatinos e carvalhos:
    têm três deuses eternos u'a só casa.

LIVRO V – MAIO

Quaeritis unde putem Maio data nomina mensi?
  Non satis est liquido cognita causa mihi.
Vt stat et incertus qua sit sibi nescit eundum,
  cum uidet ex omni parte, uiator, iter,
sic, quia posse datur diuersas reddere causas,   5
  qua ferar ignoro, copiaque ipsa nocet.
Dicite, quae fontes Aganippidos Hippocrenes,
  grata Medusaei signa, tenetis, equi.

Dissensere deae; quarum Polyhymnia coepit
  prima (silent aliae, dictaque mente notant):   10
'Post chaos ut primum data sunt tria corpora mundo
  inque nouas species omne recessit opus,
pondere terra suo subsedit et aequora traxit:
  at caelum leuitas in loca summa tulit;
sol quoque cum stellis nulla grauitate retentus   15
  et uos, Lunares, exsiluistis, equi.
Sed neque terra diu caelo, nec cetera Phoebo
  sidera cedebant: par erat omnis honos.
Saepe aliquis solio, quod tu, Saturne, tenebas,
  ausus de media plebe sedere deus: 20
nec latus Oceano quisquam deus aduena iunxit,
  et Themis extremo saepe recepta loco est,
donec Honor placidoque decens Reuerentia uoltu
  corpora legitimis imposuere toris.
Hinc sata Maiestas, hos est dea censa parentes,   25
  quaque die partu est edita, magna fuit.
Nec mora, consedit medio sublimis Olympo
  aurea, purpureo conspicienda sinu;
consedere simul Pudor et Metus. Omne uideres
  numen ad hanc uoltus composuisse suos.   30
Protinus intrauit mentes suspectus honorum:
  fit pretium dignis, nec sibi quisque placet.
Hic status in caelo multos permansit in annos,
  dum senior fatis excidit arce deus.
Terra feros partus, immania monstra, Gigantas   35
  edidit ausuros in Iouis ire domum.

Etimologias do mês de maio

Perguntais de onde eu penso o nome vir a maio?
   Para mim não é muito clara a causa.
Como um viajante que não sabe p'ra onde ir
   quando caminhos vê por toda parte,
assim, porque se podem dar diversas causas,
   não sei qual escolher – peja-me o muito.
Dizei-ma vós, que estais nas fontes de Hipocrene
   – do medúseo corcel grato sinal.

Maio e a Majestade

Elas discordam, e é Polímnia quem começa;
   calam-se as outras e ouvem o que é dito:
"Depois do Caos, quando o universo em três partiu-se,
   e a obra inteira formou novas espécies,
pesada, a terra fica embaixo e puxa águas;
   em cima, por ser leve, põe-se o céu.
Também o sol, sem nenhum peso, co'as estrelas,
   e vós, corcéis da Lua, vos erguestes.
Porém, não precedia o céu à terra, ou Febo
   aos astros: tinham todos mesmas honras.
Algum deus, com frequência, em teu trono, ó Saturno,
   vindo da plebe ousava se sentar.
Nenhum deus estrangeiro o Oceano flanqueava,
   e relegavam Têmis aos confins,
até que o Honor e a decorosa Reverência
   uniram-se em legítimo casório.
Daí nasce a *Majestade* – e a deusa aos pais não foge,
   e no dia do parto, nasce *magna*.
Sentou-se sem tardar sublime no alto Olimpo,
   dourada a fulgurar co'as vestes púrpuras.
Ao seu lado, Pudor e Medo se assentaram,
   verias nela os deuses se espelharem.
Nas mentes logo entrou o respeito pelas honras:
   o digno ganha preço, e apraz a todos.
Assim permaneceu no céu por muitos anos,
   até que o deus mais velho caiu do alto.
A terra, então, pariu os ferozes gigantes
   que ousaram atacar o jóveo paço.

Mille manus illis dedit et pro cruribus angues,
  atque ait "In magnos arma mouete deos."
Exstruere hi montes ad sidera summa parabant
  et magnum bello sollicitare Iouem;   40
fulmina de caeli iaculatus Iuppiter arce
  uertit in auctores pondera uasta suos.
His bene Maiestas armis defensa deorum
  restat, et ex illo tempore culta manet.
Assidet inde Ioui, Iouis est fidissima custos,   45
  et praestat sine ui sceptra timenda Ioui.
Venit et in terras: coluerunt Romulus illam
  et Numa, mox alii, tempore quisque suo.
Illa patres in honore pio matresque tuetur,
  illa comes pueris uirginibusque uenit;   50
illa datos fasces commendat eburque curule,
  illa coronatis alta triumphat equis.'

Finierat uoces Polyhymnia: dicta probarunt
  Clioque et curuae scita Thalia lyrae.
Excipit Uranie: fecere silentia cunctae,   55
  et uox audiri nulla, nisi illa, potest.
'Magna fuit quondam capitis reuerentia cani,
  inque suo pretio ruga senilis erat.
Martis opus iuuenes animosaque bella gerebant,
  et pro dis aderant in statione suis;   60
uiribus illa minor nec habendis utilis armis
  consilio patriae saepe ferebat opem;
nec nisi post annos patuit tunc curia seros,
  nomen et aetatis mite senatus habet.
Iura dabat populo senior, finitaque certis   65
  legibus est aetas unde petatur honor,
et medius iuuenum, non indignantibus ipsis,
  ibat, et interior, si comes unus erat.
Verba quis auderet coram sene digna rubore
  dicere? Censuram longa senecta dabat.   70
Romulus hoc uidit selectaque pectora patres
  dixit: ad hos urbis summa relata nouae.
Hinc sua maiores tribuisse uocabula Maio

Deu-lhes mil mãos e, no lugar de pernas, serpes.
  Disse: 'Movei as armas contra os deuses.'
Eles puseram-se a empilhar montes aos astros
  e a preparar combate contra Jove.
Mas Júpiter, no céu, arremessando raios,
  contra os autores verte o vasto peso.
Por deuses fica defendida a Majestade,
  e desde aquele tempo ela é cultuada;
junto a Jove se assenta, é sua fiel guardiã:
  sem violência, o temível cetro afirma.
Às terras vem: Rômulo e Numa a cultuaram,
  e logo todos outros a seu tempo.
Aos pais e mães ela confere as honras pias,
  ela acompanha as virgens e crianças,
a curul de marfim e os dados fasces honra,
  e em corcéis adornados, triunfa altiva".

Maio e os maiorais

Findou Polímnia a fala; assentiram co'os ditos
  Clio e Tália, da curva lira a mestra.
Urânia começou, as outras se calaram;
  nenhuma voz se ouviu, exceto a dela:
"Outrora grande reverência às cãs havia,
  e nas rugas estava seu valor.
Dos jovens eram guerra e os trabalhos de Marte,
  em seus postos aos deuses defendiam.
A velhice cansada e inútil para as armas
  com seus conselhos dava ajuda à pátria.
Senão à *senectude* então se abria a Cúria,
  e o Senado da idade guarda o nome.
O mais velho julgava, e as leis delimitavam
  a idade de tomar posse nos cargos.
Reverenciado, o ancião ia em meio dos jovens,
  e do lado de dentro, se eram dois.
Perante um velho quem diria indignas coisas?
  A longa *senectude* censurava.
Rômulo o percebeu: escolheu *senadores*
  e da nova cidade encarregou-os.
Assim, os *maiorais* a *maio* dão seu nome,

tangor, et aetati consuluisse suae.
Et Numitor dixisse potest "da, Romule, mensem   75
    hunc senibus", nec auum sustinuisse nepos.
Nec leue propositi pignus successor honoris
    Iunius, a iuuenum nomine dictus, habet.'

Tunc sic, neglectos hedera redimita capillos,
    prima sui coepit Calliopea chori: 80
'Duxerat Oceanus quondam Titanida Tethyn,
    qui terram liquidis, qua patet, ambit aquis;
Hinc sata Pleione cum caelifero Atlante
    iungitur, ut fama est, Pleiadasque parit.
Quarum Maia suas forma superasse sorores   85
    traditur et summo concubuisse Ioui.
Haec enixa iugo cupressiferae Cyllenes
    aetherium uolucri qui pede carpit iter;
Arcades hunc Ladonque rapax et Maenalos ingens
    rite colunt, luna credita terra prior.   90
Exul ab Arcadia Latios Euander in agros
    uenerat, impositos attuleratque deos.
Hic, ubi nunc Roma est, orbis caput, arbor et herbae
    et paucae pecudes et casa rara fuit:
quo postquam uentum est, "Consistite", praescia mater   95
    "nam locus imperii rus erit istud" ait.
Et matri et uati paret Nonacrius heros,
    inque peregrina constitit hospes humo;
sacraque multa quidem, sed Fauni prima bicornis
    has docuit gentes alipedisque dei.   100
Semicaper, coleris cinctutis, Faune, Lupercis,
    cum lustrant celebres uerbera secta uias;
at tu materno donasti nomine mensem,
    inuentor curuae, furibus apte, fidis.
Nec pietas haec prima tua est: septena putaris,   105
    Pleiadum numerum, fila dedisse lyrae.'
Haec quoque desierat: laudata est uoce suarum.
    Quid faciam? Turbae pars habet omnis idem.
Gratia Pieridum nobis aequaliter adsit,
    nullaque laudetur plusue minusue mihi.   110

penso que são cultuados pela idade.
Pode ter dito Numitor: 'Dedica, ó Rômulo,
    aos velhos este mês'; e fê-lo o neto.
Ser *junho* o sucessor é disso um forte indício,
    porque da *juventude* tem o nome".

Maio e Maia

Então, Calíope, por heras coroada,
    primeira no seu coro, assim começa:
"Outrora se casou com a titânia Tétis
    o Oceano, que rodeia de água as terras.
Nasceu Pleione, que ao se unir a Atlas celífero,
    como é da fama, as Plêiades pariu.
Dizem que Maia superava em formosura
    as irmãs, e com Jove se deitou.
No ciprestífero Cilene ela pariu
    o deus que corta, alípede, o espaço.
Cultuam-no o Ladão, a Arcádia e o ingente Mênalo,
    que se acha mais antigo do que a Lua.
Desterrado da Arcádia, Evandro aos lácios campos
    chegou trazendo os deuses confiados.
Ali onde agora é Roma, a cabeça do mundo,
    havia mato e pouca rês ou casas.
Quando chegou a mãe presciente, 'Parai', disse,
    'aqui será o lugar de um grande império.'
Mercúrio obedeceu à profetisa mãe,
    e na terra estrangeira se hospedou.
Muitos ritos ao povo ensinou, mas primeiro
    os do Fauno bicórnio e de Mercúrio.
Ó semícapro Fauno, os lupercos cultuam-te
    quando, a chicote, as vias purificam.
Mas tu, deus dos ladrões, da cítara o inventor,
    deste o nome da mãe ao mês de maio
– não foi tua prima reverência: deste à lira
    sete cordas, o número das Plêiades."
Assim falou, e as outras duas a louvaram.
    Que farei? Todas têm os mesmos votos.
Todas as musas igualmente me protejam
    e recebam de mim nem mais nem menos.

1. A K: MAI: F

Ab Ioue surgat opus. Prima mihi nocte uidenda
    stella est in cunas officiosa Iouis:
nascitur Oleniae signum pluuiale Capellae;
    illa dati caelum praemia lactis habet.
Nais Amalthea, Cretaea nobilis Ida,   115
    dicitur in siluis occuluisse Iouem.
Huic fuit haedorum mater formosa duorum,
    inter Dictaeos conspicienda greges,

cornibus aeriis atque in sua terga recuruis,
    ubere, quod nutrix posset habere Iouis.   120
Lac dabat illa deo; sed fregit in arbore cornu,
    truncaque dimidia parte decoris erat.
Sustulit hoc nymphe cinxitque recentibus herbis,
    et plenum pomis ad Iouis ora tulit.
Ille ubi res caeli tenuit solioque paterno   125
    sedit, et inuicto nil Ioue maius erat,
sidera nutricem, nutricis fertile cornu
    fecit, quod dominae nunc quoque nomen habet.

Praestitibus Maiae Laribus uidere Kalendae
    aram constitui paruaque signa deum: 130
uouerat illa quidem Curius, sed multa uetustas
    destruit; et saxo longa senecta nocet.
Causa tamen positi fuerat cognominis illis
    quod praestant oculis omnia tuta suis:
stant quoque pro nobis et praesunt moenibus Vrbis,   135
    et sunt praesentes auxiliumque ferunt.
At canis ante pedes saxo fabricatus eodem
    stabat: quae standi cum Lare causa fuit?
Seruat uterque domum, domino quoque fidus uterque:
    compita grata deo, compita grata cani.   140
Exagitant et Lar et turba Diania fures:
    peruigilantque Lares, peruigilantque canes.
Bina gemellorum quaerebam signa deorum
    uiribus annosae facta caduca morae.

1º de maio – a constelação da Cabra

Que a Jove a obra remonte e de noite verei
    a estrela que serviu, no berço, a Jove.
Nasce a constelação pluvial da Cabra olênia,
    que, em paga pelo leite, o céu ganhou.
Dizem que u'a náiade, famosa no Ida, em Creta,
    Amalteia, escondeu Jove na mata.
Dela era a mãe de dois cabritos, que formosa
    nos rebanhos dicteus se destacava.

A Cornucópia

Co'os altos chifres recurvados sobre o dorso
    e o úbere que podia nutrir Jove,
dava ao deus leite, mas quebrou na árvore um chifre,
    e perdeu a metade da beleza.
Pegou-o a ninfa; em ervas frescas o enrolou;
    de frutas cheio, o pôs na jóvea boca.
Quando obteve o poder do céu e o pátrio trono,
    e nada era maior que o invicto Jove,
de estrelas fez sua nutriz e a Cornucópia,
    que inda mantém o nome de sua dona.

Festa dos Lares Protetores

As Calendas uma ara aos Lares *Protetores*
    viram, co'imagenzinhas, ser erguida.
Cúrio a sagrou, mas derrubou-a a ancianidade
    – longa velhice à pedra é malfazeja.
Mas a razão de seu cognome se mantém,
    pois *protegem* co'os olhos todas coisas.
Também *protegem*-nos e aos muros da cidade
    são *protetores*, trazem-nos auxílio.
Mas a seus pés, numa só pedra, um cão foi feito:
    qual a razão de estar junto dos Lares?
Ambos guardam a casa, ambos são fiéis ao dono,
    ao deus e ao cão agrada a encruzilhada.
A matilha de Diana e o Lar ladrões espantam;
    vigilantes mantêm-se os cães e os Lares.
Dos gêmeos deuses procurei a dupla imagem,
    foi, porém, destruída pelos anos.

Mille Lares Geniumque ducis, qui tradidit illos,   145
   urbs habet, et uici numina terna colunt.

Quo feror? Augustus mensis mihi carminis huius
   ius dabit: interea Diua canenda Bona est.
Est moles natiua, loco res nomina fecit:
   appellant Saxum; pars bona montis ea est.   150
Huic Remus institerat frustra, quo tempore fratri
   prima Palatinae signa dedistis aues;
templa patres illic oculos exosa uiriles
   leniter adcliui constituere iugo.
Dedicat haec ueteris Clausorum nominis heres,   155
   uirgineo nullum corpore passa uirum.
Liuia restituit, ne non imitata maritum
   esset et ex omni parte secuta uirum.

2. B F

Postera cum roseam pulsis Hyperionis astris
   in matutinis lampada tollet equis,   160
frigidus Argestes summas mulcebit aristas,
   candidaque a Calabris uela dabuntur aquis.
At simul inducent obscura crepuscula noctem,
   pars Hyadum toto de grege nulla latet.
Ora micant Tauri septem radiantia flammis,   165
   nauita quas Hyadas Graius ab imbre uocat;
pars Bacchum nutrisse putat, pars credidit esse
   Tethyos has neptes Oceanique senis.
Nondum stabat Atlas umeros oneratus Olympo
   cum satus est forma conspiciendus Hyas: 170
hunc stirps Oceani maturis nixibus Aethra
   edidit et nymphas, sed prior ortus Hyas.
Dum noua lanugo est, pauidos formidine ceruos
   terret, et est illi praeda benigna lepus:
at postquam uirtus annis adoleuit, in apros   175
   audet et hirsutas comminus ire leas;
dumque petit latebras fetae catulosque leaenae,
   ipse fuit Libycae praeda cruenta ferae.
Mater Hyan et Hyan maestae fleuere sorores

Mil Lares e do chefe o Gênio, que lhos deu,
    tem a Urbe, e em cada bairro os três cultuam-se.

Festa da Boa Deusa

Aonde vou? Em seu mês Augusto dará a lei
    aos versos: que hoje eu cante a Boa Deusa.
O nativo maciço ao lugar dá seu nome:
    Rocha o chamam – do monte é boa parte.
Remo ali esteve quando as aves palatinas
    os primeiros sinais deram a Rômulo.
Lá, na subida, os senadores construíram
    um templo que detesta o olhar viril.
Dos velhos Cláudios, Cláudia, a herdeira, que jamais
    por homem foi tocada, o dedicou.
Mas Lívia o restaurou, para imitar o esposo,
    e seguir o marido em todas coisas.

2 de maio – a constelação das Híades

Quando a nova Hiperônia, os astros expulsando,
    nos cavalos trouxer a rósea luz,
o frio Argestes altas messes tocará,
    e às águas da Calábria ir-se-ão as velas.
Assim que o obscuro ocaso introduzir a noite,
    nem u'a parte das Híades se oculta.
Na cabeça do Touro, as sete estrelas brilham
    – da chuva, em grego, o nauta as chama Híades.
Pensam uns que de Baco as amas fossem, outros,
    netas de Tétis e do velho Oceano.
O Olimpo não pesava ainda os ombros de Atlas,
    quando o formoso Hias foi gerado.
Etra, filha do Oceano, a ele e às ninfas pariu,
    no tempo certo, e Hias foi primeiro.
Enquanto é novo o buço, ele os pávidos cervos
    assusta e tem por presa a dócil lebre.
Mas, depois que cresceu, sua coragem ousou
    atacar javalis e leoas bravas.
Ao procurar a toca e as crias de u'a leoa,
    da fera líbia fez-se cruenta presa.
Por Hias as irmãs tristes e a mãe choraram,

ceruicemque polo subpositurus Atlas.   180
Victus uterque parens tamen est pietate sororum:
    illa dedit caelum, nomina fecit Hyas.

'Mater, ades, florum, ludis celebranda iocosis:
    distuleram partes mense priore tuas.
Incipis Aprili, transis in tempora Maii: 185
    alter te fugiens, cum uenit alter habet.
Cum tua sint cedantque tibi confinia mensum,
    conuenit in laudes ille uel ille tuas.
Circus in hunc exit clamataque palma theatris;
    hoc quoque cum Circi munere carmen eat.   190
Ipsa doce quae sis: hominum sententia fallax;
    optima tu proprii nominis auctor eris.'

Sic ego; sic nostris respondit diua rogatis
    (dum loquitur, uernas efflat ab ore rosas):
'Chloris eram quae Flora uocor: corrupta Latino   195
    nominis est nostri littera Graeca sono.
Chloris eram, nymphe campi felicis, ubi audis
    rem fortunatis ante fuisse uiris.
Quae fuerit mihi forma, graue est narrare modestae;
    sed generum matri repperit illa deum.   200
Ver erat, errabam; Zephyrus conspexit, abibam;
    insequitur, fugio: fortior ille fuit.
Et dederat fratri Boreas ius omne rapinae,
    ausus Erecthea praemia ferre domo.
Vim tamen emendat dando mihi nomina nuptae,   205
    inque meo non est ulla querella toro.
Vere fruor semper: semper nitidissimus annus,
    arbor habet frondes, pabula semper humus.
Est mihi fecundus dotalibus hortus in agris;
    aura fouet, liquidae fonte rigatur aquae: 210
hunc meus impleuit generoso flore maritus,
    atque ait "arbitrium tu, dea, floris habe."
Saepe ego digestos uolui numerare colores,
    nec potui: numero copia maior erat.

e Atlas, que o céu carrega na cerviz.
Mas ao amor dos pais superou o das irmãs,
   que lhe deu o céu e fez de Hias seu nome.

As festas Florálias

"Vem, mãe das flores, celebrada nos folguedos:
   adiei no mês passado os teus louvores.
Começaste em abril e em maio continuas,
   têm-te o mês que termina e o que inicia.
Como o começo e o fim dos meses te confinam,
   convêm a abril ou maio os teus louvores.
Em maio acaba o Circo, e há aplausos no teatro,
   pois que também co'o Circo siga o canto.
Diz-me quem és: falaz é a opinião dos homens.
   Serás melhor autora de teu nome".

A deusa Flora

Assim eu disse; assim a deusa me responde,
   e, enquanto fala, rosas saem da boca.
"Eu era Clóris, Flora chamam-me em latim;
   corrompeu-se o som grego do meu nome.
Eu era Clóris, ninfa do campo afortundo,
   onde ouviste que moram venturosos.
Se fui bela, a modéstia impede-me dizer,
   mas minha mãe por genro teve um deus.
Na primavera, eu passeava; viu-me o Zéfiro;
   eu fujo, ele me segue – e foi mais forte.
Quando o irmão Bóreas de Ericteu roubou a filha,
   deu-lhe inteiro direito a tal rapina.
Mas corrigiu o ultraje ao me chamar de esposa,
   e em meu leito não há qualquer querela.
Da primavera eu sempre fruo: o ano é viçoso,
   o chão tem sempre pasto, e a árvore, frondes.
Nos campos que ganhei por dote, o horto é fecundo,
   o vento o afaga, o irriga a água da fonte.
Meu marido o encheu de magníficas flores,
   e diz: 'Deusa, és das flores soberana'.
Eu quis enumerar muitas vezes as cores;
   não pude, eram mais cores do que números.

Roscida cum primum foliis excussa pruina est   215
    et uariae radiis intepuere comae,
conueniunt pictis incinctae uestibus Horae,
    inque leues calathos munera nostra legunt;
protinus accedunt Charites, nectuntque coronas
    sertaque caelestes implicitura comas.   220
Prima per immensas sparsi noua semina gentes:
    unius tellus ante coloris erat;
prima Therapnaeo feci de sanguine florem,
    et manet in folio scripta querella suo.
Tu quoque nomen habes cultos, Narcisse, per hortos,   225
    infelix, quod non alter et alter eras.
Quid Crocon aut Attin referam Cinyraque creatum,
    de quorum per me uolnere surgit honor?

Mars quoque, si nescis, per nostras editus artes:
    Iuppiter hoc, ut adhuc, nesciat usque, precor.   230
Sancta Iouem Iuno nata sine matre Minerua
    officio doluit non eguisse suo.
Ibat ut Oceano quereretur facta mariti;
    restitit ad nostras fessa labore fores.
Quam simul aspexi, "Quid te, Saturnia", dixi   235
    "attulit?" Exponit, quem petat, illa, locum;
addidit et causam. Verbis solabar amicis.
    "Non" inquit "uerbis cura leuanda mea est.
Si pater est factus neglecto coniugis usu
    Iuppiter, et solus nomen utrumque tenet,   240
cur ego desperem fieri sine coniuge mater,
    et parere intacto, dummodo casta, uiro?
Omnia temptabo latis medicamina terris,
    et freta Tartareos excutiamque sinus."
Vox erat in cursu: uoltum dubitantis habebam.   245
    "Nescioquid, nymphe, posse uideris" ait.
Ter uolui promittere opem, ter lingua retenta est:
    ira Iouis magni causa timoris erat.
"Fer, precor, auxilium" dixit, "celabitur auctor",
    et Stygiae numen testificatur aquae.   250
"Quod petis, Oleniis" inquam "mihi missus ab aruis

Logo que o orvalho matinal se esvai das folhas
    e o sol aquece as copas variegadas,
juntas as Horas vêm com vestes matizadas,
    e em leves cestos põem os meus presentes.
Somam-se as Graças, que grinaldas e festões
    tecem para as celestes cabeleiras.
Fui primeira a espargir sementes pelos povos:
    a terra antes de mim só tinha u'a cor.
Fui primeira a fazer flor de sangue espartano,
    e mantêm-se na folha os ais escritos.
Também Narciso tem o nome dos jardins:
    infeliz, por que o outro outro não era.
Que lembrarei de Croco, de Átis ou de Adônis?
    Fiz surgirem troféus de suas feridas.

O nascimento de Marte

Por minhas artes, também Marte foi gerado:
    Jove não o sabe, e eu rogo assim prossiga.
Ao Minerva nascer sem mãe, Juno magoou-se
    por Jove tê-lo feito sem sua ajuda.
Procurou o Oceano a queixar-se do esposo.
    Mas, cansada, parou em minha porta.
Disse tão logo a vi: 'O que te traz, Satúrnia?'
    E o lugar que buscava me explicou,
somando as causas. Amigável, a consolo.
    'Falas', diz, 'não me aquietam a aflição.
Júpiter concebeu sem a ajuda da esposa,
    e sozinho de pai e mãe tem nome.
Que me proíbe de ser mãe sem meu marido,
    e, sem toque viril, casta parir?
Todos remédios que há na terra eu tentarei,
    revolverei o Tártaro e os mares'.
P'ra voz em curso, dúbia a face eu tinha. Diz-me:
    'Pareces poder, ninfa, um não-sei-quê'.
Três vezes eu tentei oferecer ajuda,
    três vezes me calei, temente a Jove.
'Peço-te ajuda', disse. 'O autor será secreto:
    que seja testemunha a água do Estige'.
'O que pedes', responde, 'a flor do campo Olênio

flos dabit: est hortis unicus ille meis.
Qui dabat, 'Hoc' dixit 'sterilem quoque tange iuuencam,
    mater erit': tetigi, nec mora, mater erat."
Protinus haerentem decerpsi pollice florem;   255
    tangitur, et tacto concipit illa sinu.
Iamque grauis Thracen et laeua Propontidos intrat,
    fitque potens uoti, Marsque creatus erat.
Qui memor accepti per me natalis "Habeto
    tu quoque Romulea" dixit "in urbe locum."   260

Forsitan in teneris tantum mea regna coronis
    esse putes, tangit numen et arua meum.
Si bene floruerint segetes, erit area diues:
    si bene floruerit uinea, Bacchus erit;
si bene floruerint oleae, nitidissimus annus,   265
    pomaque prouentum temporis huius habent.
Flore semel laeso pereunt uiciaeque fabaeque,
    et pereunt lentes, aduena Nile, tuae.
Vina quoque in magnis operose condita cellis
    florent, et nebulae dolia summa tegunt.   270
Mella meum munus: uolucres ego mella daturas
    ad uiolam et cytisos et thyma cana uoco.
nos quoque idem facimus tunc, cum iuuenalibus annis
    luxuriant animi, corporaque ipsa uigent.'

Talia dicentem tacitus mirabar; at illa   275
    'Ius tibi discendi, siqua requiris' ait.
'Dic, dea', respondi 'ludorum quae sit origo.'
    Vix bene desieram, rettulit illa mihi:
'Cetera luxuriae nondum instrumenta uigebant;
    aut pecus aut latam diues habebat humum   280
(hinc etiam locuples, hinc ipsa pecunia dicta est);
    sed iam de uetito quisque parabat opes.
Venerat in morem populi depascere saltus,
    idque diu licuit, poenaque nulla fuit;
uindice seruabat nullo sua publica uolgus,   285
    iamque in priuato pascere inertis erat.

dar-te-á: tenho uma só no meu jardim.
Quem ma deu disse: se a tocasse em vaca estéril
   fá-la-ia mãe. Toquei, tornou-se mãe'.
Logo, cortando a flor co'o polegar, segura-a;
   co'ela se toca, e Juno, ao toque, gera.
Grávida, vai à Trácia e à esquerda da Propôntida:
   atendem-se seus votos, nasce Marte.
Por me dever o nascimento, dele ouvi:
   'Terás na Urbe romúlea teu lugar'.

Os poderes de Flora

Talvez penses que seja o meu reino somente
   o das flores: meu nume alcança as leivas.
Se bem floresce a messe, o campo será rico;
   se bem floresce a vinha, haverá Baco;
se bem floresce a oliva, o ano será brilhante,
   e as frutas na estação serão colhidas.
Lesada a flor, morrem as favas e as ervilhas,
   morrem, Nilo estrangeiro, tuas lentilhas.
Mas se a vinha floresce, o vinho feito é posto
   em tonéis, e de espuma as talhas cobrem.
Mel é dom meu: sou eu que a melífera abelha
   chamo aos cravos, tomilhos e violetas;
Sou eu quem também faz nos anos juvenis
   vicejarem os corpos e os espíritos."

Jogos de Flora

Maravilhado e mudo, ao que dizia ouvi:
   "Tens direito a aprender, se algo indagares".
Respondi: "Dize, deusa, a origem de teus jogos".
   Apenas desejei e ela me deu:
"Outrora não havia instrumentos de luxo,
   a riqueza era a terra e a *pecuária* –
o dinheiro, por isso, é chamado *pecúnia*.
   Mas uns na ilicitude enriqueciam.
Acostumou-se o povo a apascentar no bosque,
   isso era permitido sem castigo.
Nenhum guardião da coisa pública cuidava,
   só o preguiçoso em casa apascentava.

Plebis ad aediles perducta licentia talis
    Publicios; animus defuit ante uiris.
Rem populus recipit, multam subiere nocentes:
    uindicibus laudi publica cura fuit.   290
Multa data est ex parte mihi, magnoque fauore
    uictores ludos instituere nouos;
parte locant cliuum, qui tunc erat ardua rupes,
    utile nunc iter est, Publiciumque uocant.'
Annua credideram spectacula facta: negauit,   295
    addidit et dictis altera uerba suis:
'Nos quoque tangit honor: festis gaudemus et aris,
    turbaque caelestes ambitiosa sumus.
Saepe deos aliquis peccando fecit iniquos,
    et pro delictis hostia blanda fuit;   300
saepe Iouem uidi, cum iam sua mittere uellet
    fulmina, ture dato sustinuisse manum.
At si neglegimur, magnis iniuria poenis
    soluitur, et iustum praeterit ira modum.
Respice Thestiaden: flammis absentibus arsit;   305
    causa est, quod Phoebes ara sine igne fuit.
Respice Tantaliden: eadem dea uela tenebat;
    uirgo est, et spretos bis tamen ulta focos.
Hippolyte infelix, uelles coluisse Dionen,
    cum consternatis diripereris equis.   310
Longa referre mora est correcta obliuia damnis:
    me quoque Romani praeteriere patres.
Quid facerem, per quod fierem manifesta doloris?
    Exigerem nostrae qualia damna notae?
Excidit officium tristi mihi: nulla tuebar   315
    rura, nec in pretio fertilis hortus erat.
Lilia deciderant, uiolas arere uideres,
    filaque punicei languida facta croci.
Saepe mihi Zephyrus "Dotes corrumpere noli
    ipsa tuas" dixit: dos mihi uilis erat.   320
Florebant oleae, uenti nocuere proterui:
    florebant segetes, grandine laesa seges.
In spe uitis erat, caelum nigrescit ab Austris
    et subita frondes decutiuntur aqua.
Nec uolui fieri nec sum crudelis in ira;   325

A plebe delatou tal descaro aos edis
   – os Publícios: faltava antes coragem.
Ganhou o povo a causa, e os culpados multaram-se,
   louvaram os guardiães da coisa pública.
Da multa, u'a parte é minha, e, pela grande ajuda,
   os vencedores criaram novos jogos.
Co'o resto fazem u'a ladeira, onde era escarpa,
   e hoje é a via Publícia – útil caminho."
Pensava eu que anuais eram as festas: "Não",
   respondeu, e outros ditos ajuntou:
"Também o honor nos toca: alegram-nos as aras;
   nós deuses somos turma vaidosa.
Sempre que alguém pecando os deuses irritou,
   remiu com meiga vítima os delitos.
Vi Jove, sempre pronto a arremessar os raios,
   reter a mão ao ser-lhe dado incenso.
Porém, se há negligência, a injúria é castigada,
   e a ira ultrapassa a justa proporção.
Lembra o Testíade, que ardeu em falsas chamas,
   porque no altar de Febo faltou fogo.
Lembra o Tantálide: reteve a deusa as velas:
   duas vezes se vingou pelo desprezo.
Desejarias ter cultuado Dione, ó Hipólito,
   quando te espedaçaram os cavalos.
Logo seria relembrar o rol das penas:
   o Senado romano me esqueceu.
O que eu faria? Como a dor manifestar?
   Que castigo exigi por essa ofensa?
Afastei-me do ofício e descuidei dos campos,
   sem me importar se fértil o horto estava.
Morreu o lírio, ressecou a violeta,
   emurcheceu o estame do açafrão.
Zéfiro sempre me dizia: 'Não corrompas
   teu dote', mas o dote me era vil.
Florescia o olival, os ventos machucaram-no;
   floresciam as messes, vinha a geada.
Se a vinha prometia, o Austro tisnava o céu,
   e a água súbita as árvores tombava.
Não quis fazê-lo; nunca fui cruel nas iras;

cura repellendi sed mihi nulla fuit.
Conuenere patres, et, si bene floreat annus,
  numinibus nostris annua festa uouent.
Adnuimus uoto: consul cum consule ludos
  Postumio Laenas persoluere mihi.'   330

Quaerere conabar quare lasciuia maior
  his foret in ludis liberiorque iocus;
sed mihi succurrit numen non esse seuerum,
  aptaque deliciis munera ferre deam.
Tempora sutilibus cinguntur tota coronis,   335
  et latet iniecta splendida mensa rosa;
ebrius incinctis philyra conuiua capillis
  saltat, et imprudens utitur arte meri;
ebrius ad durum formosae limen amicae
  cantat, habent unctae mollia serta comae.   340
Nulla coronata peraguntur seria fronte,
  nec liquidae uinctis flore bibuntur aquae;
donec eras mixtus nullis, Acheloe, racemis,
  gratia sumendae non erat ulla rosae.
Bacchus amat flores: Baccho placuisse coronam   345
  ex Ariadnaeo sidere nosse potes.
Scaena leuis decet hanc: non est, mihi credite, non est
  illa cothurnatas inter habenda deas.
Turba quidem cur hos celebret meretricia ludos
  non ex difficili causa petita subest.   350
Non est de tetricis, non est de magna professis:
  uolt sua plebeio sacra patere choro,
et monet aetatis specie, dum floreat, uti;
  contemni spinam, cum cecidere rosae.
Cur tamen, ut dantur uestes Cerialibus albae,   355
  sic haec est cultu uersicolore decens?
An quia maturis albescit messis aristis,
  et color et species floribus omnis inest?
Adnuit, et motis flores cecidere capillis,
  accidere in mensas ut rosa missa solet.   360
Lumina restabant, quorum me causa latebat,
  cum sic errores abstulit illa meos:

mas não me preocupei em repeli-la.
O Senado reuniu-se e votou que se houvesse
    boa florada, u'a festa anual faria.
Anuí co'o voto; então, os cônsules Postúmio
    e Lenas aplacaram-me co'os jogos."

Os ritos

Ia indagar por que a lascívia em seus folguedos
    era maior, e os jogos, libertinos.
Mas me ocorreu que ela não era u'a deusa grave,
    e que às delícias dons trazia a deusa.
Sutis grinaldas todas têmporas adornam
    e à mesa cobrem rosas espalhadas.
De tílias coroado, o ébrio conviva dança,
    e das artes do vinho usa imprudente.
Canta o ébrio namorado ante a porta da amiga,
    co'a perfumada coma engrinaldada.
Seriedades não há nas frontes coroadas;
    quem de flores se adorna, água não bebe.
Enquanto às uvas o Aquelóo não mesclava,
    colher rosas não tinha nenhu'a graça.
Baco ama as flores: podes ver pelas estrelas
    da Coroa de Ariadna o quanto gosta.
Convém à Flora a cena leve: crê, não é
    p'ra ela estar entre as deusas coturnatas.
Dizer por que razão o meretrício assiste
    a esses jogos é causa não difícil.
Flora não é deusa severa, nem grandiosa
    – quer o coro da plebe abrir seu culto
e exorta a aproveitar a juventude em flor.
    Ao cair a rosa, o espinho é desprezado.
Por que no culto a Ceres se usam vestes brancas,
    mas a Flora convém as variegadas?
Será que, quando amadurece, a messe alveja,
    enquanto as flores são de várias cores?
Ela aprovou. Movida a coma, caíram flores,
    como as rosas que soem tombar nas mesas.
Me ocultava a razão das tochas que restavam,
    quando ela assim tirou as minhas dúvidas:

'Vel quia purpureis conlucent floribus agri,
    lumina sunt nostros uisa decere dies;
uel quia nec flos est hebeti nec flamma colore,   365
    atque oculos in se splendor uterque trahit;
uel quia deliciis nocturna licentia nostris
    conuenit: a uero tertia causa uenit.'
'Est breue praeterea, de quo mihi quaerere restat,
    si liceat' dixi: dixit et illa 'licet'.   370
'Cur tibi pro Libycis clauduntur rete leaenis
    inbelles capreae sollicitusque lepus?'
Non sibi respondit siluas cessisse, sed hortos
    aruaque pugnaci non adeunda ferae.
Omnia finierat: tenues secessit in auras,   375
    mansit odor; posses scire fuisse deam.
Floreat ut toto carmen Nasonis in aeuo,
    sparge, precor, donis pectora nostra tuis.

3. C C

Nocte minus quarta promet sua sidera Chiron
    semiuir et flaui corpore mixtus equi.   380
Pelion Haemoniae mons est obuersus in Austros:
    summa uirent pinu, cetera quercus habet.
Phillyrides tenuit; saxo stant antra uetusto,
    quae iustum memorant incoluisse senem.
Ille manus olim missuras Hectora leto   385
    creditur in lyricis detinuisse modis.
Venerat Alcides exhausta parte laborum,
    iussaque restabant ultima paene uiro.
Stare simul casu Troiae duo fata uideres:
    hinc puer Aeacides, hinc Ioue natus erat.   390
Excipit hospitio iuuenem Philyreius heros,
    et causam aduentus hic rogat, ille docet.
Respicit interea clauam spoliumque leonis,
    'Vir' que ait 'his armis, armaque digna uiro!'
Nec se, quin horrens auderent tangere saetis   395
    uellus, Achilleae continuere manus.
Dumque senex tractat squalentia tela uenenis,
    excidit et laeuo fixa sagitta pede est.
Ingemuit Chiron, traxitque e corpore ferrum:

"Ou porque os campos se iluminam co'as floradas,
    parece que ao meu dia as tochas calham;
ou porque a flor e o fogo têm cores vivazes,
    e de ambos o esplendor seduz os olhos;
ou porque as permissões da noite nos convêm
    às delícias — mas vera é a terça causa".
"Se eu posso, é pouco o que me resta a perguntar",
    foi o que eu disse; disse-me ela: "Podes".
"Me diz por que em vez das leoas, nos teus jogos
    são caçadas a cabra imbele e a lebre?
"Respondeu-me não ser da mata seu domínio,
    mas os jardins e o campo, às feras ínvio.
Tudo findara. Ela partiu nas leves brisas;
    ficou perfume: sabes que era u'a deusa.
P'ra que floresça eternamente o meu poema,
    peço: esparge em meu peito os teus presentes.

3 de maio — a constelação de Sagitário

Antes da quarta noite, ergue seus astros Quíron,
    metade homem, co' um corpo de cavalo.
Na Hemônia existe um monte — o Pélio — ao sul voltado;
    de pinhos, o alto é verde; o resto é robles.
Viveu lá Quíron. Há na velha pedra um antro,
    em que, dizem, morou o justo ancião.
Nos acordes da lira, ele detinha as mãos
    que Heitor um dia à morte levariam.
Chegou Alcides, finda u'a parte dos trabalhos
    — só as derradeiras ordens lhe restavam.
Duas destruições de Troia estavam juntas:
    aqui, o menino Aquiles, e ali Hércules.
O filho de Filira hospeda o moço, e indaga
    o porquê da chegada; aquele explica.
Diz ao olhar a maça e a pele do Leão:
    "Das armas digno é o homem; e elas dele"!
Não se conteve a mão de Aquiles em ousar
    tocar o velocino de hirtas cerdas.
E quando o velho apalpa as armas impregnadas
    de veneno, uma flecha o pé lhe crava.
Quíron gemeu, mas arrancou do corpo o ferro;

adgemit Alcides Haemoniusque puer.   400
Ipse tamen lectas Pagasaeis collibus herbas
    temperat et uaria uolnera mulcet ope;
uirus edax superabat opem, penitusque recepta
    ossibus et toto corpore pestis erat:
sanguine Centauri Lernaeae sanguis echidnae   405
    mixtus ad auxilium tempora nulla dabat.
Stabat, ut ante patrem, lacrimis perfusus Achilles:
    sic flendus Peleus, si moreretur, erat.
Saepe manus aegras manibus fingebat amicis:
    morum, quos fecit, praemia doctor habet.   410
Oscula saepe dedit, dixit quoque saepe iacenti
    'Viue, precor, nec me, care, relinque, pater.'
Nona dies aderat, cum tu, iustissime Chiron,
    bis septem stellis corpora cinctus eras.

5. E C
Hunc Lyra curua sequi cuperet, sed idonea nondum   415
    est uia: nox aptum tertia tempus erit.

6. F C
Scorpios in caelo, cum cras lucescere Nonas
    dicimus, a media parte notandus erit.

9. A LEM: N
Hinc ubi protulerit formosa ter Hesperos ora,
    ter dederint Phoebo sidera uicta locum,   420
ritus erit ueteris, nocturna Lemuria, sacri:
    inferias tacitis manibus illa dabunt.
Annus erat breuior, nec adhuc pia februa norant,
    nec tu dux mensum, Iane biformis, eras:
iam tamen exstincto cineri sua dona ferebant,   425
    compositique nepos busta piabat aui.
Mensis erat Maius, maiorum nomine dictus,
    qui partem prisci nunc quoque moris habet.

Nox ubi iam media est somnoque silentia praebet,
    et canis et uariae conticuistis aues,   430

gemeram juntos Hércules e Aquiles.
Co'ervas colhidas na Tessália, o próprio Quíron
   por várias artes trata da ferida.
Mas o veneno vence o esforço e, fundo, a peste
   nos ossos e no corpo é recebida.
Co'o sangue do Centauro o da Hidra de Lerna
   misturado não dava tempo à ajuda.
Qual se diante do pai, em lágrimas, Aquiles:
   se morresse Peleu, assim chorava.
Co'amigas mãos, as mãos doentes afagava –
   o mestre tem o prêmio do que fez.
Muitas vezes beijou e falou ao jacente:
   "Vive, pai, eu suplico! Não me deixes"!
Ao vir do nono dia, o corpo, ó justo Quíron,
   tinhas cingido por quatorze estrelas.

5 de maio – a constelação de Lira

A Lira o quer seguir, porém, ainda é inidôneo
   o caminho: a terceira noite é a certa.

6 de maio – a constelação de Escorpião

Quando dissermos que amanhã virão as Nonas,
   no céu o Escorpião já será visto.

9, 11 e 13 de maio – as Lemúrias

Quando Héspero mostrar já três vezes a face,
   e a Febo os astros três vezes cederem,
ó Lemúrias, vereis os rituais antigos;
   fareis aos mudos manes sacrifícios.
No ano mais curto, as pias *fébruas* não havia,
   nem Jano era dos meses condutor.
Porém, às frias cinzas, dons eram levados,
   fazia expiação p'r'o avô o neto.
Maio era o mês – dos *maiorais* assim chamado,
   que ainda os antigos usos hoje guarda.

O esconjurar dos manes

À meia-noite, quando sono dá o silêncio,
   e os cães e os vários pássaros se calam,

ille memor ueteris ritus timidusque deorum
    surgit (habent gemini uincula nulla pedes),
signaque dat digitis medio cum pollice iunctis,
    occurrat tacito ne leuis umbra sibi.
Cumque manus puras fontana perluit unda,   435
    uertitur et nigras accipit ante fabas,
auersusque iacit; sed dum iacit, 'Haec ego mitto,
    his' inquit 'redimo meque meosque fabis.'
Hoc nouies dicit nec respicit: umbra putatur
    colligere et nullo terga uidente sequi.   440
Rursus aquam tangit, Temesaeaque concrepat aera,
    et rogat ut tectis exeat umbra suis.
Cum dixit nouies 'manes exite paterni'
    respicit, et pure sacra peracta putat.
Dicta sit unde dies, quae nominis exstet origo   445
    me fugit: ex aliquo est inuenienda deo.

Pliade nate, mone, uirga uenerande potenti:
    saepe tibi est Stygii regia uisa Iouis.
Venit adoratus Caducifer. Accipe causam
    nominis: ex ipso est cognita causa deo.   450

Romulus ut tumulo fraternas condidit umbras,
    et male ueloci iusta soluta Remo,
Faustulus infelix et passis Acca capillis
    spargebant lacrimis ossa perusta suis;
inde domum redeunt sub prima crepuscula maesti,   455
    utque erat, in duro procubuere toro.
Vmbra cruenta Remi uisa est adsistere lecto,
    atque haec exiguo murmure uerba loqui:
'En ego dimidium uestri parsque altera uoti,
    cernite sim qualis, qui modo qualis eram!   460
Qui modo, si uolucres habuissem regna iubentes,
    in populo potui maximus esse meo,
nunc sum elapsa rogi flammis et inanis imago:
    haec est ex illo forma relicta Remo.

o homem que os deuses teme e cumpre os velhos ritos
    levanta-se, e traz nus os gêmeos pés.
Juntando o dedo médio ao polegar, dá estalos,
    p'ra que nenhuma sombra lhe apareça.
Quando, na água da pura fonte as mãos perlava,
    vira-se, apanha adiante negras favas,
joga-as p'ra trás, mas antes diz: "Eu as espalho,
    e pelas favas me redimo, e aos meus".
Nove vezes repete e não se volta: o espectro
    as recolhe e, invisível, o acompanha.
De novo, n'água, o homem se lava; soa o bronze
    e roga de sua casa saia o espectro.
Nove vezes repete: "Ide, manes paternos".
    Olha em volta e reputa pronto o rito.
Fogem-me a origem e o motivo de chamarem-se
    Lemúrias: algum deus revelará.

Invocação a Mercúrio

Filho da Plêiade, me inspira, ó venerando:
    do Jove Estígio muito viste o paço.
Chamado vem o caducífero! Eis do nome
    a causa: o próprio deus foi quem mostrou.

As Lemúrias

Quando os manes do irmão Rômulo sepultou,
    cumprindo ao veloz Remo as honras fúnebres,
Aca, co'a coma solta, e Fáustulo infeliz
    sobre os ossos queimados pranteavam.
Voltaram tristes para casa ao vir da noite,
    e sobre o duro leito se deitaram.
Viu-se achegar ao leito o fantasma de Remo,
    que num murmúrio disse estas palavras:
"Eu, que do vosso amor a metade já tive,
    vede como ora sou, e como eu fui!
Dessem-me o reino há pouco as aves agourentas,
    do meu povo eu seria o maioral.
Hoje sou sombra inane, evadida da pira;
    a forma que restou daquele Remo.

Heu ubi Mars pater est? si uos modo uera locuti, 465
uberaque expositis ille ferina dedit.
Quem lupa seruauit, manus hunc temeraria ciuis
perdidit. O quanto mitior illa fuit!
Saeue Celer, crudelem animam per uolnera reddas,
utque ego, sub terras sanguinulentus eas. 470
Noluit hoc frater, pietas aequalis in illo est:
quod potuit, lacrimas in mea fata dedit.
Hunc uos per lacrimas, per uestra alimenta rogate
ut celebrem nostro signet honore diem.'
Mandantem amplecti cupiunt et bracchia tendunt: 475
lubrica prensantes effugit umbra manus.
Vt secum fugiens somnos abduxit imago,
ad regem uoces fratris uterque ferunt.
Romulus obsequitur, lucemque Remuria dicit
illam, qua positis iusta feruntur auis. 480
Aspera mutata est in lenem tempore longo
littera, quae toto nomine prima fuit;
mox etiam lemures animas dixere silentum:
hic sensus uerbi, uis ea uocis erat.

Fana tamen ueteres illis clausere diebus, 485
ut nunc ferali tempore operta uides;
nec uiduae taedis eadem nec uirginis apta
tempora: quae nupsit, non diuturna fuit.
Hac quoque de causa, si te prouerbia tangunt,
mense malas Maio nubere uolgus ait. 490
Sed tamen haec tria sunt sub eodem tempore festa
inter se nulla continuata die.

11. C LEM: N

Quorum si mediis Boeotum Oriona quaeres,
falsus eris: signi causa canenda mihi.
Iuppiter et lato qui regnat in aequore frater 495
carpebant socias Mercuriusque uias;
tempus erat quo uersa iugo referuntur aratra,
et pronus saturae lac bibit agnus ouis.
Forte senex Hyrieus, angusti cultor agelli,

Meu pai, Marte, onde está? Se é vero o que dissestes,
   ele deu aos expostos feras mamas.
As temerárias mãos civis mataram quem
   a loba alimentou – era mais mansa!
Por u'a ferida, ó sevo Célere, a alma entrega
   e a sangrar como eu às terras baixa!
Meu irmão não quis isso – igual amor é o dele:
   o que pôde me deu: chorou meu fado.
Por vosso pranto e vosso pão, rogai a ele
   que as honras me consagre deste dia".
Fáustulo e Aca os braços mostram p'ra abraçá-lo,
   mas o lúbrico espectro às mãos escapa.
Quando a sombra, ao fugir, levou consigo os sonos,
   os dois ao rei a voz do irmão levaram.
Rômulo acata e de *Remúria* chama o dia
   em que aos avós se levam oferendas.
No longo tempo, foi mudada em branda a rude
   letra que aquele nome começava.
Logo, de *lêmure* chamou à alma dos mortos:
   esse é o sentido e a força da palavra.

Interdição aos casamentos

Como hoje nas Ferais vês os templos fechados,
   naquele tempo os nossos pais cerraram-nos.
Não é bom dia p'ra casar-se viúva ou virgem
   – não terá longa vida a que o fizer.
Por tal razão, se te impressionam os provérbios,
   o povo diz que em maio as más se casam.
Mas não ocorre a trídua festa num só tempo:
   nos contínuos dias, um se insere.

11 de maio – a constelação de Órion

Te frustrarás se a Órion buscares nesses dias:
   vou da constelação cantar a causa.
Júpiter, seu irmão que reina sobre o mar
   e Mercúrio tomaram sócia estrada.
Era a hora em que retorna o arado desjungido,
   e o cordeiro da ovelha bebe o leite.
O velho Hireu, que cultivava parco sítio,

hos uidet, exiguam stabat ut ante casam,   500
atque ita 'longa uia est, nec tempora longa supersunt',
    dixit 'et hospitibus ianua nostra patet.'
Addidit et uoltum uerbis, iterumque rogauit:
    parent promissis dissimulantque deos.
Tecta senis subeunt nigro deformia fumo;   505
    ignis in hesterno stipite paruus erat:
ipse genu nixus flammas exsuscitat aura,
    et promit quassas comminuitque faces.
Stant calices; minor inde fabas, holus alter habebat,
    et spumat testo pressus uterque suo.   510
Dumque mora est, tremula dat uina rubentia dextra:
    accipit aequoreus pocula prima deus.
Quae simul exhausit, 'da nunc bibat ordine' dixit
    'Iuppiter' audito palluit ille Ioue.
Vt rediit animus, cultorem pauperis agri   515
    immolat et magno torret in igne bouem;
quaeque puer quondam primis diffuderat annis
    promit fumoso condita uina cado.
Nec mora, flumineam lino celantibus uluam,
    sic quoque non altis, incubuere toris.   520
Nunc dape, nunc posito mensae nituere Lyaeo;
    terra rubens crater, pocula fagus erant.
Verba fuere Iouis: 'si quid fert impetus, opta:
    omne feres.' Placidi uerba fuere senis:
'Cara fuit coniunx, primae mihi uere iuuentae   525
    cognita, nunc ubi sit quaeritis? Vrna tegit.
Huic ego iuratus, uobis in uerba uocatis,
    "Coniugio" dixi "sola fruere meo."
Et dixi et seruo; sed enim diuersa uoluntas
    est mihi: nec coniunx et pater esse uolo.'   530
Adnuerant omnes, omnes ad terga iuuenci
    constiterant pudor est ulteriora loqui.
Tum superiniecta texere madentia terra:
    iamque decem menses, et puer ortus erat.
Hunc Hyrieus, quia sic genitus, uocat Vriona: 535
    perdidit antiquum littera prima sonum.
Creuerat immensum: comitem sibi Delia sumpsit;
    ille deae custos, ille satelles erat.

diante da exígua casa, os vê e diz:
"Longo é o caminho, e já não resta um longo dia.
   Minha casa está aberta para os hóspedes".
Seguiu a fala ao rosto, e outra vez convidou-os:
   aceitam, mas ser deuses dissimulam.
Entram na casa, enegrecida de fumaça,
   e uma brasa restava entre os tições.
Co'esforço, o velho ajoelha, assopra, excita as chamas,
   e aproxima uns gravetos, que quebrara.
Há num pote menor favas, no outro há verduras,
   e borbulham cobertos com suas tampas.
Enquanto há espera, serve o vinho com mão trêmula;
   Netuno recebeu primeiro a taça.
Dela sorveu e disse: "Agora beba, Júpiter!"
   e o velho, quando ouviu, se empaleceu.
Ao recobrar o ânimo imola o boi que lavra
   o pobre campo e o assa em grande fogo.
Tira o vinho guardado em curado barril,
   que ele, na juventude, ali vertera.
Os deuses, sem tardar, recostam-se nos leitos
   de junco, que de linho são cobertos.
Já com comida, já com vinho as mesas brilham
   – u'a cratera de barro, e, em faia, os copos.
Jove falou: "Se acaso algo desejas, pede,
   tu terás". E do velho as falas foram:
"Jovem eu conheci minha querida esposa.
   Sabeis onde ela está? Uma urna a cobre.
Vos invocando em testemunho, eu lhe jurei:
   'Tu somente fruirás do meu conúbio'.
Disse e conservo. Mas eu tenho outro desejo:
   não quero ser marido, porém, pai".
Anuíram todos; junto à pele de u'a novilha
   põem-se de pé... Seguir é vexatório.
Enterraram a pele encharcada de *urina*,
   e depois de dez meses nasce o filho.
Por como foi gerado, Hireu de Úrion o chama
   – e a prima letra o antigo som perdeu.
Cresceu imenso. A Délia o tem por companheiro,
   guardião e seguidor ele era seu.

Verba mouent iras non circumspecta deorum:
    'Quam nequeam' dixit 'uincere nulla fera est.'   540
Scorpion immisit Tellus: fuit impetus illi
    curua gemelliparae spicula ferre deae;
obstitit Orion. Latona nitentibus astris
    addidit et 'meriti praemia' dixit 'habe.'

12. D NP

Sed quid et Orion et cetera sidera mundo   545
    cedere festinant, noxque coartat iter?
Quid solito citius liquido iubar aequore tollit
    candida, Lucifero praeueniente, dies?
Fallor, an arma sonant? non fallimur, arma sonabant:
    Mars uenit et ueniens bellica signa dedit.   550
Vltor ad ipse suos caelo descendit honores
    templaque in Augusto conspicienda foro.
Et deus est ingens et opus: debebat in urbe
    non aliter nati Mars habitare sui.
Digna Giganteis haec sunt delubra tropaeis: 555
    hinc fera Gradiuum bella mouere decet,
seu quis ab Eoo nos impius orbe lacesset,
    seu quis ab occiduo sole domandus erit.
Perspict Armipotens operis fastigia summi,
    et probat inuictas summa tenere deas;   560
perspicit in foribus diuersae tela figurae,
    armaque terrarum milite uicta suo.
Hinc uidet Aenean oneratum pondere caro
    et tot Iuleae nobilitatis auos;
hinc uidet Iliaden umeris ducis arma ferentem,   565
    claraque dispositis acta subesse uiris.
Spectat et Augusto praetextum nomine templum,
    et uisum lecto Caesare maius opus.
Vouerat hoc iuuenis tum cum pia sustulit arma:
    a tantis princeps incipiendus erat.   570
Ille manus tendens, hinc stanti milite iusto,
    hinc coniuratis, talia dicta dedit:
'Si mihi bellandi pater est Vestaeque sacerdos
    auctor, et ulcisci nume utrumque paro,
Mars, ades et satia scelerato sanguine ferrum,   575

Sua imodesta fala acende a ira dos deuses:
  "Não há fera", ele diz, "que eu não derrote".
A Terra manda u'escorpião, que teve o ímpeto
  de aferroar a deusa mãe dos gêmeos.
Órion o impede; o pôs Latona entre as estrelas
  e disse: "Tem o prêmio que mereces".

12 de maio – templo de Marte Ultor

Por que se apressam em descer do empíreo Órion
  e as estrelas; e a noite se abrevia?
Por que mais rápido, do mar, ergue seu brilho,
  antecipando Lúcifer, o dia?
Me engano, ou armas soam? Não me engano, soam!
  Marte chegou; tocou o sinal da guerra.
O próprio ultor desceu do céu p'ra ver suas honras,
  e no fórum de Augusto os belos templos.
São grandes a obra e o deus. Na cidade dos filhos
  não de outro modo Marte moraria.
É digno dos troféus dos Gigantes seu templo.
  Marte dali deflagra as feras guerras,
se do orbe oriental algu'ímpio nos ataca,
  ou no ocidente há alguém p'ra se domar.
Contempla o armipotente o topo do frontão
  e aprova ter no teto invictas deusas.
Contempla nos portais lanças de muitas formas
  e armas que os seus soldados conquistaram.
Ali vê Eneias, que carrega o caro peso,
  e todos ancestrais dos nobres Júlios.
 Ali vê Rômulo, co'as armas conquistadas
  e, ao fundo, os nobres feitos dos heróis.
Ele observa no templo escrito o augusto nome,
  a obra se engrandeceu quando leu "César".
Votara-o jovem ao tomar as pias armas;
  começou nesse feito o principado.
Erguendo as mãos, tendo de um lado o leal soldado
  e, de outro, os conjurados, disse assim:
"Se eu luto por meu pai e pelo sacerdote
  de Vesta, o nume e o outro eu vingarei.
Ó Marte, vem! Farta de sangue insano a espada,

stetque fauor causa pro meliore tuus.
Templa feres et, me uictore, uocaberis Vltor.'
uouerat, et fuso laetus ab hoste redit.
Nec satis est meruisse semel cognomina Marti:
    persequitur Parthi signa retenta manu.   580
Gens fuit et campis et equis et tuta sagittis
    et circumfusis inuia fluminibus;
addiderant animos Crassorum funera genti,
    cum periit miles signaque duxque simul.
Signa, decus belli, Parthus Romana tenebat,   585
    Romanaeque aquilae signifer hostis erat;
isque pudor mansisset adhuc, nisi fortibus armis
    Caesaris Ausoniae protegerentur opes.
Ille notas ueteres et longi dedecus aeui
    sustulit: agnorunt signa recepta suos.   590
Quid tibi nunc solitae mitti post terga sagittae,
    quid loca, quid rapidi profuit usus equi?
Parthe, refers aquilas, uictos quoque porrigis arcus:
    pignora iam nostri nulla pudoris habes.
Rite deo templumque datum nomenque bis ulto,   595
    et meritus uoti debita soluit honor.
Sollemnes ludos Circo celebrate, Quirites:
    non uisa est fortem scaena decere deum.

13. E LEM: N

Pliadas aspicies omnes totumque sororum
    agmen, ubi ante Idus nox erit una super: 600
tum mihi non dubiis auctoribus incipit aestas,
    et tepidi finem tempora ueris habent.

14. F C

Idibus ora prior stellantia tollere Taurum
    indicat: huic signo fabula nota subest.
Praebuit ut taurus Tyriae sua terga puellae   605
    Iuppiter et falsa cornua fronte tulit,
illa iubam dextra, laeua retinebat amictus,
    et timor ipse noui causa decoris erat;
aura sinus implet, flauos mouet aura capillos:
    Sidoni, sic fueras aspicienda Ioui.   610

à melhor causa volta o teu favor.
Se eu vencer, erguerei um templo a Marte Ultor".
    Promete, e volta ufano do inimigo.
Mas só isso não bastou ao cognome de Marte:
    dos pártias recobraram-se as insígnias.
Era u'a nação por campos, flechas e cavalos
    guardada, e inalcançável, por seus rios.
Animara seu povo o assassínio dos Crassos,
    perderam-se as insígnias e os soldados.
Os pártias tinham das legiões de Roma o orgulho,
    e de Roma o inimigo tinha as águias.
Manter-se-ia a vergonha a não ser que o exército
    de César protegesse os bens da Ausônia.
Ele às antigas marcas pôs fim, e ao ultraje,
    e as insígnias aos seus reencontraram.
Que te serviu de costas flechas atirar,
    ou o uso dos cavalos, ou o lugar?
Parta, entrega co'as Águias teu arco vencido:
    já não tens o penhor de nosso ultraje.
O deus vingado duas vezes ganha um templo,
    e o merecido honor paga o que deve.
Quirites, celebrai no Circo grandes jogos,
    não convêm outra cena ao forte deuses.

13 de maio – a constelação das Plêiades

Vê a Plêiade e todo o coro das irmãs
    na noite da antevéspera dos Idos.
A se crer nos autores, começa o verão
    e termina a estação primaveril.

14 de maio – as constelações das Híades e de Touro

Antes dos Idos, a estrelada boca indica
    o Touro – desse signo existe u'a história.
Júpiter, como um touro, ofereceu o dorso
    à moça tíria; chifres tinha à fronte.
Co'u'a mão ela agarrava os pelos, co'a outra, o manto,
    e o temor lhe causava novo encanto.
O vento as vestes infla e move a loura coma.
    Assim, sidônia, Júpiter te viu.

Saepe puellares subduxit ab aequore plantas,
 et metuit tactus adsilientis aquae;
saepe deus prudens tergum demisit in undas,
 haereat ut collo fortius illa suo.
Litoribus tactis stabat sine cornibus ullis   615
 Iuppiter inque deum de boue uersus erat.
Taurus init caelum: te, Sidoni, Iuppiter implet,
 parsque tuum terrae tertia nomen habet.
Hoc alii signum Phariam dixere iuuencam,
 quae bos ex homine est, ex boue facta dea.   620

Tum quoque priscorum Virgo simulacra uirorum
 mittere roboreo scirpea ponte solet.
Corpora post decies senos qui credidit annos
 missa neci, sceleris crimine damnat auos.
Fama uetus, tum cum Saturnia terra uocata est,   625
 talia fatidici dicta fuisse Iouis:
'Falcifero libata seni duo corpora gentis
 mittite, quae Tuscis excipiantur aquis';
donec in haec uenit Tirynthius arua, quotannis
 tristia Leucadio sacra peracta modo;   630
illum stramineos in aquam misisse Quirites,
 Herculis exemplo corpora falsa iaci.
Pars putat, ut ferrent iuuenes suffragia soli,
 pontibus infirmos praecipitasse senes.
Thybri, doce uerum: tua ripa uetustior Urbe est;   635
 principium ritus tu bene nosse potes.
Thybris harundiferum medio caput extulit alueo
 raucaque dimouit talibus ora sonis:
'Haec loca desertas uidi sine moenibus herbas:
 pascebat sparsas utraque ripa boues,   640
et, quem nunc gentes Tiberim noruntque timentque,
 tunc etiam pecori despiciendus eram.
Arcadis Euandri nomen tibi saepe refertur:
 ille meas remis aduena torsit aquas.
Venit et Alcides, turba comitatus Achiua: 645
 Albula, si memini, tunc mihi nomen erat.
Excipit hospitio iuuenem Pallantius heros,

Amiúde a moça levantava os pés do mar,
   temendo que os borrifos a alcançassem.
Amiúde o deus esperto n'água mergulhou
   p'ra que em seu dorso mais ela agarrasse.
A tocarem a margem, já sem nenhum chifre,
   Jove se transformou de boi em deus.
O touro vai p'r'o céu. Jove, ó Europa, engravida-te,
   e das terras um terço tem teu nome.
Mas a constelação outros dizem que é Io
   – de humana feita vaca, e depois deusa.

A festa dos argeus

A Vesta, de uma ponte, então, também costumam
   arremessar anciãos feitos de junco.
Quem crê que são sexagenários os lançados,
   imputa um ímpio crime aos ancestrais.
É fama antiga, quando a terra era satúrnia,
   que assim Jove fatídico falou:
"Ao falcífero velho, arremessai dois corpos
   em libações, e o rio Tusco o aceite".
E até que lá chegou o Tiríntio, anualmente
   era realizado o triste rito.
Quem for lançar na água os quirites de caniços,
   corpos falsos, como Hércules atire.
Uns creem que os jovens, p'ra sozinhos sufragarem,
   arrojaram de u'a ponte os fracos velhos.
Ó Tibre, ensina o vero: és que a Urbe mais vetusto,
   as origens do rito bem conheces.
O Tibre no álveo ergueu a cabeça arundínea,
   e moveu co'esses sons a rouca boca:
"Neste lugar eu vi os campos sem muralhas,
   nas duas margens pastavam bois dispersos.
E eu, o Tibre, que hoje todos temem e conhecem,
   era até pelo gado desprezado.
Do árcade Evandro o nome ouviste muitas vezes:
   o estrangeiro virou minha água a remos.
Acompanhado dos aqueus, chegou o Alcides:
   Álbula, se me lembro, era o meu nome.
O herói palântio acolhe o jovem como um hóspede,

et tandem Caco debita poena uenit.
Victor abit, secumque boues, Erytheida praedam,
　　abstrahit; at comites longius ire negant.　　　　　　　650
Magnaque pars horum desertis uenerat Argis:
　　montibus his ponunt spemque laremque suum.
Saepe tamen patriae dulci tanguntur amore,
　　atque aliquis moriens hoc breue mandat opus:
"Mittite me in Tiberim, Tiberinis uectus ut undis　　　　655
　　litus ad Inachium puluis inanis eam."
Displicet heredi mandati cura sepulcri:
　　mortuus Ausonia conditur hospes humo;
scirpea pro domino Tiberi iactatur imago,
　　ut repetat Graias per freta longa domos.'　　　　　　660
Hactenus, et subiit uiuo rorantia saxo
　　antra; leues cursum sustinuistis aquae.

15. G EID: NP
Clare nepos Atlantis, ades, quem montibus olim
　　edidit Arcadiis Pleias una Ioui:
pacis et armorum superis imisque deorum　　　　　　　665
　　arbiter, alato qui pede carpis iter,
laete lyrae pulsu, nitida quoque laete palaestra,
　　quo didicit culte lingua docente loqui,
templa tibi posuere patres spectantia Circum
　　Idibus; ex illo est haec tibi festa dies.　　　　　　　670
Te, quicumque suas profitentur uendere merces,
　　ture dato tribuas ut sibi lucra rogant.

Est aqua Mercurii portae uicina Capenae;
　　si iuuat expertis credere, numen habet.
Huc uenit incinctus tunica mercator et urna　　　　　　675
　　purus suffita, quam ferat, haurit aquam.
Vda fit hinc laurus, lauro sparguntur ab uda
　　omnia quae dominos sunt habitura nouos.
Spargit et ipse suos lauro rorante capillos,
　　et peragit solita fallere uoce preces:　　　　　　　　680
'Ablue praeteriti periuria temporis', inquit
　　'ablue praeteritae perfida uerba die.

que, enfim, dá a Caco as penas merecidas.
Sai vencedor; leva consigo os bois da Erítia.
Seus companheiros negam prosseguir.
Deles a maior parte havia vindo de Argos,
e nesses montes põem lar e esperanças.
A saudade da pátria os alcança, porém,
e o moribundo pede um breve esforço:
'Lancem-me ao Tibre! E, pelo Tibre transportado,
que eu, poeira vã, alcance a ináquia praia.'
Porém, o herdeiro se recusa a tais exéquias
e enterra o hóspede morto em chão ausônio.
Ao Tibre, em seu lugar, lança a imagem de vime
para que chegue à Grécia pelo mar".
O Tibre para, volta à gruta no rochedo:
ó água ligeira, o curso detiveste!

15 de maio — invocação a Mercúrio

Chega, ó nobre neto de Atlas, que na Arcádia
de Jove uma das Plêiades gerou.
Juiz na paz e na guerra entre os deuses do céu
e do Orco; que o ar, alípede, percorres;
tu, a quem prazem a lira e o brilhante ginásio,
tu, que às línguas ensinas a eloquência,
dedicaram-te o templo os antigos nos Idos
diante do Circo — e o dia te é festivo.
Os que se jactam de vender suas mercancias,
dando-te incenso, pedem-te seus lucros.

A Fonte de Mercúrio

Junto à Porta Capena há a fonte de Mercúrio
— crendo em quem a conhece, tem poder.
Lá, vai o mercador co'a túnica ajustada,
purificado, encher um vaso de água.
Um galho de loureiro ele ali molha e asperge
co'água os bens que serão de novos donos.
Co'os louros úmidos, borrifa seus cabelos
e, co'a voz que costuma enganar, diz:
"Lava do tempo que passou todos perjúrios,
lava as antigas pérfidas promessas.

Siue ego te feci testem, falsoue citaui
    non audituri numina uana Iouis,
Siue deum prudens alium diuamue fefelli,   685
    abstulerint celeres improba dicta Noti:
et pateant ueniente die periuria nobis,
    nec curent superi siqua locutus ero.
Da modo lucra mihi, da facto gaudia lucro,
    et fac ut emptori uerba dedisse iuuet.'   690
Talia Mercurius poscenti ridet ab alto,
    se memor Ortygias subripuisse boues.

20. D C

At mihi pande, precor, tanto meliora petenti,
    in Geminos ex quo tempore Phoebus eat.
'Cum totidem de mense dies superesse uidebis   695
    quot sunt Herculei facta laboris' ait.
'Dic' ego respondi 'causam mihi sideris huius.'
    Causam facundo reddidit ore deus:
'abstulerant raptas Phoeben Phoebesque sororem
    Tyndaridae fratres, hic eques, ille pugil.   700
Bella parant repetuntque suas et frater et Idas,
    Leucippo fieri pactus uterque gener.
His amor ut repetant, illis ut reddere nolint,
    suadet; et ex causa pugnat uterque pari.
Effugere Oebalidae cursu potuere sequentes,   705
    sed uisum celeri uincere turpe fuga.
Liber ab arboribus locus est, apta area pugnae:
    constiterant illo (nomen Aphidna) loco.
Pectora traiectus Lynceo Castor ab ense
    non exspectato uolnere pressit humum;   710
ultor adest Pollux, et Lyncea perforat hasta,
    qua ceruix umeros continuata premit.
Ibat in hunc Idas, uixque est Iouis igne repulsus;
    tela tamen dextrae fulmine rapta negant.
Iamque tibi, Pollux, caelum sublime patebat,   715
    cum "mea" dixisti "percipe uerba, pater:
quod mihi das uni caelum, partire duobus;
    dimidium toto munere maius erit."
Dixit et alterna fratrem statione redemit:
    utile sollicitae sidus utrumque rati.'   720

Se te fiz meu garante, ou falso te invoquei,
  Jove, querendo tu não me escutasses;
ou se, esperto, enganei alguma deusa ou deus,
  que o Noto tire as ímprobas palavras;
e, se amanhã, os meus perjúrios ocorrerem,
  do que eu disser os súperos não cuidem.
Dá-me os lucros, porém, dá alegria do lucro,
  que minha fala agrade ao comprador".
Do alto, Mercúrio ri dessas preces, lembrando
  de quando ele furtou de Apolo o gado.

20 de maio – a constelação de Gêmeos

O que eu peço é melhor: que me mostres, Mercúrio,
  em que época por Gêmeos passa Febo.
"Quando vires ao mês faltarem tantos dias
  quantos forem de Hércules os feitos".
Falou, e perguntei: "Qual a causa dos astros?"
  e, co'eloquência o deus deu-me a razão:
"Raptaram Febe e a irmã de Febe os dois Tindáridas,
  um, cavaleiro; o outro, pugilista.
Idas e o irmão preparam guerra p'ra buscá-las,
  feitos, num pacto, genros de Leucipo.
O Amor faz que uns as queiram, que outros as não deem:
  pelo mesmo motivo eles combatem.
Poderiam fugir na carreira os ebálides,
  porém, vencer na fuga é vergonhoso.
Havia um descampado apropriado à luta:
  escolheram-no; Afidna era seu nome.
A espada de Linceu varou o peito de Cástor,
  que, co'a imprevista chaga, cai no chão.
Para vingá-lo, chega Pólux, que em Linceu
  enfia a lança, onde o ombro acha a cerviz.
Idas o ataca, mas de Jove o raio o afasta,
  ainda que a mão recuse a desarmar-se.
Já para ti, Pólux, se abria o céu sublime,
  quando disseste: "Ó pai, ouve meus rogos:
o céu que só dás para mim, p'r'os dois divide,
  e meio dom será maior que o todo".
Disse, e o irmão resgatou p'r'os alternos lugares,
  e ambas estrelas são úteis aos barcos.

21. E AGON : NP

Ad Ianum redeat, qui quaerit Agonia quid sint:
    quae tamen in fastis hoc quoque tempus habent.

22. F N

Nocte sequente diem canis Erigoneius exit:
    est alio signi reddita causa loco.

23. G TVB: NP

Proxima Volcani lux est, Tubilustria dicunt: 725
    lustrantur purae, quas facit ille, tubae.

24. H Q: REX C: F

Quattuor inde notis locus est, quibus ordine lectis
    uel mos sacrorum uel fuga regis inest.
Nec te praetereo, populi Fortuna potentis
    publica, cui templum luce sequente datum est.   730

25. A C

Hanc ubi diues aquis acceperit Amphitrite,
    grata Ioui fuluae rostra uidebis auis.
Auferet ex oculis ueniens aurora Booten,
    continuaque die sidus Hyantis erit.

21 de maio – as segundas festas Agonais

Volte a janeiro quem buscar as Agonais,
que nos fastos também têm outra vez.

22 de maio – constelação de Cão

Passada a noite, o dia sai co'o Cão de Erígone:
dessa constelação fala-se alhures.

23 de maio – as festas Tubilústrias

Próximo dia é de Vulcano – as Tubilústrias,
quando purificadas são as tubas.

24 de maio – o ritual Q.R.C.F.

Das quatro letras segue o dia, que, se lidas,
ou a fuga do rei ou um rito mostram.
Não te preterirei, ó Pública Fortuna,
a quem, no dia seguinte, deu-se o templo.

25 de maio – templo da Pública Fortuna

Quando Anfitrite receber na água esse dia,
verás da Águia de Júpiter o bico.
Chegando, a Aurora tira Bootes da visão,
e de noite virão os astros de Hias.

LIVRO VI – JUNHO

Hic quoque mensis habet dubias in nomine causas:
  quae placeat, positis omnibus ipse leges.
Facta canam; sed erunt qui me finxisse loquantur,
  nullaque mortali numina uisa putent.
Est deus in nobis, agitante calescimus illo;   5
  impetus hic sacrae semina mentis habet:
fas mihi praecipue uoltus uidisse deorum,
  uel quia sum uates, uel quia sacra cano.
Est nemus arboribus densum, secretus ab omni
  uoce locus, si non obstreperetur aquis: 10
hic ego quaerebam coepti quae mensis origo
  esset, et in cura nominis huius eram.
Ecce deas uidi, non quas praeceptor arandi
  uiderat, Ascraeas cum sequeretur oues;
nec quas Priamides in aquosae uallibus Idae   15
  contulit: ex illis sed tamen una fuit.

Ex illis fuit una, sui germana mariti;
  haec erat, agnoui, quae stat in arce Iouis.
Horrueram tacitoque animum pallore fatebar;
  tum dea, quos fecit, sustulit ipsa metus.   20
Namque ait 'o uates, Romani conditor anni,
  ause per exiguos magna referre modos,
ius tibi fecisti numen caeleste uidendi,
  cum placuit numeris condere festa tuis:
ne tamen ignores uolgique errore traharis,   25
  Iunius a nostro nomine nomen habet.
Est aliquid nupsisse Ioui, Iouis esse sororem:
  fratre magis dubito glorier anne uiro.
Si genus aspicitur, Saturnum prima parentem
  feci, Saturni sors ego prima fui.   30
A patre dicta meo quondam Saturnia Roma est:
  haec illi a caelo proxima terra fuit.
Si torus in pretio est, dicor matrona Tonantis,
  iunctaque Tarpeio sunt mea templa Ioui.
An potuit Maio paelex dare nomina mensi   35
  hic honor in nobis inuidiosus erit?

Etimologias do nome do mês de junho

Tem também este mês dúbias causas p'r'o nome;
    escolhe a que te agrada entre as que eu mostro.
Eu canto os fatos, mas dirão que eu inventei,
    que não pode um mortal ver nenhum deus.
Há um deus em mim que, ao se agitar, me faz ferver,
    da inspiração esse ímpeto é a semente.
Foi meu direito ver precipuamente os deuses,
    ou por cantar o sacro, ou ser poeta.
Numa densa floresta, afastada das vozes,
    cujo silêncio apenas a água rompe,
do mês que começou eu indaguei a origem,
    e seu nome a atenção me reclamava.
Eis que vi deusas – não as que o ascreu cantor
    da agricultura viu ao pastorear;
nem as que o priâmeo comparou nos vales do Ida,
    ainda que dentre elas uma houvesse.

Junho e Juno

Uma era a irmã do esposo – era, eu reconheci,
    a que no Capitólio está com Jove.
Tremi. A muda palidez traiu meu ânimo;
    mas o medo que fez, tirou-me a deusa.
Pois disse: "Ó vate, ó autor do ano romano, ousaste
    grandes coisas lembrar com versos simples.
Fizeste jus a ver os numes quando as festas
    decidiste compor nos teus compassos.
P'ra que não sigas no erro o vulgo, nem ignores,
    de meu nome provém de junho o nome.
Vale algo ser a irmã de Jove, e sua esposa:
    não sei se me honra mais o irmão, se o esposo.
Considerando o nascimento, fui primeira
    que fiz Saturno pai – primeira filha.
Do nome de meu pai, Satúrnia já foi Roma
– foi sua próxima terra ao sair do céu.
Se vale o leito, sou a matrona do Tonante,
    co'o do Tarpeio Jove está o meu.
Se acaso a amante pôde dar o nome a maio,
    não irei desejar uma honra tal?

Cur igitur regina uocor princepsque dearum,
    aurea cur dextrae sceptra dedere meae?
An facient mensem luces, Lucinaque ab illis
    dicar, et a nullo nomina mense traham?   40
Tum me paeniteat posuisse fideliter iras
    in genus Electrae Dardaniamque domum.
Causa duplex irae: rapto Ganymede dolebam,
    forma quoque Idaeo iudice uicta mea est.
Paeniteat quod non foueo Carthaginis arces,   45
    cum mea sint illo currus et arma loco:
paeniteat Sparten Argosque measque Mycenas
    et ueterem Latio subposuisse Samon:
adde senem Tatium Iunonicolasque Faliscos,
    quos ego Romanis succubuisse tuli.   50
Sed neque paeniteat, nec gens mihi carior ulla est:
    hic colar, hic teneam cum Ioue templa meo.
Ipse mihi Mauors "Commendo moenia" dixit
    "haec tibi: tu pollens urbe nepotis eris."
Dicta fides sequitur: centum celebramur in aris,   55
    nec leuior quouis est mihi mensis honor.
Nec tamen hunc nobis tantummodo praestat honorem
    Roma: suburbani dant mihi munus idem.
Inspice quos habeat nemoralis Aricia fastos
    et populus Laurens Lanuuiumque meum: 60
est illic mensis Iunonius. Inspice Tibur
    et Praenestinae moenia sacra deae,
Iunonale leges tempus: nec Romulus illas
    condidit, at nostri Roma nepotis erat.'

Finierat Iuno, respeximus: Herculis uxor   65
    stabat, et in uoltu signa uigoris erant.
'Non ego, si toto mater me cedere caelo
    iusserit, inuita matre morabor' ait.
'Nunc quoque non luctor de nomine temporis huius:
    blandior, et partes paene rogantis ago,   70
remque mei iuris malim tenuisse precando:
    et faueas causae forsitan ipse meae.
Aurea possedit socio Capitolia templo

Por que me chamam de rainha, então, das deusas
    e à mão deram-me o cetro? Se das *luzes*
dos dias faz-se o mês, de *Lucina*, por elas,
    eu sou chamada; e não dou nome a um mês?
Lamento, pois, fielmente a ira ter lançado
    contra a estirpe de Electra e os dardânios.
Duas causas tinha a ira: afligiam-me o rapto
    de Ganimedes e o juízo ideu.
Lamento porque não favoreço Cartago,
    já que lá estão meu carro e minhas armas.
Lamento que minha Micenas, Samos, Argos
    e Esparta ao Lácio eu tenha submetido,
e mais, o velho Tácio e os meus adoradores
    faliscos, que aos romanos sotopus.
Mas não lamento seja o mais querido povo,
    que, com Jove cultua-me no templo.
Marte me disse: 'A ti confio estas muralhas;
    poderosas serás na Urbe do neto.'
Cumpre-se o dito: em cem altares me cultuam
    e uma honra não menor no mês me deram.
Mas não somente Roma tais honras me presta;
    iguais ofícios prestam-me os subúrbios.
Também consulta os calendários que há na Arícia,
    no povo laurentino e no Lanúvio.
Todos de Juno têm o mês. Consulta em Tíbur
    e nos muros da deusa prenestina
as estações de Juno – a elas não fundou Rômulo,
    uma vez que era Roma de meu neto".

Junho e a juventude

Juno acabou, e olhei p'ra trás. A esposa de Hércules
    chegava; e vi no rosto o seu vigor.
"Se minha mãe, do céu, me ordenasse partir",
    diz, "eu não ficaria a contrariá-la.
Tampouco ora disputo o nome deste mês;
    humilde venho como suplicante.
Prefiro obter rogando o que é meu por direito,
    e talvez favoreças minha causa.
No Capitólio minha mãe divide o templo,

mater et, ut debet, cum Ioue summa tenet;
    at decus omne mihi contingit origine mensis: 75
    unicus est, de quo sollicitamur, honor.
Quid graue, si titulum mensis, Romane, dedisti
    Herculis uxori, posteritasque memor?
Haec quoque terra aliquid debet mihi nomine magni
    coniugis: huc captas adpulit ille boues,   80
hic male defensus flammis et dote paterna
    Cacus Auentinam sanguine tinxit humum.
Ad propiora uocor: populum digessit ab annis
    Romulus, in partes distribuitque duas;
haec dare consilium, pugnare paratior illa est,   85
    haec aetas bellum suadet, at illa gerit.
Sic statuit, mensesque nota secreuit eadem:
    Iunius est iuuenum; qui fuit ante, senum.'

Dixit; et in litem studio certaminis issent,
    atque ira pietas dissimulata foret: 90
uenit Apollinea longas Concordia lauro
    nexa comas, placidi numen opusque ducis.
Haec ubi narrauit Tatium fortemque Quirinum
    binaque cum populis regna coisse suis,
et lare communi soceros generosque receptos,   95
    'His nomen iunctis Iunius' inquit 'habet.'
Dicta triplex causa est. At uos ignoscite, diuae:
    res est arbitrio non dirimenda meo.
Ite pares a me. Perierunt iudice formae
    Pergama: plus laedunt, quam iuuat una, duae.   100

1. H K: IVN: N
Prima dies tibi, Carna, datur dea cardinis haec est:
    numine clausa aperit, claudit aperta suo.
Vnde datas habeat uires, obscurior aeuo
    fama; sed e nostro carmine certus eris.

Adiacet antiquus Tiberino lucus Alerni: 105
    pontifices illuc nunc quoque sacra ferunt.

como deve e, com Jove, ocupa o cume.
Mas da origem do mês toda glória me toca,
    essa única honraria é a que reclamo.
Que mal, romano, há se quiseste à esposa de Hércules
    dar o nome do mês e eterna fama?
Mercê de meu marido, esta terra mos deve;
    ele, afinal, reouve os bois roubados.
Aqui, do fogo protegido – um dom do pai –
    Caco o aventino chão tingiu de sangue.
Rômulo, mais recente, o povo pela idade
    separa e o distribui em duas partes.
Uma é mais apta a aconselhar, a outra, a lutar;
    u'a idade exorta às guerras, outra, as faz.
Ele assim decidiu e separou os meses:
    junho é dos jovens, maio foi dos velhos'.

Junho de "juntar"

Disse. A rivalidade iria litigar
    e a reverência em iras mudaria,
quando, co'os louros apolíneos, vem Concórdia,
    do pacífico deus obra e poder.
Quando contou que Tácio e o valente Quirino
    os dois reinos juntaram com seus povos,
e que entraram em lar comum o genro e o sogro,
    disse: "Vem de *juntar* de junho o nome".
As três causas falei. Porém, perdoai-me, deusas,
    nada dirimirei com meu arbítrio.
Vos vejo iguais. Um julgamento perdeu Troia:
    duas mais atrapalham que uma ajuda.

1 de junho – a deusa Carna

Deusa dos gonzos, Carna, é teu o primeiro dia,
    e tudo, por teu nume, abre-se e fecha.
De onde vem tal poder, o tempo enubla a história,
    porém, pelo meu canto aprenderás.

Carna e Jano

Ergue-se junto ao Tibre a floresta de Alerno,
    onde hoje os sacerdotes prestam cultos.

Inde sata est nymphe (Cranaen dixere priores)
  nequiquam multis saepe petita procis.
Rura sequi iaculisque feras agitare solebat,
  nodosasque caua tendere ualle plagas;   110
non habuit pharetram, Phoebi tamen esse sororem
  credebant, nec erat, Phoebe, pudenda tibi.
Huic aliquis iuuenum dixisset amantia uerba,
  reddebat tales protinus illa sonos:
'Haec loca lucis habent nimis, et cum luce pudoris: 115
  si secreta magis ducis in antra, sequor.'
Credulus ante ut iit, frutices haec nacta resistit,
  et latet et nullo est inuenienda modo.
Viderat hanc Ianus, uisaeque cupidine captus
  ad duram uerbis mollibus usus erat.   120
Nympha iubet quaeri de more remotius antrum,
  utque comes sequitur, destituitque ducem.
Stulta! Videt Ianus quae post sua terga gerantur:
  nil agis, et latebras respicit ille tuas.
Nil agis, en! Dixi: nam te sub rupe latentem   125
  occupat amplexu, speque potitus ait
'Ius pro concubitu nostro tibi cardinis esto:
  hoc pretium positae uirginitatis habe.'
Sic fatus spinam, qua tristes pellere posset
  a foribus noxas (haec erat alba) dedit.   130

Sunt auidae uolucres, non quae Phineia mensis
  guttura fraudabant, sed genus inde trahunt:
grande caput, stantes oculi, rostra apta rapinis;
  canities pennis, unguibus hamus inest;
nocte uolant puerosque petunt nutricis egentes,   135
  et uitiant cunis corpora rapta suis;
carpere dicuntur lactentia uiscera rostris,
  et plenum poto sanguine guttur habent.
Est illis strigibus nomen; sed nominis huius
  causa quod horrenda stridere nocte solent.   140

Siue igitur nascuntur aues, seu carmine fiunt
  neniaque in uolucres Marsa figurat anus,

Ali nasceu u'a ninfa antes chamada Crane,
pedida, em vão, por muitos pretendentes.
Costumava no campo errar e alvejar feras,
e no vale estender redes de caça.
Não tinha aljava, mas que fosse a irmã de Febo
se cria, e isso não era, ó Febo, um opróbrio.
Dissesse-lhe algum moço amorosas palavras,
com tais sons ela logo respondia:
"Aqui tem muita luz, e, co'a luz, há vergonha.
Mas, se p'ra aquela gruta fores, sigo-te".
O incauto segue à frente, e ela fica entre as árvores;
esconde-se, e não pode ser achada.
Um dia, Jano a viu e, tomado de ardor,
à inflexível falou com brandos ditos.
Como costume, a ninfa o manda entrar na gruta
e, enquanto o segue, deixa o condutor.
Tola! Jano percebe o que às costas se passa:
"Nada podes fazer, ele te vê",
eu disse! Então, na rocha em que tu te ocultavas,
possuiu-te; e disse, ao ter o que esperava:
"Tens, por nossa união, o poder sobre os gonzos:
é o prêmio por deixares de ser virgem".
Disse e lhe deu u'a vara branca, que podia
das portas afastar os tristes crimes.

As aves estriges

Há ávidas aves – não aquelas que sujavam
a mesa de Fineu, mas de seu gênero:
olhos fixos, cabeça imensa, bico adunco,
plumagem cinza e, em vez de unhas, ganchos;
Voam de noite, pegam crianças não cuidadas
e, tiradas dos berços, dilaceram-nas;
co'o bico arrancam dos lactentes as entranhas;
têm, do sangue bebido, a goela cheia.
Chamam-se *estriges*: é o motivo de seu nome
o horrível *estridor* que à noite fazem.

Proca

Sejam já pássaros nascidas, sejam velhas
por marso encanto em aves transformadas,

in thalamos uenere Procae: Proca natus in illis
    praeda recens auium quinque diebus erat,
pectoraque exsorbent auidis infantia linguis;   145
    at puer infelix uagit opemque petit.
Territa uoce sui nutrix accurrit alumni,
    et rigido sectas inuenit ungue genas.
Quid faceret? Color oris erat qui frondibus olim
    esse solet seris, quas noua laesit hiems.   150
Peruenit ad Cranaen, et rem docet. Illa 'Timorem
    pone: tuus sospes' dixit 'alumnus erit.'
Venerat ad cunas; flebant materque paterque:
    'Sistite uos lacrimas, ipsa medebor' ait.
Protinus arbutea postes ter in ordine tangit   155
    fronde, ter arbutea limina fronde notat,
spargit aquis aditus (et aquae medicamen habebant)
    extaque de porca cruda bimenstre tenet,
atque ita 'noctis aues, extis puerilibus' inquit
    'parcite: pro paruo uictima parua cadit.   160
Cor pro corde, precor, pro fibris sumite fibras:
    hanc animam uobis pro meliore damus.'
Sic ubi libauit, prosecta sub aethere ponit,
    quique adsint sacris respicere illa uetat:
uirgaque Ianalis de spina subditur alba,   165
    qua lumen thalamis parua fenestra dabat.
Post illud nec aues cunas uiolasse feruntur,
    et rediit puero qui fuit ante color.

Pinguia cur illis gustentur larda Kalendis
    mixtaque cum calido sit faba farre rogas?   170
Prisca dea est, aliturque cibis quibus ante solebat,
    nec petit adscitas luxuriosa dapes.
Piscis adhuc illi populo sine fraude natabat,
    ostreaque in conchis tuta fuere suis;
nec Latium norat quam praebet Ionia diues   175
    nec quae Pygmaeo sanguine gaudet auis;
et praeter pennas nihil in pauone placebat,
    nec tellus captas miserat arte feras.
Sus erat in pretio, caesa sue festa colebant;

chegaram ao quarto de Proca. Cinco dias
    apenas tinha Proca – pasto de aves,
que o peito do menino avidamente lambem.
    Porém, vage o infeliz e pede ajuda.
À voz do alimentando acorre a ama assustada
    e, rasgadas por unhas, acha as faces.
Que fazer? Tinha o rosto a cor de folhas velhas
    que a chegada do inverno machucou.
Procura Crane e explica o havido. Esta responde:
    "Não temas: viverá quem amamentas".
Voltou ao berço e disse ao pai e à mãe chorosos:
    "As lágrimas guardai, que eu o curarei".
Toca três vezes co'o medronho o umbral da porta
    e a soleira, três vezes, co'o medronho;
borrifa co'água a entrada – a água tinha o remédio;
    segura as vísceras de u'a porca e diz:
"Poupai, aves da noite, as vísceras de Proca:
    pelo jovem, morre outra jovem vítima.
Imploro que troqueis um coração por outro:
    por u'a vida melhor, outra vos dou".
Assim, quando libou, pôs sob o céu as vísceras,
    sem deixar ninguém ver o sacrifício.
Levou o dom de Jano – a vara de espinheiro –
    p'ra janela que dava luz ao quarto.
As aves depois disso o berço não violaram,
    e ao menino voltou a antiga cor.

Ritos alimentares

Perguntas por que são comidos nas Calendas
    o farro quente, as favas e o toucinho?
Carna é u'a deusa antiga, e como antes, se nutre:
    por luxo não exige estranhos pratos.
Sem perigo nadava o peixe no seu tempo
    e ficava segura a ostra na concha;
não conhecia o Lácio ainda as perdizes jônias
    ou o grou, que co'o pigmeu sangue se alegra:
senão as penas, do pavão nada agradava,
    nem p'ra armadilha a terra enviava as feras.
Rico era o porco, e o matando festejavam,

terra fabas tantum duraque farra dabat.   180
Quae duo mixta simul sextis quicumque Kalendis
    ederit, huic laedi uiscera posse negant.

Arce quoque in summa Iunoni templa Monetae
    ex uoto memorant facta, Camille, tuo.
Ante domus Manli fuerat, qui Gallica quondam   185
    a Capitolino reppulit arma Ioue.
Quam bene, di magni, pugna cecidisset in illa
    defensor solii, Iuppiter alte, tui!
Vixit, ut occideret damnatus crimine regni:
    hunc illi titulum longa senecta dabat.   190

Lux eadem Marti festa est, quem prospicit extra
    adpositum Tectae porta Capena Viae.

Te quoque, Tempestas, meritam delubra fatemur,
    cum paene est Corsis obruta classis aquis.

Haec hominum monimenta patent: si quaeritis astra,   195
    tunc oritur magni praepes adunca Iouis.

2. A F
Postera lux Hyadas, Taurinae cornua frontis,
    euocat, et multa terra madescit aqua.

3. B C
Mane ubi bis fuerit Phoebusque iterauerit ortus
    factaque erit posito rore bis uda seges,   200
hac sacrata die Tusco Bellona duello
    dicitur, et Latio prospera semper adest.
Appius est auctor, Pyrrho qui pace negata
    multum animo uidit, lumine captus erat.
Prospicit a templo summum breuis area Circum: 205
    est ibi non paruae parua columna notae;

enquanto a terra dava o farro e as favas.
Quem quer que em junho os coma juntos nas Calendas,
das vísceras evita adoecer.

O templo de Juno Moneta

E ainda a Juno Moneta um templo nesse dia
Camilo, por um voto, dedicou
sobre a casa de Mânlio – o que do templo a Jove
Capitolino os gálios repeliu.
Quem dera, ó deuses, nessa luta perecesse
o defensor, ó Jove, de teu solo!
Viveu para morrer por almejar ser rei:
a longa idade dava-lhe esse título.

A festa de Marte

De Marte é o mesmo dia – é visto além da Porta
Capena, sobre a Via Recoberta.

A festa da Tempestade

Tu mereces também, ó Tempestade, um templo
porque quase afundaste as naus em Córsega.

A constelação de Águia

Dos homens veem-se os monumentos: mas, se olhais
as estrelas, vereis a Águia de Jove.

2 de junho – a constelação das Híades; há chuvas

O novo dia chama as Híades, os chifres
da táurea fronte, e encharca de água a terra.

3 de junho – o templo de Belona

De manhã, quando o sol renascer duas vezes,
e duas vezes as messes se orvalharem,
do duelo tusco é o dia outorgado a Belona,
que ao Lácio sempre próspera auxilia.
O autor foi Ápio, que, ao negar a Pirro a paz,
cego que era, viu na alma muitas coisas.
De uma área em frente ao templo, vê-se o alto do Circo:
há um pequeno pilar ali famoso,

hinc solet hasta manu, belli praenuntia, mitti,
    in regem et gentes cum placet arma capi.

4. C C

Altera pars Circi Custode sub Hercule tuta est,
    quod deus Euboico carmine munus habet.   210
Muneris est tempus qui Nonas Lucifer ante est;
    si titulum quaeris, Sulla probauit opus.

5. D NON: N

Quaerebam Nonas Sanco Fidione referrem
    an tibi, Semo pater; tum mihi Sancus ait:
'Cuicumque ex istis dederis, ego munus habebo: 215
    nomina terna fero: sic uoluere Cures.'
Hunc igitur ueteres donarunt aede Sabini,
    inque Quirinali constituere iugo.

6. E N

Est mihi, sitque, precor, nostris diuturnior annis,
    filia, qua felix sospite semper ero.   220
Hanc ego cum uellem genero dare, tempora taedis
    apta requirebam, quaeque cauenda forent:
tum mihi post sacras monstratus Iunius Idus
    utilis et nuptis, utilis esse uiris,
primaque pars huius thalamis aliena reperta est;   225
    nam mihi sic coniunx sancta Dialis ait:
'Donec ab Iliaca placidus purgamina Vesta
    detulerit flauis in mare Thybris aquis,
non mihi detonso crinem depectere buxo,
    non ungues ferro subsecuisse licet,   230
non tetigisse uirum, quamuis Iouis ille sacerdos,
    quamuis perpetua sit mihi lege datus.
Tu quoque ne propera: melius tua filia nubet
    ignea cum pura Vesta nitebit humo.'

7. F N

Tertia post Nonas remouere Lycaona Phoebe   235
    fertur, et a tergo non habet Ursa metum.

de onde, núncio da guerra, o fecial lança um dardo
  ao convir atacar um rei ou povos.

4 de junho – templo de Hércules Guardião

Hércules Guardião o Circo também guarda,
  pois deu-lhe o ofício o deus num canto eubeu.
O tempo desse ofício é o dia antes das Nonas;
  Sula, pela inscrição, a obra aprovou.

5 de junho – templo de Sanco

Eu me indagava a quem atribuir as Nonas,
  se a Sanco, Fídio ou Semo. Sanco disse-me:
"A qualquer um que as deres, meu será o ofício:
  três nomes tenho – os Cures dedicaram-nos".
Assi' os pretéritos sabinos dedicaram-lhe
  no monte Quirinal um santuário.

6 de junho – interdições aos casamentos

Tenho uma filha, por quem rogo muito viva,
  mais do que o tempo que eu mesmo viver.
Como eu queria dá-la a um genro, procurei
  p'r'as bodas quais os dias bons e os maus.
Então, mostraram-me que junho, após os ritos
  dos Idos, é propício à noiva e ao noivo.
Do mês a prima parte aos leitos é contrária,
  assim me disse a esposa do Dial:
"Até que o manso Tibre leve as impurezas
  de Vesta ao mar, nas águas amarelas,
não poderei pentear os cabelos co'o buxo,
  nem as unhas com lâmina aparar,
nem tocar meu marido – ainda que sacerdote
  de Jove, e dado a mim perpetuamente.
Não te apresses: melhor que tua filha se case
  quando Vesta acender no solo o fogo".

7 de junho – a constelação de Bootes

Depois das Nonas, a terceira lua leva
  Licáon, e sem medo vai a Ursa.

Tunc ego me memini ludos in gramine Campi
    aspicere et dici, lubrice Thybri, tuos.

Festa dies illis qui lina madentia ducunt,
    quique tegunt paruis aera recurua cibis.   240

8. G N

Mens quoque numen habet: Mentis delubra uidemus
    uota metu belli, perfide Poene, tui.
Poene, rebellaras, et leto consulis omnes
    attoniti Mauras pertimuere manus.
Spem metus expulerat, cum Menti uota senatus   245
    suscipit, et melior protinus illa uenit.
Aspicit instantes mediis sex lucibus Idus
    illa dies qua sunt uota soluta deae.

9. H VEST : N

Vesta, faue: tibi nunc operata resoluimus ora,
    ad tua si nobis sacra uenire licet.   250
In prece totus eram: caelestia numina sensi,
    laetaque purpurea luce refulsit humus.
Non equidem uidi (ualeant mendacia uatum)
    te, dea, nec fueras aspicienda uiro;
sed quae nescieram quorumque errore tenebar   255
    cognita sunt nullo praecipiente mihi.

Dena quater memorant habuisse Parilia Romam,
    cum flammae custos aede recepta dea est,
regis opus placidi, quo non metuentius ullum
    numinis ingenium terra Sabina tulit.   260
Quae nunc aere uides, stipula tum tecta uideres,
    et paries lento uimine textus erat.
Hic locus exiguus, qui sustinet Atria Vestae,
    tunc erat intonsi regia magna Numae;
forma tamen templi, quae nunc manet, ante fuisse   265
    dicitur, et formae causa probanda subest.
Vesta eadem est et terra: subest uigil ignis utrique:

Festas do Tibre

Lembrei-me, então, que vi no gramado do Campo
    os jogos ditos teus, sinuoso Tibre.

Dia festivo é p'r'os que lançam as tarrafas
    e recobrem com iscas os anzóis.

8 de junho – templo à deusa Mente

Mente é deusa também. Consagrou-se seu templo
    pelo medo de tua guerra, ó púnico.
Te rebelaras; ao morrer o cônsul, todos
    atônitos temeram a hoste maura.
Desesperavam-se de medo, quando à Mente
    fez votos o Senado, e ela acudiu.
Em seis dias precede aos Idos esse dia
    em que os votos à deusa se cumpriram.

9 de junho – invocação a Vesta

Vesta, me ajuda: a teu serviço ponho a voz;
    que de teus ritos possa aproximar-me.
Em meio às preces, eu senti celestial nume,
    e o alegre chão brilhou com luz purpúrea.
Deveras, deusa, não te vi – não minta o vate –
    nem por nenhum varão tu foste vista.
Porém, o que eu não conhecia e em erro tinha,
    sem ter quem me explicasse, eu compreendi.

O templo de Vesta

Quarenta vezes Roma assistira às Parílias,
    quando p'r'o templo a deusa foi levada
– obra do manso rei: ninguém mais reverente
    aos deuses a Sabínia produziu.
Os tetos que hoje vês de bronze eram de palha,
    e as paredes, de vime entrelaçado.
Esse estreito lugar, que hoje é o Átrio da Vesta,
    do cabeludo Numa era o palácio.
Dizem que se mantém a forma que houve o templo,
    resta que se demonstre sua razão.
Iguais são Vesta e a terra: um fogo eterno há nelas:

significant sedem terra focusque suam.
Terra pilae similis, nullo fulcimine nixa,
    aere subiecto tam graue pendet onus: 270
ipsa uolubilitas libratum sustinet orbem,
    quique premat partes angulus omnis abest:
cumque sit in media rerum regione locata,
    ut tangat nullum plusue minusue latus,
ni conuexa foret, parti uicinior esset,   275
    nec medium terram mundus haberet onus.
Arte Syracosia suspensus in aere clauso
    stat globus, immensi parua figura poli,
et quantum a summis, tantum secessit ab imis
    terra; quod ut fiat forma rotunda facit.   280
Par facies templi; nullus procurrit in illo
    angulus, a pluuio uindicat imbre tholus.

Cur sit uirginibus, quaeris, dea culta ministris?
    Inueniam causas hac quoque parte suas.
Ex Ope Iunonem memorant Cereremque creatas   285
    semine Saturni; tertia Vesta fuit.
Vtraque nupserunt, ambae peperisse feruntur;
    de tribus impatiens restitit una uiri.
Quid mirum, uirgo si uirgine laeta ministra
    admittit castas ad sua sacra manus?   290
Nec tu aliud Vestam quam uiuam intellege flammam;
    nataque de flamma corpora nulla uides.
Iure igitur uirgo est, quae semina nulla remittit
    nec capit, et comites uirginitatis amat.

Esse diu stultus Vestae simulacra putaui,   295
    mox didici curuo nulla subesse tholo.
Ignis inexstinctus templo celatur in illo:
    effigiem nullam Vesta nec ignis habet.

Stat ui terra sua: ui stando Vesta uocatur;
    causaque par Grai nominis esse potest.   300

a terra e o foco a casa simbolizam.
A terra é como u'a bola a librar sem apoio,
  grande peso que pende no ar em torno.
A própria rotação mantém suspensa a esfera,
  que não tem nenhum ângulo que a aperte.
Como no meio do universo localiza-se,
  de modo que nenhum lado lhe toquem,
se esférica não fosse iria para um lado,
  e seu peso no centro não 'staria.
Em Siracusa existe um globo no ar suspenso,
  uma pequena imagem do universo.
Separa a terra o mesmo tanto abaixo e acima,
  e faz redonda a forma, como é feita.
Igual é o tolo: nenhum ângulo projeta,
  e a cúpula das chuvas o protege.

Vesta e as virgens

Perguntas por que a deusa é adorada por virgens?
  Nesta parte direi também suas causas.
Da satúrnia semente, Opes, dizem, gerou
  Juno e Ceres, e Vesta foi terceira.
Duas casaram-se e geraram, uma só
  das três negou-se a submeter-se a u'homem.
Que espanta se a u'a virgem virgem serva alegra
  e em seus ritos só admita puras mãos?
Compreende, então, que Vesta é apenas chama viva
  e que não nasce corpo algum das chamas.
Virgem por lei, nunca sementes ganha ou dá,
  e ama, na virgindade, as companheiras.

A imagem de Vesta

Pensei um dia, estulto, ter imagem Vesta;
  logo aprendi que nada havia no *tolo*.
Oculta-se no templo um fogo nunca extinto:
  não têm nenhuma efígie Vesta ou o fogo.

Etimologias

Mantém-se a terra por sua *viço*; daí vem *Vesta*
  — e na palavra grega a causa é a mesma.

At focus a flammis et quod fouet omnia dictus;
    qui tamen in primis aedibus ante fuit.
Hinc quoque uestibulum dici reor; inde precando
    praefamur Vestam, quae loca prima tenet.

Ante focos olim scamnis considere longis   305
    mos erat, et mensae credere adesse deos;
nunc quoque, cum fiunt antiquae sacra Vacunae,
    ante Vacunales stantque sedentque focos.
Venit in hos annos aliquid de more uetusto:
    fert missos Vestae pura patella cibos.   310

Ecce coronatis panis dependet asellis,
    et uelant scabras florida serta molas.
Sola prius furnis torrebant farra coloni
    (et Fornacali sunt sua sacra deae):
subpositum cineri panem focus ipse parabat,   315
    strataque erat tepido tegula quassa solo.
Inde focum seruat pistor dominamque focorum
    et quae pumiceas uersat asella molas.

Praeteream referamne tuum, rubicunde Priape,
    dedecus? est multi fabula parua ioci.   320
Turrigera frontem Cybele redimita corona
    conuocat aeternos ad sua festa deos;
conuocat et satyros et, rustica numina, nymphas;
    Silenus, quamuis nemo uocarat, adest.
Nec licet et longum est epulas narrare deorum: 325
    in multo nox est peruigilata mero.
Hi temere errabant in opacae uallibus Idae,
    pars iacet et molli gramine membra leuat;
hi ludunt, hos somnus habet; pars bracchia nectit
    et uiridem celeri ter pede pulsat humum.   330
Vesta iacet placidamque capit secura quietem,
    sicut erat, positum caespite fulta caput.
At ruber hortorum custos nymphasque deasque
    captat, et errantes fertque refertque pedes;

Da *flama* e do *favor* vem o nome do *foco*,
    que ficava no ádito dos templos.
Creio também daí *vestíbulo*, afinal
    é de onde se começa a orar a Vesta.

Vacuna

Era costume se assentar diante dos focos,
    antigamente, e crer à mesa os deuses.
Hoje também, quando Vacuna é celebrada,
    os vacunais se assentam junto aos focos.
Daqueles anos vem um vetusto costume:
    um prato traz a Vesta as oferendas.

As festas Fornacálias

Uma coroa de pão eis que pende de um burro,
    e às enrugadas mós cobrem festões.
Os colonos, no forno o farro antes torravam,
    são as festas da deusa Fornacal.
No foco é que se assava o pão, sob o borralho
— cacos de telha o quente chão cobriam.
O padeiro, por isso, e a burrinha que guia
    as mós de pedra ao fogo e à deusa adoram.

Priapo e Vesta

Postergarei contar o vexame de Priapo?
    É uma pequena história divertida.
Co'a fronte ornada por turrígera coroa,
    p'ra sua festa Cibele chama os deuses
e os numes rústicos — os sátiros e as ninfas;
    ainda que não chamado, vai Sileno.
Narrar a refeição dos deuses não é lícito,
    porém, passou com muito vinho a noite.
Pelos vales do Ida, uns erravam à toa,
    sobre a relva macia, outros se deitam;
uns jogam; dormem outros: parte enlaça os braços
    e três vezes no solo bate o pé.
Vesta dorme; segura, ela frui da quietude,
    co'a cabeça deitada em verde céspede.
O guardião dos jardins procura ninfa ou deusa
    e leva aqui e ali os pés errantes.

aspicit et Vestam: dubium nymphamne putarit 335
　　an scierit Vestam, scisse sed ipse negat.
Spem capit obscenam, furtimque accedere temptat,
　　et fert suspensos corde micante gradus.
Forte senex, quo uectus erat, Silenus asellum
　　liquerat ad ripas lene sonantis aquae; 340
ibat ut inciperet longi deus Hellesponti,
　　intempestiuo cum rudit ille sono.
Territa uoce graui surgit dea; conuolat omnis
　　turba, per infestas effugit ille manus.
Lampsacos hoc animal solita est mactare Priapo, 345
　　'Apta' canens 'flammis indicis exta damus.'
Quem tu, diua, memor de pane monilibus ornas;
　　cessat opus, uacuae conticuere molae.

Nomine quam pretio celebratior arce Tonantis
　　dicam Pistoris quid uelit ara Iouis. 350
Cincta premebantur trucibus Capitolia Gallis:
　　fecerat obsidio iam diuturna famem.
Iuppiter, ad solium superis regale uocatis,
　　'Incipe' ait Marti; protinus ille refert:
'scilicet ignotum est quae sit fortuna malorum, 355
　　et dolor hic animi uoce querentis eget.
Si tamen ut referam breuiter mala iuncta pudori
　　exigis, Alpino Roma sub hoste iacet.
Haec est cui fuerat promissa potentia rerum,
　　Iuppiter? Hanc terris impositurus eras? 360
Iamque suburbanos Etruscaque contudit arma:
　　spes erat in cursu: nunc lare pulsa suo est.
Vidimus ornatos aerata per atria picta
　　ueste triumphales occubuisse senes;
uidimus Iliacae transferri pignora Vestae 365
　　sede: putant aliquos scilicet esse deos.
At si respicerent qua uos habitatis in arce
　　totque domos uestras obsidione premi,
nil opis in cura scirent superesse deorum,
　　et data sollicita tura perire manu. 370
Atque utinam pugnae pateat locus; arma capessant,

Espia Vesta; cresse fosse u'a ninfa ou Vesta
    é incerto, ele porém nega o soubesse.
U'a esperança indecente o toma, e ele, a furto,
    co'o coração aos pulos se aproxima.
Por acaso, Sileno abandonara o burro
    que o carregara às margens do riacho.
Quando o deus do Helesponto ia já começar,
    co'intempestivo ruído o burro orneja.
Assustada co'o zurro, a deusa se levanta;
    se agita o grupo, e Priapo, entre eles, foge.
Lâmpsaco imola esse animal cantando a Priapo:
    "Damos do delator ao fogo as vísceras".
Lembrada, co'um colar de pães, a deusa o adorna;
    cessa o trabalho; e as mós vazias calam-se.

O altar de Júpiter Pistor

De mais renome que valor, no Capitólio
    direi por que há o altar de Pistor Jove.
Sitiava o Capitólio a horda de feros gálios;
    já o longo cerco fome provocava.
Jove, ao trono real tendo chamado os súperos,
    "Começa" diz a Marte, que responde:
"Há acaso alguém que ignore a fortuna dos males,
    e falta dor na voz da alma queixosa?
Mas exiges que eu lembre os males da vergonha?
    Em suma, Roma jaz sob a hoste alpina.
É essa a promessa de que forte iria ser,
    e que a imporias, Jove, sobre as terras?
Bateu os etruscos e os vizinhos: a esperança
    estava em curso, e agora perde o lar.
Vi, pelo brônzeo átrio pintado, os anciãos
    co'os ornatos triunfais caírem mortos.
Vi tirarem da sede as relíquias da Vesta
    ilíaca: os romanos creem-se deuses.
Porém, se olhassem p'ra colina que habitais,
    e todos vossos templos sitiados,
pensarão que não há esperança nos deuses,
    e que o incenso ofertado se perdeu.
Que à luta se abra espaço, e eles as armas tomem:

et, si non poterunt exsuperare, cadant.
Nunc inopes uictus ignauaque fata timentes
   monte suo clausos barbara turba premit.'
Tunc Venus et lituo pulcher trabeaque Quirinus   375
   Vestaque pro Latio multa locuta suo est.
'Publica' respondit 'cura est pro moenibus istis'
   Iuppiter 'et poenas Gallia uicta dabit.
Tu modo, quae desunt fruges, superesse putentur
   effice, nec sedes desere, Vesta, tuas.   380
Quodcumque est solidae Cereris caua machina frangat
   mollitamque manu duret in igne focus.'
Iusserat, et fratris uirgo Saturnia iussis
   adnuit, et mediae tempora noctis erant.
Iam ducibus somnum dederat labor. Increpat illos   385
   Iuppiter et sacro quid uelit ore docet:
'Surgite, et in medios de summis arcibus hostes
   mittite, quam minime mittere uoltis, opem.'
Somnus abit, quaeruntque, nouis ambagibus acti,
   tradere quam nolint et iubeantur opem.   390
Esse Ceres uisa est; iaciunt Cerialia dona:
   iacta super galeas scutaque longa sonant.
Posse fame uinci spes excidit: hoste repulso
   candida Pistori ponitur ara Ioui.

Forte reuertebar festis Vestalibus illa   395
   quae Noua Romano nunc Via iuncta foro est:
huc pede matronam nudo descendere uidi;
   obstipui tacitus sustinuique gradum.
Sensit anus uicina loci, iussumque sedere
   adloquitur, quatiens uoce tremente caput: 400
'Hoc, ubi nunc fora sunt, udae tenuere paludes;
   amne redundatis fossa madebat aquis.
Curtius ille lacus, siccas qui sustinet aras,
   nunc solida est tellus, sed lacus ante fuit;
qua Velabra solent in Circum ducere pompas,   405
   nil praeter salices cassaque canna fuit:
saepe suburbanas rediens conuiua per undas
   cantat et ad nautas ebria uerba iacit.

se vencer não puderem, que pereçam.
Hoje, famintos, a temer u'a ignava sina,
    presos no monte, os cerca a turma bárbara".
Co'a trábea e o lítuo, então, Quirino, Vesta e Vênus
    em prol do Lácio seu muito falaram.
Jove responde: "A inquietação por esses muros
    é pública; suas penas terá a Gália.
Tu, Vesta, faz pensar-se haver dos grãos que faltam
    abundância, e não deixes teu lugar.
Toda Ceres que houver inteira, o moinho esmague,
    que mãos a amassem e assem-na no foco".
Jove ordenou: a virgem filha de Saturno
    obedece ao irmão, à meia-noite.
Já sono aos generais dera a fadiga; Júpiter
    os impreca, e co'a sacra boca ensina:
"Erguei-vos e lançai dos muros, nos imigos,
    o recurso que menos dar quiserdes".
O sono vai-se, eles se indagam intrigados
    que recurso não querem entregar.
Viram ser Ceres. Pães arrojam – dons de Ceres –,
    que, caindo nos escudos e elmos, soam.
Desistem de os vencer por fome. O imigo expulso,
    ergue-se um branco altar a Pistor Jove.

As matronas descalças nas Vestálias

Voltava eu certa vez das Vestálias, por onde
    a Via Nova encontra hoje co'o Fórum,
e vi dali descer u'a matrona descalça.
    Calei-me e, pasmo, o andar interrompi.
Perto, uma velha percebeu, mandou sentar-me
    e disse, tremulando a nuca e a voz:
"Onde hoje é o Fórum, u'alagado brejo havia
    em que o rio empoçava a água das cheias
– o Lago Cúrcio, que sustenta secas aras,
    hoje um chão firme, foi outrora um lago.
No Velabro, por onde ao circo as pompas seguem,
    antes só havia juncos e salgueiros.
Sempre quem dos festins retorna pelas águas
    canta e diz p'r'o barqueiro ébrias palavras.

Nondum conueniens diuersis iste figuris
    nomen ab auerso ceperat amne deus.   410
Hic quoque lucus erat iuncis et harundine densus
    et pede uelato non adeunda palus.
Stagna recesserunt et aquas sua ripa coercet,
    siccaque nunc tellus: mos tamen ille manet.'
Reddiderat causam. 'Valeas, anus optima' dixi;   415
    'quod superest aeui molle sit omne tui.'

Cetera iam pridem didici puerilibus annis,
    non tamen idcirco praetereunda mihi.
Moenia Dardanides nuper noua fecerat Ilus
    (Ilus adhuc Asiae diues habebat opes);   420
creditur armiferae signum caeleste Mineruae
    urbis in Iliacae desiluisse iuga.
Cura uidere fuit: uidi templumque locumque;
    hoc superest illi, Pallada Roma tenet.
Consulitur Smintheus, lucoque obscurus opaco   425
    hos non mentito reddidit ore sonos:
'Aetheriam seruate deam, seruabitis urbem:
    imperium secum transferet illa loci.'
Seruat et inclusam summa tenet Ilus in arce,
    curaque ad heredem Laomedonta redit;   430
sub Priamo seruata parum: sic ipsa uolebat,
    ex quo iudicio forma reuicta sua est.
Seu gener Adrasti, seu furtis aptus Ulixes,
    seu fuit Aeneas, eripuisse ferunt;
auctor in incerto, res est Romana: tuetur   435
    Vesta, quod assiduo lumine cuncta uidet.
Heu quantum timuere patres, quo tempore Vesta
    arsit et est tectis obruta paene suis!
Flagrabant sancti sceleratis ignibus ignes,
    mixtaque erat flammae flamma profana piae;   440
attonitae flebant demisso crine ministrae:
    abstulerat uires corporis ipse timor.
Prouolat in medium, et magna 'succurrite' uoce,
    'Non est auxilium flere' Metellus ait.
'Pignora uirgineis fatalia tollite palmis: 445

O deus *Vertuno*, cujo nome bem convém
   por *averter* o rio, ainda o não tinha.
Havia ali também um bosque de juncais
   e um charco, em que ninguém calçado entrava.
Drenou-se o lago, confinou-se a água nas margens;
   seco hoje é o chão, mas o costume se mantém".
Narrou-me a causa, e eu disse: "Boa velha, obrigado!
   Que seja suave o tempo que te sobra".

O Paládio

O resto eu já aprendi desde os anos de infância;
   então, por isso eu nada omitirei.
Novas muralhas o dardânio Ilo fizera,
   da rica Ásia eram seus ainda os recursos.
Crê-se que uma celeste imagem de Minerva
   armífera desceu aos montes de Ílion.
Fiquei curioso em ver, e vi o templo e o lugar;
   lá estão. Porém, em Roma está o Paládio.
Consultado o Esminteu, o obscuro respondeu
   no opaco bosque, sem mentir, tais sons:
"Guardai a deusa etérea e guardareis a Urbe.
   Muda ela de lugar consigo o império".
Na cidadela, Ilo a conserva e a tem fechada,
   e transmite o cuidado a Laomedonte.
Príamo a não guardou: assim ela queria,
   em revide ao juízo da beleza.
Dizem que foi roubada, ou por Ulisses, apto
   aos furtos, por Eneias ou Diomedes.
O autor é incerto; ela é romana. Guarda-a Vesta,
   que todas coisas vê co'olhar assíduo.
Quanto o Senado temeu quando Vesta ardeu
   e quase foi esmagada por seus tetos!
Com louca flama crepitava o santo fogo,
   profana chama à pia misturava-se.
Descabelando-se, as ministras pranteavam:
   do corpo a força o medo lhes tirara.
Corre p'r'o meio e diz Metelo, em magna fala:
   "Socorrei; só chorar não traz ajuda.
Co'as virgens mãos salvai os penhores do Fado;

non ea sunt uoto, sed rapienda manu.
Me miserum! Dubitatis?' ait. Dubitare uidebat
et pauidas posito procubuisse genu.
Haurit aquas, tollensque manus 'Ignoscite', dixit
'sacra: uir intrabo non adeunda uiro. 450
Si scelus est, in me commissi poena redundet:
sit capitis damno Roma soluta mei.'
Dixit, et inrupit: factum dea rapta probauit,
pontificisque sui munere tuta fuit.
Nunc bene lucetis sacrae sub Caesare flammae: 455
ignis in Iliacis nunc erit estque focis;
nullaque dicetur uittas temerasse sacerdos
hoc duce, nec uiua defodietur humo:
sic incesta perit, quia, quam uiolauit, in illam
conditur: est Tellus Vestaque numen idem. 460

Tum sibi Callaico Brutus cognomen ab hoste
fecit et Hispanam sanguine tinxit humum.

Scilicet interdum miscentur tristia laetis,
ne populum toto pectore festa iuuent:
Crassus ad Euphraten aquilas natumque suosque 465
perdidit, et leto est ultimus ipse datus.
'Parthe, quid exsultas?' Dixit dea 'Signa remittes,
quique necem Crassi uindicet ultor erit.'

10. A N
At simul auritis uiolae demuntur asellis,
et Cereris fruges aspera saxa terunt, 470
nauita puppe sedens 'Delphina uidebimus', inquit
'umida cum pulso nox erit orta die.'

11. B MATR: N uel NP
Iam, Phryx, a nupta quereris, Tithone, relinqui,
et uigil Eois Lucifer exit aquis:
ite, bonae matres (uestrum Matralia festum), 475
flauaque Thebanae reddite liba deae.

não votos, porém mãos devem pegá-los.
Ai de mim! Hesitais"? Disse; as via hesitar
 e, pávidas, de joelho se arrojarem.
Bebeu água, elevou as mãos: "Perdoai, relíquias!
 Onde varão não entra, eu entrarei.
Se for u'ultraje, que recaia em mim a pena,
 que minha vida pague Roma a salvo".
Disse e arrojou-se; a deusa, apanhada, aprovou:
 foi salva pelo empenho do pontífice.
Ó sacras chamas, bem luzis às leis de César.
 No foco há agora e sempre o fogo ilíaco;
sacerdotisa alguma irá ultrajar as fitas,
 ou no chão será viva sepultada:
assim perece a impura, e no chão que manchou
 é enterrada, pois Terra é a mesma Vesta.

Tarquínio Bruto

Pelo Calaico imigo apelidou-se Bruto,
 e de sangue tingiu a terra hispana.

A morte de Crasso

Misturam-se, no entanto, alegria e tristeza,
 para que o povo, a toda, não festeje.
No Eufrates, Crasso perde os seus, o filho e as Águias,
 e ele próprio foi dado, enfim, à morte.
"Que exultas, pártio?", disse a deusa. "Entrega as Águias;
 U'ultor virá vingar de Crasso a morte".

10 de junho – a constelação do Golfinho

Quando as violetas são tiradas do orelhudo
 asno, e os grãos são moídos pelas pedras,
da popa um nauta diz: "Veremos o Golfinho
 úmido, findo o dia, ao vir da noite".

11 de junho – as festas Matrálias e Mãe Matuta

Já te queixas, Titono, abandonar-te a esposa.
 No leste as águas deixa vígil Lúcifer.
Boas mães, ide às vossas festas, às Matrálias,
 dai à deusa tebana os flavos libos.

Pontibus et magno iuncta est celeberrima Circo
    area, quae posito de boue nomen habet.
Hac ibi luce ferunt Matutae sacra parenti
    sceptriferas Serui templa dedisse manus.   480
Quae dea sit, quare famulas a limine templi
    arceat (arcet enim) libaque tosta petat,
Bacche racemiferos hedera distincte capillos,
    si domus illa tua est, derige uatis opus.

Arserat obsequio Semele Iouis: accipit Ino   485
    te, puer, et summa sedula nutrit ope.
Intumuit Iuno, raptum quod paelice natum
    educet: at sanguis ille sororis erat.
Hinc agitur furiis Athamas et imagine falsa,
    tuque cadis patria, parue Learche, manu;   490
maesta Learcheas mater tumulauerat umbras
    et dederat miseris omnia iusta rogis.
Haec quoque, funestos ut erat laniata capillos,
    prosilit et cunis te, Melicerta, rapit.
Est spatio contracta breui, freta bina repellit,   495
    unaque pulsatur, terra, duabus aquis:
huc uenit insanis natum complexa lacertis,
    et secum celso mittit in alta iugo.
Excipit inlaesos Panope centumque sorores,
    et placido lapsu per sua regna ferunt.   500
Nondum Leucothea, nondum puer ille Palaemon
    uerticibus densi Thybridis ora tenent.
Lucus erat, dubium Semelae Stimulaene uocetur;
    maenadas Ausonias incoluisse ferunt:
quaerit ab his Ino quae gens foret. Arcadas esse   505
    audit et Euandrum sceptra tenere loci;
dissimulata deam Latias Saturnia Bacchas
    instimulat fictis insidiosa sonis:
'O nimium faciles, o toto pectore captae,
    non uenit haec nostris hospes amica choris.   510
Fraude petit, sacrique parat cognoscere ritum:
    quo possit poenas pendere pignus habet.'
Vix bene desierat, complent ululatibus auras

Junto às pontes e ao Circo está a área celebérrima
    cujo nome provém de um boi lá posto.
Dizem que nesse dia, ali, à mãe Matuta
    as régias mãos de Sérvio um templo ergueram.
Qual deusa é? Por que do umbral do templo afasta
    as servas, e tostados libos pede?
Baco, que entranças os cabelos co'hera e vinhas,
    se esta é tua casa, guia a obra do vate.

Ino e Melicerte

Por obséquio de Jove ardeu Sêmele. Ino
    acolheu-te, ó menino, e alimentou-te.
Juno irritou-se, porque ao filho da rival
    ela cria – porém da irmã é o sangue.
Com falsa imagem, ela Atamas enlouquece
    e, pela mão paterna, ó Learco, morres.
Triste, a mãe de Learco os manes sepultou
    e cumpriu junto à pira as justas honras.
Ela também, descabelada pelo luto,
    ó Melicerto, ao berço corre e arranca-te.
Pequeno espaço é o que repele o duplo mar,
    contra u'a só terra duas águas chocam-se.
Por ali vai; nu'abraço insano leva o filho
    e, co'ele, da alta penha, pula ao mar.
Panope e as cem irmãs ilesos os recebem
    e em manso curso os levam por seu reino.
Os que ainda não eram Leocótea e Palemo
    chegam à foz do Tibre caudaloso.
Chamada Sêmela ou Estímulas, há u'a mata
    habitada por Mênades ausônias:
"Que povo é", Ino pergunta. Ouve são árcades,
    e Evandro empunha o cetro do lugar.
Disfarçada, a satúrnia insidiosa atiça
    as bacantes latinas com sons falsos:
"Ó muito crédulas, cativas pelo peito!
    Essa estrangeira amiga a nós não chega.
Por fraude intenta conhecer o sacro rito:
    um filho ela possui para o castigo!"
Só o disse, e as tíades de ululos o ar encheram,

thyiades, effusis per sua colla comis,
iniciuntque manus puerumque reuellere pugnant. 515
　　Quos ignorat adhuc, inuocat illa deos:
'Dique uirique loci, miserae succurrite matri.'
　　Clamor Auentini saxa propinqua ferit.
Adpulerat ripae uaccas Oetaeus Hiberas;
　　audit, et ad uocem concitus urget iter: 520
Herculis aduentu quae uim modo ferre parabant
　　turpia femineae terga dedere fugae.
'Quid petis hinc', (cognorat enim) 'matertera Bacchi?
　　An numen, quod me, te quoque uexat?' ait.
Illa docet partim, partim praesentia nati 525
　　continet, et furiis in scelus isse pudet.
Rumor, ut est uelox, agitatis peruolat alis,
　　estque frequens, Ino, nomen in ore tuum.
Hospita Carmentis fidos intrasse penates
　　diceris et longam deposuisse famem. 530
Liba sua properata manu Tegeaea sacerdos
　　traditur in subito cocta dedisse foco.
Nunc quoque liba iuuant festis Matralibus illam;
　　rustica sedulitas gratior arte fuit.
'Nunc', ait 'o uates, uenientia fata resigna, 535
　　qua licet: hospitiis hoc, precor, adde meis.'
Parua mora est, caelum uates ac numina sumit,
　　fitque sui toto pectore plena dei;
uix illam subito posses cognoscere, tanto
　　sanctior et tanto, quam modo, maior erat. 540
'Laeta canam: gaude, defuncta laboribus Ino'
　　dixit, 'et huic populo prospera semper ades.
Numen eris pelagi: natum quoque pontus habebit.
　　In uestris aliud sumite nomen aquis:
Leucothea Grais, Matuta uocabere nostris; 545
　　in portus nato ius erit omne tuo,
quem nos Portunum, sua lingua Palaemona dicet.
　　Ite, precor, nostris aequus uterque locis.'
Adnuerat, promissa fides; posuere labores,
　　nomina mutarunt: hic deus, illa dea est. 550

co'as cabeleiras soltas sobre os ombros.
Lançam as mãos, tentando arrancar-lhe o menino.
   Quais deuses são não sabe, mas os chama:
"Deuses e homens, socorrei a pobre mãe".
   O clamor fere a rocha do Aventino.
O herói eteu pela ribeira guiara as vacas.
   Escuta e, para a voz, muda o caminho.
Quando Hércules chegou, as mulheres, há pouco
   tão violentas, em fuga se puseram.
"Tia de Baco", a reconhece, "o que aqui fazes?
   O nume que me vexa, a ti também?"
U'a parte ela contou; a presença do filho
   a contém – envergonha-se do crime.
Rumor, veloz como é, voa co'asas ligeiras,
   e na boca tem sempre, Ino, teu nome.
Pelos penates de Carmenta dizes foste
   hospedada, e findaste a longa fome.
Co'a mão ofereceu os libos a tegeia
   sacerdotisa, e os pôs a assar no foco.
Nas Matrálias também hoje os libos agradam;
   a rústica presteza é mais que a arte.
Diz Ino: "Ó vate, conta agora o meu futuro,
   se podes. Peço, por eu ser tua hóspede".
Logo a sacerdotisa o divo nume acolhe
   e seu peito do deus inteiro se enche.
Só a custo poder-se-ia a conhecer, tão santa
   e tão maior do que antes era então:
"Digo feliz: te alegra, os trabalhos findaste;
   que sejas, Ino, próspera a este povo.
Serás nume do mar: e o ponto terá um filho
   – impõe a tuas águas novo nome.
Leocótea os gregos chamarão, e nós, Matuta;
   dos *portos* todo jus cabe a teu filho,
que, p'ra nós é *Portuno* e, em sua língua, Palemo.
   Ide, e com nossas terras sede justos".
Anuiu e prometeu: os trabalhos findaram:
   ela deusa e ele deus se renomearam.

Cur uetet ancillas accedere quaeritis? Odit,
  principiumque odii, si sinat illa, canam.
Vna ministrarum solita est, Cadmei, tuarum
  saepe sub amplexus coniugis ire tui.
improbus hanc Athamas furtim dilexit; ab illa   555
  comperit agricolis semina tosta dari:
ipsa quidem fecisse negas, sed fama recepit:
  hoc est cur odio sit tibi serua manus.
Non tamen hanc pro stirpe sua pia mater adoret:
  ipsa parum felix uisa fuisse parens.   560
Alterius prolem melius mandabitis illi:
  utilior Baccho quam fuit illa suis.
Hanc tibi 'Quo properas?' Memorant dixisse, Rutili,
  'luce mea Marso consul ab hoste cades.'
Exitus accessit uerbis, flumenque Toleni   565
  purpureum mixtis sanguine fluxit aquis.

Proximus annus erat: Pallantide caesus eadem
  Didius hostiles ingeminauit opes.

Lux eadem, Fortuna, tua est, auctorque locusque;
  sed superiniectis quis latet iste togis?   570
Seruius est, hoc constat enim: sed causa latendi
  discrepat, et dubium me quoque mentis habet.
Dum dea furtiuos timide profitetur amores,
  caelestemque homini concubuisse pudet
(arsit enim magno correpta cupidine regis,   575
  caecaque in hoc uno non fuit illa uiro),
nocte domum parua solita est intrare fenestra,
  unde Fenestellae nomina porta tenet.
Nunc pudet, et uoltus uelamine celat amatos,
  oraque sunt multa regia tecta toga.   580
An magis est uerum post Tulli funera plebem
  confusam placidi morte fuisse ducis:
nec modus ullus erat, crescebat imagine luctus,
  donec eum positis occuluere togis?

Os ritos

Perguntais por que escrava entrar não pode: o ódio;
  e se Ino permitir direi a causa.
Filha de Cadmo, u'a escrava tua costumava
  de teu marido abraços receber.
A furto, Atamas deliciou-a, e dela soube
  que aos lavradores grãos torrados deste.
Negas o feito, mas a fama recebeste;
  é por isso que a escrava mão odeias.
Que a pia mãe por sua estirpe não implore,
  ela própria infeliz mãe se mostrou.
A prole de outra mandareis melhor a ela,
  que a Baco foi mais útil que a seus filhos:
"Por que apressas?" A Rutílio ela indagou.
  "Cônsul, te matará um marso em meu dia".
Cumpre-se a predição, e as águas do Toleno
  misturadas com sangue fluem purpúreas.

Morte de Dídio

Na mesma Aurora do ano próximo, ao morrer,
  Dídio aumentou as forças inimigas.

Templo da Fortuna e a estátua velada

São mesmos teus, Fortuna, o dia, o espaço e o autor;
  quem é esse porém na toga oculto?
É Sérvio, e é assim que consta: as causas de ocultar-se
  discrepam-se, e também incerto fico.
Enquanto a deusa goza tímida os amores
  e avexa-se de haver co'homem deitado
– pois de desejo pelo rei tomada, ardeu-se,
  e ele não foi o único a cegá-la,
enquanto por um *fenestral* de noite entrava,
  por isso a porta chama *Fenestela*.
Hoje envergonha-se, e os amados rostos cobre:
  do rei as faces muitas togas velam.
Mais vero é que depois dos funerais de Túlio,
  a morte do bom rei turbava a plebe.
O luto era sem fim, e crescia co'a imagem,
  até que com u'a toga o recobriram.

Tertia causa mihi spatio maiore canenda est;   585
    nos tamen adductos intus agemus equos.
Tullia coniugio, sceleris mercede, peracto
    his solita est dictis exstimulare uirum:
'Quid iuuat esse pares, te nostrae caede sororis
    meque tui fratris, si pia uita placet?   590
Viuere debuerant et uir meus et tua coniunx,
    si nullum ausuri maius eramus opus.
Et caput et regnum facio dotale parentis.
    Si uir es, i, dictas exige dotis opes.
regia res scelus est: socero cape regna necato,   595
    et nostras patrio sanguine tingue manus.'
Talibus instinctus solio priuatus in alto
    sederat: attonitum uolgus in arma ruit:
hinc cruor et caedes, infirmaque uincitur aetas:
    sceptra gener socero rapta Superbus habet.   600
Ipse sub Esquiliis, ubi erat sua regia, caesus
    concidit in dura sanguinulentus humo.
Filia carpento, patrios initura penates,
    ibat per medias alta feroxque uias.
Corpus ut aspexit, lacrimis auriga profusis   605
    restitit; hunc tali corripit illa sono:
'Vadis, an exspectas pretium pietatis amarum?
    duc, inquam, inuitas ipsa per ora rotas.'
Certa fides facti: dictus Sceleratus ab illa
    uicus, et aeterna res ea pressa nota.   610
Post tamen hoc ausa est templum, monimenta parentis
    tangere: mira quidem, sed tamen acta loquar.
Signum erat in solio residens sub imagine Tulli;
    dicitur hoc oculis opposuisse manum,
et uox audita est 'uoltus abscondite nostros,   615
    ne natae uideant ora nefanda meae.'
Veste data tegitur; uetat hanc Fortuna moueri,
    et sic e templo est ipsa locuta suo:
'Ore reuelato qua primum luce patebit
    Seruius, haec positi prima pudoris erit.'   620
Parcite, matronae, uetitas attingere uestes
    (sollemni satis est uoce mouere preces),

Túlia e Tarquínio

Ainda que terça causa exija mais espaço;
    dentro eu refrearei os meus cavalos.
Túlia, cuja viuvez deveu-se a um crime, usava
    incitar o marido co'estas falas:
"De que me serve o teu irmão morrer, e a ti,
    minha irmã, se piedosa vida apraz-nos?
Deveriam viver tua esposa e meu marido,
    se a nada de maior nós ousaremos.
A vida de meu pai e o reino são meus dotes;
    se és meu varão, exige essas riquezas.
O crime é ato de rei: sê rei matando o sogro.
    Tinge co'o pátrio sangue as nossas mãos".
O súdito incitado, assim, subiu ao trono,
    e o povo horrorizado corre às armas.
Há cruor e mortes; é vencida a fraca idade
    e o Soberbo do sogro rouba o cetro.
Sob o Esquilino, onde era o paço, o velho morto
    caiu no duro chão ensanguentado.
Ao palácio do pai ia a filha num carro,
    pelas vias, feroz e majestosa.
Ao ver o corpo, o auriga em lágrimas parou,
    mas ela o repreende com tais falas:
"Segues, ou da piedade o amargo preço esperas?
    Mando que passes sobre o próprio corpo".
Foi certo o fato e, em razão dela, Celerado
    é dito o *vico*, e eterna é a sua fama.
Ela ainda ousa adentrar no templo – um monumento
    ao pai – foi um prodígio, e eu o narrarei.
De Túlio havia u'a estátua assentada no trono,
    dizem que ela cobriu co'a mão os olhos
e fez ouvir sua voz: "Ocultai minha face
    para eu não ver da filha o rosto infame".
Co'as togas cobrem-na; a Fortuna a assim mantém,
    e ela própria falou no templo seu:
"A prima luz que mostrar Sérvio revelado,
    do perdido pudor será a primeira".
Matronas, evitai tocar proibida veste;
    basta solenemente erguerdes preces.

sitque caput semper Romano tectus amictu
qui rex in nostra septimus urbe fuit.

Arserat hoc templum: signo tamen ille pepercit   625
ignis; opem nato Mulciber ipse tulit.
Namque pater Tulli Volcanus, Ocresia mater
praesignis facie Corniculana fuit.
Hanc secum Tanaquil, sacris de more peractis,
iussit in ornatum fundere uina focum: 630
hinc inter cineres obsceni forma uirilis
aut fuit aut uisa est, sed fuit illa magis.
Iussa foco captiua sedet: conceptus ab illa
Seruius a caelo semina gentis habet.
Signa dedit genitor tunc cum caput igne corusco   635
contigit, inque comis flammeus arsit apex.

Te quoque magnifica, Concordia, dedicat aede
Liuia, quam caro praestitit ipsa uiro.
Disce tamen, ueniens aetas: ubi Liuia nunc est
porticus, immensae tecta fuere domus;   640
urbis opus domus una fuit spatiumque tenebat
quo breuius muris oppida multa tenent.
Haec aequata solo est, nullo sub crimine regni,
sed quia luxuria uisa nocere sua.
Sustinuit tantas operum subuertere moles   645
totque suas heres perdere Caesar opes:
sic agitur censura et sic exempla parantur,
cum uindex, alios quod monet, ipse facit.

13. D EID: NP
Nulla nota est ueniente die, quam dicere possis;
Idibus Inuicto sunt data templa Ioui.   650

Et iam Quinquatrus iubeor narrare minores.
nunc ades o coeptis, flaua Minerua, meis.
'Cur uagus incedit tota tibicen in Urbe?

Tenha o sétimo rei da urbe sempre a cabeça
  pela toga romana recoberta.

O nascimento de Sérvio Túlio

Seu templo ardeu, porém a estátua não queimou;
  foi Mulcíber que ao filho deu auxílio.
De Túlio foi Vulcano o pai, e a mãe Ocrésia,
  que, nascida em Cornículo, era bela.
Estando co'ela Tanaquil, cumprindo os ritos,
  ordenou que vertesse vinho ao foco.
Uma forma viril apareceu nas cinzas;
  se concreta ou visão, ela existiu.
Ordenada, a cativa nele assenta – e Sérvio,
  dela gerado, traz celeste germe.
Manifestou-se o pai. Ao tocá-lo co'o raio,
  ardeu sua cabeleira na cabeça.

O Pórtico de Lívia e o templo da Concórdia

Ó Concórdia, também um templo te dedica
  Lívia, que pelo caro esposo o oferta.
Vindouros, aprendei: onde fica hoje o Pórtico
  de Lívia, foi outrora um imenso paço;
única obra, tinha o espaço de u'a cidade,
  mor que os muros de muitas fortalezas.
Foi arrasado ao chão, não por crime de rei,
  mas p'ra que o luxo o olhar não incomode.
Decidiu César derrubar tamanhas obras
  e perder a riqueza que ali houvera:
assim faz o censor, assim prepara o exemplo
  – o próprio protetor faz o que exige.

13 de junho – o templo a Júpiter Invicto

No dia seguinte, não há nada o que dizer,
  e a Jove Invicto os Idos se consagram.

As festas Quinquátrias menores

Mandam-me narrar as Quinquátrias menores.
  Auxilia, Minerva, a minha empresa.
"Por que o flautista errante corre inteira a urbe?

Quid sibi personae, quid stola longa uolunt?'
Sic ego. Sic posita Tritonia cuspide dixit   655
  (possim utinam doctae uerba referre deae):
'Temporibus ueterum tibicinis usus auorum
  magnus et in magno semper honore fuit:
cantabat fanis, cantabat tibia ludis,
  cantabat maestis tibia funeribus;   660
dulcis erat mercede labor. Tempusque secutum
  quod subito gratae frangeret artis opus.
Adde quod aedilis, pompam qui funeris irent,
  artifices solos iusserat esse decem.
Exilio mutant Urbem Tiburque recedunt: 665
  exilium quodam tempore Tibur erat.
Quaeritur in scaena caua tibia, quaeritur aris;
  ducit supremos nenia nulla toros.
Seruierat quidam, quantolibet ordine dignus,
  Tibure, sed longo tempore liber erat.   670
Rure dapes parat ille suo, turbamque canoram
  conuocat: ad festas conuenit illa dapes.
Nox erat, et uinis oculique animique natabant,
  cum praecomposito nuntius ore uenit,
atque ita "Quid cessas conuiuia soluere?" dixit   675
  "auctor uindictae nam uenit ecce tuae."
Nec mora, conuiuae ualido titubantia uino
  membra mouent; dubii stantque labantque pedes.
At dominus "discedite" ait, plaustroque morantes
  sustulit; in plaustro scirpea lata fuit.   680
Adliciunt somnos tempus motusque merumque,
  potaque se Tibur turba redire putat.
Iamque per Esquilias Romanam intrauerat urbem,
  et mane in medio plaustra fuere foro.
Plautius, ut posset specie numeroque senatum   685
  fallere, personis imperat ora tegi,
admiscetque alios et, ut hunc tibicina coetum
  augeat, in longis uestibus esse iubet;
sic reduces bene posse tegi, ne forte notentur
  contra collegi iussa uenire sui.   690
Res placuit, cultuque nouo licet Idibus uti
  et canere ad ueteres uerba iocosa modos.'

Que máscaras, que longas vestes trajam?"
Depondo a lança, assim me responde Tritônia
    – tomara eu possa a fala repetir:
"No tempo dos avós, frequente era o flautista,
    numa tarefa sempre muito honrada.
A flauta era tocada em templos e nos jogos,
    e era tocada em tristes funerais.
Doce era a paga do trabalho. Veio o tempo
    de súbito a arte grata interromper.
 Pois u'edil ordenou que nas fúnebres pompas
    pudesse haver apenas dez artistas.
Da Urbe se exilam, se retiram para Tíbur
    – naquele tempo, Tíbur era exílio.
Pedem-se as flautas nos altares e nos palcos,
    nenhuma nênia o féretro acompanha.
Morava em Tíbur u'homem digno, escravo outrora,
    que fora libertado há muito tempo.
Um banquete em seu campo ele prepara e chama
    os músicos, que à festa comparecem.
De noite, em vinho, mentes e olhos se encharcavam,
    quando um núncio chegou com fala pronta:
'Por que demoras a parar', diz, 'o banquete?
    Eis, chega o autor da tua liberdade.'
Logo, embriagados pelo vinho, os convidados
    movem-se, cambaleiam e tropeçam.
O dono diz: 'Parti', e os que demoram joga
    nu'a carroça de junco recoberta.
O tempo, o vinho e o movimento os adormecem,
    e, bêbados, a Tíbur pensam ir.
Pelo Esquilino, então, a carroça entra em Roma,
    e, de manhã, no Fórum se encontrava.
Pláucio, para enganar o Senado nos votos,
    manda que eles em máscaras se ocultem;
aos outros os mistura – e, p'ra aumentar o grupo,
    manda as flautistas porem longas vestes.
Pensa assim bem os esconder, p'ra o não culparem
    de contra o seu Colégio os fazer vir.
Deu certo: a roupa nova é costume nos Idos,
    e gracejar, cantando velhos ritmos".

Haec ubi perdocuit, 'Superest mihi discere' dixi
 'cur sit Quinquatrus illa uocata dies.'
'Martius' inquit 'agit tali mea nomine festa,   695
 estque sub inuentis haec quoque turba meis.
Prima, terebrato per rara foramina buxo,
 ut daret, effeci, tibia longa sonos.
Vox placuit: faciem liquidis referentibus undis
 uidi uirgineas intumuisse genas.   700
"Ars mihi non tanti est; ualeas, mea tibia" dixi:
 excipit abiectam caespite ripa suo.
Inuentam satyrus primum miratur, et usum
 nescit, et inflatam sentit habere sonum;
et modo dimittit digitis, modo concipit auras,   705
 iamque inter nymphas arte superbus erat:
prouocat et Phoebum. Phoebo superante pependit;
 caesa recesserunt a cute membra sua.
Sum tamen inuentrix auctorque ego carminis huius:
 hoc est cur nostros ars colat ista dies.'   710

15. F Q: ST: D: F
Tertia nox ueniet, qua tu, Dodoni Thyone,
 stabis Agenorei fronte uidenda bouis.

Haec est illa dies qua tu purgamina Vestae,
 Thybri, per Etruscas in mare mittis aquas.

16. G C
Siqua fides uentis, Zephyro date carbasa, nautae: 715
 cras ueniet uestris ille secundus aquis.

17. H C
At pater Heliadum radios ubi tinxerit undis,
 et cinget geminos stella serena polos,
tollet humo ualidos proles Hyriea lacertos;
 continua Delphin nocte uidendus erit.   720
Scilicet hic olim Volscos Aequosque fugatos
 uiderat in campis, Algida terra, tuis;
unde suburbano clarus, Tuberte, triumpho
 uectus es in niueis postmodo uictor equis.

Quando acabou, eu disse: "Ensinares-me resta
  por que Quinquátrio chamam este dia".
"Em março", diz, "há festa minha de igual nome:
  a flauta também é u'a invenção minha.
Fui eu que fiz de um oco buxo perfurado
  primeiro a longa flauta tocar notas.
Aprouve o som, mas quando vi, n'água espelhadas,
  as minhas faces virginais infladas:
'Tanto a arte não me vale; adeus, ó minha flauta',
  disse, e no erval as margens receberam-na.
Encontra-a um sátiro, que a admira; o uso não sabe,
  mas descobre, ao soprá-la, fazer som.
Logo varia os dedos, logo o ar controla
  e, vaidoso pela arte, vai co'as ninfas.
Provoca Febo, que, ao vencê-lo, o pendurou
  e retirou a pele de seus membros.
Sou a inventora do instrumento e de seus cantos,
  por isso seus artistas me cultuam".

15 de junho – a constelação das Híades

Terça noite virá em que o Tione dodônio
  será visto no Touro de Agenor.

A lavagem do templo de Vesta

Ó Tibre, neste dia, a limpeza da Vesta
  pela água etrusca ao mar tu levarás.

16 de junho – o Zéfiro

Se há fé nos ventos, nauta, ao Zéfiro abre as velas,
  que amanhã, favorável, chegará.

17 de junho – as constelações de Órion e do Golfinho

Quando às ondas o Sol, com seus raios, fulgir
  e aos dois polos estrelas coroarem,
Órion ascenderá do chão os fortes braços;
  nesta noite o Golfinho será visto.
Viu ele outrora os volscos e équos que fugiam,
  pela tua campina, ó álgida terra.
Pelo triunfo enobrecido ali, Tuberto,
  vencedor és levado em brancos potros.

19. B C

Iam sex et totidem luces de mense supersunt,   725
    huic unum numero tu tamen adde diem.
Sol abit a Geminis, et Cancri signa rubescunt:
    coepit Auentina Pallas in arce coli.

20. C C

Iam tua, Laomedon, oritur nurus, ortaque noctem
    pellit, et e pratis uda pruina fugit: 730
reddita, quisquis is est, Summano templa feruntur,
    tum cum Romanis, Pyrrhe, timendus eras.

21. D C

Hanc quoque cum patriis Galatea receperit undis,
    plenaque securae terra quietis erit,
surgit humo iuuenis telis adflatus auitis,   735
    et gemino nexas porrigit angue manus.
Notus amor Phaedrae, nota est iniuria Thesei:
    deuouit natum credulus ille suum.
Non impune pius iuuenis Troezena petebat:
    diuidit obstantes pectore taurus aquas.   740
Solliciti terrentur equi, frustraque retenti
    per scopulos dominum duraque saxa trahunt.
Exciderat curru, lorisque morantibus artus
    Hippolytus lacero corpore raptus erat,
reddideratque animam, multum indignante Diana.   745
    'Nulla' Coronides 'causa doloris' ait:
'Namque pio iuueni uitam sine uolnere reddam,
    et cedent arti tristia fata meae.'
Gramina continuo loculis depromit eburnis:
    profuerant Glauci manibus illa prius,   750
tum cum obseruatas augur descendit in herbas,
    usus et auxilio est anguis ab angue dato.
Pectora ter tetigit, ter uerba salubria dixit:
    depositum terra sustulit ille caput.
Lucus eum nemorisque sui Dictynna recessu   755
    celat: Aricino Virbius ille lacu.
At Clymenus Clothoque dolent, haec fila teneri,

19 de junho – as constelações de Gêmeos e Câncer
e o culto a Palas, no Aventino

Já doze dias para o mês apenas restam
 – soma, porém, um dia a esse número.
De Gêmeos parte o Sol e o Câncer se avermelha;
 começa, no Aventino, o culto a Palas.

20 de junho – o templo de Sumano

Tua nora nasce, ó Laomedonte, e expulsa a noite;
 e dos prados a geada se evapora.
Foi a Sumano dedicado um templo, quando
 os romanos, ó Pirro, te temiam.

21 de junho – a constelação de Esculápio

Quando este dia Galateia acolher n'água
 e a terra em segurança se aquietar,
pelas armas do avô tocado, surge o jovem
 e traz as mãos atadas por duas serpes.
Têm fama o amor de Fedra e a injúria de Teseu,
 que, crédulo, ofertou seu próprio filho.
Culpado, por piedade ia a Trezena o jovem,
 quando um touro rompeu co'o peito as águas.
Assustam-se os corcéis, e levam pelas pedras
 o auriga, que em vão tenta os controlar.
Cai Hipólito do carro. Embaraçado às rédeas,
 foi arrastado o corpo lacerado.
Ele expirou, indignação causando a Diana.
 "Não tem motivo a dor", diz Esculápio.
"Devolverei ileso o jovem pio à vida,
 e o Fado às minhas artes cederá".
Das caixas de marfim a seguir tira folhas
 que já aos manes de Glauco benfizeram
quando o áugure apanhou ervas, cujo uso e auxílio
 ele observou u'a cobra dar a outra.
Três vezes toca o peito e diz salubres falas,
 e Hipólito da terra ergue a cabeça.
Em seu bosque, Dictina esconde-o no retiro,
 e, no lago Aricino, Vírbio torna-se.
Sofrem Clímeno e Cloto: ela por refiar,

hic fieri regni iura minora sui.
Iuppiter, exemplum ueritus, derexit in ipsum
    fulmina qui nimiae mouerat artis opem.   760
Phoebe, querebaris: deus est, placare parenti:
    propter te, fieri quod uetat, ipse facit.

22. E C
Non ego te, quamuis properabis uincere, Caesar,
    si uetet auspicium, signa mouere uelim.
Sint tibi Flaminius Trasimenaque litora testes   765
    per uolucres aequos multa monere deos.
Tempora si ueteris quaeris temeraria damni,
    quintus ab extremo mense bis ille dies.

23. F C
Postera lux melior: superat Masinissa Syphacem,
    et cecidit telis Hasdrubal ipse suis.   770

24. G C
Tempora labuntur, tacitisque senescimus annis,
    et fugiunt freno non remorante dies.
Quam cito uenerunt Fortunae Fortis honores!
    Post septem luces Iunius actus erit.
Ite, deam laeti Fortem celebrate, Quirites: 775
    in Tiberis ripa munera regis habet.
Pars pede, pars etiam celeri decurrite cumba,
    nec pudeat potos inde redire domum.
Ferte coronatae iuuenum conuiuia, lintres,
    multaque per medias uina bibantur aquas.   780
Plebs colit hanc, quia qui posuit de plebe fuisse
    fertur, et ex humili sceptra tulisse loco.
Conuenit et seruis, serua quia Tullius ortus
    constituit dubiae templa propinqua deae.

C 26. A C, postea NP
Ecce suburbana rediens male sobrius aede   785
    ad stellas aliquis talia uerba iacit:
'Zona latet tua nunc, et cras fortasse latebit:
    dehinc erit, Orion, aspicienda mihi.'

ele por sua lei ser minorada.
Para evitar o exemplo, Júpiter desfechou
    um raio em quem tamanha arte movera.
Febo, te queixas? Esculápio é um deus; co'o pai
    te acalma: o que ele veda, fez por ti.

22 de junho – a batalha de Trasímeno
Bem que te apresses em vencer, não quero, César,
    se o auspício o veda, que as insígnias movas.
Atestem-te Flamínio e as margens do Trasímeno
    quanto os deuses nas aves avisaram.
Se perguntas qual foi o dia temerário,
    p'r'o fim do mês aquele foi o décimo.

23 de junho
– a vitória de Masinissa e a derrota de Asdrúbal
Melhor foi a outra luz. Masinissa venceu
    Sífax; tombou Asdrúbal com suas armas.

24 de junho – o templo da Esforçada Fortuna
O tempo passa e mudamente envelhecemos;
    sem freio que os segure, os dias fogem.
Da Esforçada Fortuna as festas já chegaram –
    em sete dias junho findará.
Quirites, celebrai jubilosos a deusa
    que um templo – régio dom – tem junto ao Tibre.
Ide, uns a pé, outros ligeiros, nu'a barcaça,
    não vos pejeis de bêbados voltardes.
Coroados baixéis trazei, jovens convivas,
    que bebeis sobre as águas muito vinho.
Cultua-a a plebe, pois da plebe, dizem, veio
    seu fundador, que humilde foi a rei.
Aos escravos convém: Túlio nasceu de escrava
    e, p'ra deusa inconstante, ergueu um templo.

26 de junho – a constelação de Órion
Eis, dos subúrbios retornando u'ébrio conviva
    às estrelas palavras tais arroja:
"Tua zona, agora oculta, ainda o será amanhã;
    depois, Órion, por mim há de ser vista.

27. B C
At, si non esset potus, dixisset eadem
    uenturum tempus solstitiale die.   790

28. C C
Lucifero subeunte Lares delubra tulerunt
    hic ubi fit docta multa corona manu.
Tempus idem Stator aedis habet, quam Romulus olim
    ante Palatini condidit ora iugi.

29. D F
Tot restant de mense dies quot nomina Parcis,   795
    cum data sunt trabeae templa, Quirine, tuae.

30. E C
Tempus Iuleis cras est natale Kalendis:
    Pierides, coeptis addite summa meis.
Dicite, Pierides, quis uos addixerit isti
    cui dedit inuitas uicta nouerca manus.   800
Sic ego. Sic Clio: 'Clari monimenta Philippi
    aspicis, unde trahit Marcia casta genus,
Marcia, sacrifico deductum nomen ab Anco,
    in qua par facies nobilitate sua.
Par animo quoque forma suo respondet; in illa   805
    et genus et facies ingeniumque simul.
Nec, quod laudamus formam, tu turpe putaris:
    laudamus magnas hac quoque parte deas.
Nupta fuit quondam matertera Caesaris illi:
    o decus, o sacra femina digna domo!'   810
Sic cecinit Clio, doctae adsensere sorores;
    adnuit Alcides increpuitque lyram.

27 de junho – o solstício de verão

Ébrio, porém, não estivesse, ele diria
  que o vindouro era o dia do solstício.

28 de junho – os templos aos Lares e a Júpiter Estátor

No sol seguinte ergueu-se um templo para os Lares,
  ali onde doutas mãos tecem coroas.
Também um templo a Jove Estátor fundou Rômulo
  em frente ao Palatino nesse dia.

29 de junho – templo de Quirino

Tantas as Parcas são os dias que ao mês restam,
  quando te dão no templo, ó Quirino, a trábea.

30 de junho – Márcia

As Calendas de julho amanhã chegarão:
  ó Piérides, dai cume à minha empresa.
Contai quem vos associou àquele a quem
  a madrasta vencida se rendeu.
Diz Clio: "Vês o monumento de Filipe,
  de quem provém da casta Márcia a origem.
Márcia, que de Anco, o sacerdote, tem o nome,
  tem formosura igual à sua nobreza.
Também sua forma à alma responde: há nelas juntas
  linhagem, formosura e inteligência.
Não julgues torpe elogiarmos tua beleza;
  elogiamos assim também as deusas.
A mulher dele foi outrora tia de César,
  Ó decoro, ó mulher digna da casa!"
Assim Clio cantou, as irmãs confirmaram
  e o Alcides concordou, tocando a lira.

FASTOS PRENESTINOS DE MARCO VÉRRIO FLACO

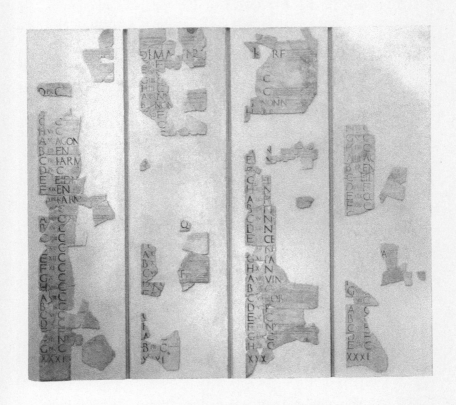

MENSIS IANVARIVS

appellat]ur in Latio / [sacrific]at libo quod / [Ianual uocatur] /

[A K(alendae) Ian(uariae) F(astus) Aescu]lapio Vedioui in insula hae et / [ceter]ae <K=C>alendae appellantur quia / [pri]mus is dies est quos pont[i]fex minor quo/[libet] mense ad Nonas sin[gulas calat] / [in Capi]tolio in curia Cala[bra ann]us no[uus] / [incipit] quia eo die mag(istratus) ineunt quod coepit / [p(ost) R(omam)] c(onditam) a(nno) DCI

[B IIII F(astus) hic dies fastus est fasti dies appe]llantur quod iis licet fari apud / [magistratus p(opuli) R(omani) ea sine quibu]s uerbis lege agi non potest idem / [religiosus est ut sunt dies pos] tridie omnis Calendas quod iis / [sacrificium non fit] /

C [III] C(omitialis) [comitiales dies appellantur cum popul]us coire conuocare cogi potest / ac lege a[gi item licet] / quem lege / lege agi non /

D PR(idie) C(omitialis)

E NON(as)

F [VIII F(astus) hic] dies [religiosus est ut sunt dies postridie omnis Nonas ob eandem] / caus{s}am [quod postridie omnis Kalendas] /

G [VI]I C(omitialis) Imp(erator) Caesar Augustu[s primum fasces sumpsit] / Hirtio et Pansa [co(n)s(ulibus) Ti(berius) Caesar] / VIIuir epul(onum) creatus [est]

H VI C(omitialis) signum Iustitiae Augus[tae Ti(berius) Caesar dedicauit Planco] et Silio co(n)s(ulibus) /

A V agon(alia) [N(efas) P(iaculum)] / Agonia / aut quia /

MÊS DE JANEIRO
é chamado no Lácio/ faz sacrifícios com um libo, chamado *janual/*

1 de janeiro. Calendas de Janeiro. Fasto. Para Esculápio e Vediove na ilha, neste dia [...] estas e as outras calendas, são assim chamadas porque são o primeiro dia em que o Pontífice Menor, em todos os meses, anuncia as Nonas na Cúria Calabra, no Capitólio. É o começo do novo ano porque neste dia os magistrados assumem seus cargos. Esse costume começou no ano 601 da fundação da Urbe.

2 de janeiro. Fasto. Os dias fastos são chamados fastos porque neles, na presença dos magistrados do povo romano, podem ser faladas aquelas palavras sem as quais não se pode fazer um acordo legal. É um dia religioso, como são todos os dias depois das calendas, porque nele não se podem fazer sacrifícios.

3 de janeiro. Comicial. São chamados dias comiciais aqueles em que o povo romano pode se reunir ou ser convocado para assembleia. [...] que, por lei, [...] não é permitido fazer um acordo legal.

4 de janeiro. Véspera das Nonas. Comicial.

5 de janeiro. Nonas

6 de janeiro. Fasto. Este dia é religioso, como todos os dias que seguem as Nonas, pela mesma razão que o são todos os dias depois das Calendas.

7 de janeiro. Comicial. O Imperador César Augusto recebeu seus primeiros fasces, no consulado de Hirto e Pansa. Tibério César foi investido como um dos Sete Epulonos

8 de janeiro. Comicial. Tibério César dedicou uma estátua da Justiça Augusta, no consulado de Planco e Sílio.

9 de janeiro. Agonais. Sacrifício Público de Expiação. Agonia, ou porque [...]

B IIII EN(dotercisus) haec nota signif[icat diem intercisum nam endo antiquissima aetate] / pro in ponebatur [die interciso nefas est mane ante] / quam hostia immol[etur et post exta porrecta rursus] / nefas fit itaque sa[epe responsum est medio tempore] / licere agi Ti(berius) Caesa[r] /

C III Karm(entalia) [n(efas) p(iaculum)] / [Carmentis partus curat omniaque] / [f]utura ob quam ca[usam in aede eius cauetur abscorteis omnique] / omine morticino d[ebellauit hostes Imp(erator) Caesar Augustus tertium] / ab Romulo et Ianum c[lausit se V et Sex(to) Appuleio co(n)s(ulibus) Imp(erator) Caesar] / Augustus Ti(berium) Caesarem /

D PR(idie) C(omitialis) /

E EID(us) N(efas) P(iaculum) / puta / id est / non / al / corona querc[ea uti super Ianuam domus Imp(eratoris) Caesaris] / Augusti poner[etur senatus decreuit quod rem publicam] / p(opulo) R(omano) rest[it]u[it] /

F XIX EN(dotercisus) uitiosus ex s(enatus) [c(onsulto) qu]o[d Antoni natalis idem religiosus ob] / eandem caus{s}am q[uod post]ridie omnis Calendas N[onasque] /

G XIIX Kar(mentalia) N(efas) P(iaculum) feriae Car[me]nti ob eandem caussa[m quod] / III Idus hic [d]ies dicitur institutu[s a Romulo] / si Fidenas eo die cepiss[e]t /

[H] XVII C(omitialis) Imp(erator) Caesar [Augustus est a]ppell[a] tus ipso VII et Agrip[pa III co(n)s(ulibus)] / Concordiae Au[gustae aedis dedicat]a est P(ublio) Dolabella C(aio) Silano co(n)[s(ulibus)] / Ti(berius) Caesar ex Pa[nnonia reuersus dedic]auit /

10 de janeiro. Endoterciso. Esta marcação significa que o dia é dividido, porque *endo* antigamente era utilizado no lugar de *in*. O dia endoterciso é nefasto de manhã, antes de a vítima ser imolada; e depois que as vísceras são atiradas, será nefasto novamente. Nesse meio tempo, é lícito o julgamento. Tibério César [...]

11 de janeiro. Carmentálias. Sacrifício Público de Expiação. Carmenta cuida dos partos e de todas as coisas futuras; por esse motivo, em seu templo não são admitidos artefatos de couro nem há vaticínios obtidos por meio de morte. O Imperador César Augusto debelou os inimigos e, pela 3ª vez desde Rômulo, fechou as portas do templo de Jano, em seu 5° consulado, com Sexto Apuleio. Imperador César Augusto [...] Tibério César.

12 de janeiro. Véspera dos Idos. Comicial.

13 de janeiro. Idos. Sacrifício Público de Expiação. Acredita [...] isso é [...] não [...] O Senado decretou que se pusesse uma coroa de carvalho sobre as portas da casa do Imperador César Augusto, porque ele devolveu a República ao povo romano.

14 de janeiro. Endoterciso. Vicioso, por decreto do Senado, porque é o mesmo dia do nascimento de Antônio. O dia é também religioso, pelo mesmo motivo que são todos os dias depois das Calendas e das Nonas.

15 de janeiro. Carmentálias. Sacrifício Público de Expiação. Festa de Carmenta, pela mesma razão que no terceiro dia antes dos Idos. Diz-se que este dia foi instituído por Rômulo, porque neste dia conquistou Fidena.

16 de janeiro. Comicial. O Imperador César foi chamado de Augusto, no seu 7° consulado e no terceiro de Agripa. O templo da Concórdia Augusta foi dedicado, no consulado de Públio Dolabela e de Caio Silano. Tibério dedicou-o quando voltou da Panônia.

A XVI C(omitialis) pontifices a[ugures XVuiri s(acris) f(aciundis)
VII]uir(i) epulonum uictumas im/m[ola]nt n[umini Augusti ad aram
q]uam dedicauit Ti(berius) Caesar / fe[riae ex s(enatus) c(onsulto) q]
u[od eo die Ti(berius) Caesar aram diuo] Aug(usto) patri dedicauit /

B XV C(omitialis) /
C XIIII C(omitialis) /
D XIII C(omitialis) /
E XII C(omitialis) /
F XI C(omitialis) /
G X C(omitialis) /
H VIIII C(omitialis) /
A VIII C(omitialis) /
B VII C(omitialis) /

C VI C(omitialis) aedi[s Castoris et Po]llucis dedicat[a est] /

D V C(omitialis) /

E IIII F(astus) feriae ex [s(enatus) c(onsulto) quod eo die] ab
Imp(eratore) Caes[are Augusto pont(ifice)] / maxi[mo] / marina [
hunc diem et sequentem] / diuus Caesar add[idit ut per eos] augeretur
a[nnus] /

F III N(efas) P(iaculum) feriae ex s(enatus) c(onsulto) quo[d eo] die
ara Pacis Augusta[e in campo] / Martio dedicata [e]st Druso et Crispino
c[o(n)s(ulibus)]

G PR(idie) C(omitialis) /

XXXI //

MENSIS FEBRVARIVS

[D] NON(ae) n(efas) p(iaculum) Concordiae in arce feriae ex
s(enatus) c(onsulto) / quod eo die Imperator Caesar Augustus pontifex

17 de janeiro. Comicial. Os Pontífices, os Áugures, os Quindecênviros e os Setênviros imolam vítimas para a divindade de Augusto, na ara que Tibério César dedicou. Festa por decreto do Senado, porque neste dia Tibério César dedicou a Ara ao divo pai César Augusto.

18 de janeiro. Comicial.
19 de janeiro. Comicial.
20 de janeiro. Comicial.
21 de janeiro. Comicial.
22 de janeiro. Comicial.
23 de janeiro. Comicial.
24 de janeiro. Comicial.
25 de janeiro. Comicial.
26 de janeiro. Comicial.

27 de janeiro. Foi dedicado o templo a Cástor e Pólux.

28 de janeiro. Comicial.

29 de janeiro. Fasto. Festa por decreto do Senado, porque neste dia o Imperador César Augusto, Pontífice Máximo [...] marinha. O divo César introduziu este dia e o seguinte, para que, por meio deles, aumentasse o número de dias do ano.

30 de janeiro. Sacrifício Público de Expiação. Festa por decreto do Senado, porque neste dia foi dedicada a Ara da Paz Augusta, no Campo de Marte, no consulado de Druso e Crispino.

31 de janeiro. Véspera das Calendas. Comicial.

31 dias.

MÊS DE FEVEREIRO

5 de fevereiro. Nonas. Sacrifício Público de Expiação. Festa para Concórdia, no Capitólio, por decreto do Senado, porque neste dia o

/ maximus trib(unicia) potest(ate) XXI co(n)s(ul) XIII / a senatu
populoque Romano pater patriae / appellatus /
//

MENSIS MARTIVS
Martius ab Latinorum [deo bel]landi itaque apud / Albanos et plerosque
[p]opulos Lati[n]os idem fuit ante / conditam Romam ut a[u]tem alii
cre[du]nt quod ei sacra / fiunt hoc mense /

D K(alendae) Mart(iae) N(efas) P(iaculum) / feriae Marti Iun[o]ni
Lucinae Exquiliis / quod eo die aedis ei d[edica]ta est per matronas
/ quam uouerat Albin[i filia] uel uxor si puerum / [parientem]que
ipsa[m fouisset] /

E VI F(astus) /
F V C(omitialis) /
G IIII C(omitialis) /
H III C(omitialis) /
A PR(idie) N(efas) P(iaculum) fe[riae ex s(enatus) c(onsulto) quod eo
die Imp(erator) Caesar August(us) pont(ifex) / m[ax(imus) factus est
Quir]inio et Valgio co(n)s(ulibus) IIuiri / ob [eam rem immolant p]
opulus coronatus feriatus / [agit] /

B NON(ae) [f(astus) Ved]ioui Artis Vediouis inter duo / lucos

C VIII F(astus) /
[D VII] C(omitialis) /
[E VI] C(omitialis) feriae ex s(enatus) c(onsulto) q(uod) [e(o) d(ie)]
Ti(berius) Caesar pontifex max(imus) fac(tus) est Druso / et Norbano
[co(n)s(ulibus)] / [//]sset n / unt tamen / festum esse / [a]nni
nou[i] /

[C XVII F(astus)] /

[D XVI N(efas) P(iaculum) Liber(alia) n(efas) p(iaculum) /

Imperador César Augusto, Pontífice Máximo, na 21ª investidura no poder tribunício e no 13° consulado, foi chamado pelo Senado e pelo povo romano de Pai da Pátria.

MÊS DE MARÇO
Março vem do nome do deus da guerra dos latinos, que também é assim entre os albanos e os demais povos latinos, mesmo antes da fundação de Roma. Outros pensam que é assim porque neste mês são feitos os sacrifícios a esse deus.

1 de março. Sacrifício Público de Expiação. Festa de Marte e de Juno Lucina no Esquilino, porque neste dia foi dedicado a ela um templo pelas matronas. Prometeu-o a filha ou a esposa de Albino, se a deusa protegesse a mãe e a criança.

2 de março. Fasto.
3 de março. Comicial.
4 de março. Comicial.
5 de março. Comicial.
6 de março. Véspera das Nonas. Sacrifício Público de Expiação. Festa por decreto do Senado, porque neste dia o Imperador César Augusto foi feito Pontífice Máximo, no consulado de Quirino e Válgio. Os Duúnviros, por esse motivo, oferecem sacrifícios. O povo coroado festeja.

7 de março. Nonas. Fasto. Para Vediove e o templo de Vediove, entre os dois bosques [...]

8 de março. Fasto.
9 de março. Comicial.
10 de março. Comicial. Sacrifício Público de Expiação. Festa por decreto do Senado, porque neste dia Tibério César foi feito Pontífice Máximo, no consulado de Druso e Norbano. [...] ainda é festivo [...] do ano novo.

16 de março. Fasto.

17 de março. Sacrifício Público de Expiação. Liberália. Sacrifício Público de Expiação.

[E XV C(omitialis)] /

[F XIIII Quin]q(uatrus) N(efas) [P(iaculum)] / [rectius tamen alii
putarunt] / [dictum ab eo quod hic] / [dies est post diem V Idus] /
[quo]d in Latio post [Idus dies simili fere] / [ratione decli]narentur
artificum dies / [quod Mineruae] aedis in Auentino [e]o di[e e]st /
[dedicata sali] faciunt in comitio saltu / [astantibus po]ntificibus et
trib(unis) Celer(um) /

[G XIII C(omitialis)] /
H XII [C(omitialis)] /
A XI [N(efastus)] /

B X [Tubil(ustrium)] n(efas) p(iaculum) [feriae] Marti hic dies
appellatur ita quod / in atrio Sutorio tubi lustrantur / quibus in sacris
utuntur Lutatius / quidem clauam eam ait esse in ruina Palati / [i]
ncensi a Gallis repertam qua Romulus urbem / inaugurauerit /

C VIIII [Q(uando) R(ex)] C(omitiauit) F(as) hunc diem plerique
perperam / int[e]rpr[e]tantes putant appellari / quod eo die ex Comitio
fugerit / [rex n]am neque Tarquinius abiit ex Comitio / [in exilium]
et alio quoque mense eadem sunt / [idemque s]ignificant qu[are sacris
peractis] / [iudici]a fi[e]ri indica[ri iis magis putamus] /

D VIII C(omitialis) /
E VII [C(omitialis)] /
 //.
G [V C(omitialis)] /
H [IIII C(omitialis)] /
A [III] C(omitialis) /

B PR(idie) Comi(tialis) Lunae in Aue[ntino] /

XXXI //

18 de março. Comicial.

19 de março. Quinquatro. Sacrifício Público de Expiação. Ainda, mais certamente, pensam que é chamado desse modo porque este é o 5º dia após os Idos, pois, no Lácio, os dias após os Idos são geralmente contados de modo semelhante. A razão de o dia ser atribuído aos artífices é que o templo a Minerva, no Aventino, foi dedicado neste dia. Os sálios, no Comício, dançam na presença dos Pontífices, dos Tribunos dos Céleres.

20 de março. Comicial.
21 de março. Comicial.
22 de março. Nefasto.

23 de março. Tubilústrio. Sacrifício Público de Expiação. Este dia é atribuído a Marte; assim, no Átrio Sutório as tubas são lustradas para serem usadas nos ritos. Lutácio diz que essa clava foi encontrada nas ruínas do Palatino, quando os gauleses incendiaram a Urbe. Com ela, Rômulo inaugurou Roma.

24 de março. QRCF: Quando o Rei for ao Comício, será Fasto. Os que interpretam de modo errado este dia pensam que se chamava assim porque o rei fugiu do Comício neste dia. Porém, na verdade, Tarquínio não saiu do Comício para o exílio; além de haver um rito igual em outro mês. Contudo, acreditamos que as letras signifiquem que, depois de cumpridos os sacrifícios, os julgamentos podem ser realizados.

25 de março. Comicial.
26 de março. Comicial.

28 de março. Comicial.
29 de março. Comicial.
30 de março. Comicial.

31 de março. Véspera das Calendas. Comicial. Para a lua, no Aventino.

31 dias.

MENSIS APRILIS

[Aprilis a] V[e]n[e]r[e] quod ea cum [Anchisa iuncta mater fuit Aene]
ae regis / [Latinor]um a quo p(opulus) R(omanus) ortus e[st alii ab
ape]ri[li] q[uod]am i[n m]ense quia / fruges flores animaliaque ac
maria et terrae aperiuntur /

C K(alendae) [A]pr(iles) F(astus) frequenter mulieres supplicant /
Fortunae Virili humiliores etiam / in balineis quod in iis ea parte
corpor[is] / utique uiri nudantur qua feminarum / gratia desideratur
/

[D II]II F(astus) /
[E I]II c(omitialis) /

[F] PR(idie) C(omitialis) ludi M(atri) d(eum) M[agnae] I(daeae)
Megalensia uocantur quod [e]a dea / Megale appellatur nobilium
mutitationes cenarum / solitae sunt frequenter fieri quod mater magna
/ ex libris Sibullinis arcessita locum mutauit ex Phrygia / Romam /

G NON(ae) N(efastus) ludi Fortunae Publicae Citerio[ri] / in colle /

H VIII N(efas) P(iaculum) ludi f(eriae) q(uod) e(o) d(ie) C(aius) Caesar
C(ai) f(ilius) in Africa regem [Iubam deuicit] /

//
D [IIII] N(efastus) [biduo sacrific]ium maximu[m] / [fit] Fortunae
Prim[i]g(eniae) utro eorum die / [eius] orac(u)lum patet IIuiri uitulum
i(mmolant) / ludi in circo M(atri) d(eum) M(agnae) I(daeae) in Pal[atio]
quod eo die aedis ei / dedicata est /

E [III] N(efastus) /

F PR(idie) [Nefastus ludi Cereri] /

G EID(us) [N(efas) P(iaculum) ludi] /

H XIIX N(efastus) [ludi] /

MÊS DE ABRIL

Abril vem de Vênus, porque ela, unida a Anquises, foi mãe de Eneias, rei dos Latinos, a partir de quem teve início o povo romano; outros, pensam que vem de *abrir*, porque neste mês se abrem as frutas, as flores, os animais, as terras e os mares.

1 de abril. Calendas de abril. Fasto. Em grande número, as mulheres suplicam à Fortuna Viril – e também as mais humildes, nos banhos, se desnudam como homens, naquela parte do corpo pela qual a graça feminina seja desejada.

2 de abril. Fasto.
3 de abril. Comicial.

4 de abril. Véspera das Nonas. Comicial. Os jogos, da Grande Mãe dos deuses do monte Ida, são chamados Megalênsios, porque a deusa é chamada de *Megale*. Costuma haver frequentemente entre os nobres mútuos banquetes, porque a Grande Mãe, anunciada pelos Livros Sibilinos, mudou da Frígia para Roma.

5 de abril. Nonas. Nefasto. Sacrifício Público de Expiação. Jogos da Pública Fortuna Citerior, no monte [...]

6 de abril. Sacrifício Público de Expiação. Jogos. Festa porque Caio César, filho de Caio, derrotou o rei Juba, na África.

10 de abril. Nefasto. Durante dois dias são realizados máximos sacrifícios à Fortuna Primigênia. Abre-se o oráculo. Os Duúnviros imolam um bezerro. No Circo no Palatino, os jogos da Grande Mãe dos deuses do Ida, porque neste dia foi dedicado a ela um templo.

11 de abril. Nefasto.

12 de abril. Véspera dos Idos. Nefasto. Jogos de Ceres.

13 de abril. Idos. Sacrifício Público de Expiação. Jogos.

14 de abril. Nefasto. Jogos.

A XVII For[d(icidia) n(efas) p(iaculum) ludi] / [uocabulum] Oscum et Sa[binum] / A(ulus) H(i)rtius C(aio) Caes[are conlega imperii ad Mutinam uicit] / [unde usque a]t nostros d[ies Victoriae Augustae supplicare solent] /

B XVI N(efastus) ludi / co /

C XV N(efastus) lu[di] /
D XIIII N(efastus) lu[di] /

E XIII Ce[r(ialia) N(efas) P(iaculum) ludi in circo] /

F XII N(efastus) /

G XI Pa[r(ilia) N(efas) P(iaculum) / [e]st /dae qu / ignes tran[siliunt] / principio an[ni pastorici] / redigitur /

H X N(efastus) /

A VIIII Vin(alia) F(astus) Io[ui] / m / ded[uini omnis noui libamentum Ioui] / consecratum [est cum Latini bello preme]/rentur ab Rutulis quia Mezentius rex Etru[sco]rum / paciscebatur si subsidio ueniss[e]t omnium annorum / uini fructum sig(num) diuo Augusto patri ad theatrum Marc(elli) / Iulia Augusta et Ti(berius) Augustus dedicarunt /

B VIII C(omitialis) / Ti(berius) Caesar togam uirilem sumpsit Imp(eratore) Caesare VII M(arco) Agrippa / III co(n)s(ulibus) /

C VII Rob(igalia) n(efas) p(iaculum) feriae Robigo uia Claudia ad milliarium / V ne robigo frum[e]ntis noceat sacrificiu[m] / et ludi cursoribus maioribus minoribusq(ue) / fiunt festus est pu[e]rorum lenoniorum / quia proximus superior mer[e]tricum est /

D VI F(astus) hunc diem diuus Caesar addidit /

15 de abril. Fordicídias. Sacrifício Público de Expiação. Jogos. Palavra osca e Sabina. Aulo Hírtio, com Caio César como colega de comando, venceu em Mutina, onde, até nos nossos dias, costuma-se suplicar à Vitória de Augusto.

16 de abril. Nefasto. Jogos.

17 de abril. Nefasto. Jogos.
18 de abril. Nefasto. Jogos.

19 de abril. Cereálias. Sacrifício Público de Expiação. Jogos no Circo.

20 de abril. Nefasto.

21 de abril. Parília. Sacrifício Público de Expiação. [...] saltam-se os fogos [...] no princípio do ano pastoril.

22 de abril. Nefasto.

23 de abril. Vinália. Fasto. Para Jove [...] toda a produção do vinho novo foi consagrada a Jove quando os latinos foram atacados na guerra pelos rútulos, porque Mezêncio, rei dos etruscos, concordou que daria seu auxílio se recebesse, todos os anos, o fruto das vinhas. Uma estátua do Divo Pai Augusto no Teatro de Marcelo dedicaram Júlia Augusta e Tibério Augusto.

24 de abril. Comicial. Tibério César recebeu a toga viril no 7º consulado do Imperador César e 3º de Marco Agripa.

25 de abril. Robigálias. Sacrifícios Públicos de Expiação. Festa a Rubígine. No 5º marco miliário da Via Cláudia, para que rubigem não ataque os frutos, são realizados sacrifícios e jogos com corridas maiores e menores. É a festa dos rufiões de meninos, porque o próximo dia é o da festa das meretrizes.

26 de abril. Fasto. Este dia foi adicionado pelo Divo César.

E V C(omitialis) /

F IIII N(efas) p(iaculum) ludi Florae feriae ex s(enatus) c(onsulto) quod eo di[e fanu]m et [ara] / Vestae in domu Imp(eratoris) Caesaris Augu[sti po]ntif(icis) max(imi) / dedicatast Quirinio et Valgio co(n) s(ulibus) eodem / die aedis Florae quae rebus florescendis praeest / dedicata est propter sterilitatem fru[g]um /

G III C(omitialis) ludi /

H PR(idie) C(omitialis) ludi /

XXX

MENSIS DECEMBER
[D PR(idie) C(omitialis)] co(n)s(ulibus) /
//
F VI C(omitialis) /
G V C(omitialis) /
H IIII C(omitialis) tr(ibuni) [pl(ebis) mag(istratum) ineunt] /

A III Ag[on(alia) N(efas) P(iaculum)] /

B PR(idie) EN(dotercisus) /

C EID(us) [N(efas) P(iaculum) Telluri lectisternium Cere]ri in Carinis aedi/[les] et lectisternium e lec/[tis faciunt quos] manceps praestat /

D XIX F(astus) /

E XIIX Cons(ualia) N(efas) P(iaculum) feriae Conso equi et [muli flore coronantur] / quod in eius tu[tela] / itaque rex equo [uectus] /

27 de abril. Comicial.

28 de abril. Sacrifício Público de Expiação. Jogos de Flora. Festa por decreto do Senado, porque neste dia foram dedicados um templo e um altar a Vesta na casa do Imperador César Augusto, Pontífice Máximo, no consulado de Quirino e Válgio. No mesmo dia foi dedicado um templo a Flora, que faz todas as coisas florescerem, para evitar a esterilidade dos frutos.

29 de abril. Comicial. Jogos.

30 de abril. Véspera das Calendas. Comicial. Jogos.

30 dias.

MÊS DE DEZEMBRO

4 de dezembro. Véspera das Nonas. Comicial [...]

8 de dezembro. Comicial.
9 de dezembro. Comicial.
10 de dezembro. Comicial. Os tribunos da plebe assumem a magistratura.

11 de dezembro. Agonais. Sacrifício Público de Expiação.

12 de dezembro. Véspera dos Idos. Endorteciso.

13 de dezembro. Idos. Sacrifício Público de Expiação. Para Terra. Banquete a Ceres em Carinas [...] os edis [...] fazem o banquete com os leitos que o contratador oferece.

14 de dezembro. Fasto.

15 de dezembro. Consuália. Sacrifício Público de Expiação. Festa a Conso. Os cavalos e as mulas são coroados com flores porque estão sob sua proteção. Assim o Rei é trazido em um cavalo

F XVII C(omitialis) /
G XVI [N(efas) P(iaculum)] /
//
[C XII Di]ua(lia) N(efas) P(iaculum) feriae diua[e Angeronae quae
ab anginae morbo] / appell[atur quod remedia eius quondam] /
prae[cepit statuerunt eam ore obligato] / in ar[a Volupiae ut moneret
ne quis nomen] / occul[tum urbis enuntiaret] / m aiunt ob an / m /

D XI C(omitialis) Laribus Perm]arinis in porti[cu Mi]nucia /

E X La]r(entalia) N(efas) P(iaculum) [fer]iae Ioui Accae Larentin[ae
Parentalia fiunt] / hanc alii Remi et Rom[uli nutricem alii] /
meretricem Herculis scortum [fuisse dic]unt / Parentari ei publice
quod p(opulum) R(omanum) he[redem fece]rit / magnae pecuniae
quam accepe[rat testame]nto / Tarutili amatoris sui /

F [VIIII C(omitialis)] /
G VIII C(omitialis) /
H VII C(omitialis) /
A VI C(omitialis) /
B V C(omitialis) /
C IIII F(astus) /
D III F(astus) /
E PR(idie) C(omitialis) /

XXXI //

16 de dezembro. Comicial.

17 de dezembro. Sacrifício Público de Expiação.

21 de dezembro. Diválias. Sacrifício Público de Expiação. Festa à deusa Angerona, que é assim chamada em razão da doença angina, porque receitou, um dia, remédio para isso. Fizeram uma estátua sua com a boca amordaçada, no altar da Volúpia, para avisar que ninguém pronunciasse o nome secreto da Urbe. [...]

22 de dezembro. Comicial. Para os Lares Permarines, no pórtico Minúcia.

23 de dezembro. Larentália. Sacrifício Público de Expiação. Festas Parentálias acontecem para Júpiter e Aca Larentina. Alguns dizem que ela foi a ama de Remo e de Rômulo; outros, que ela foi uma meretriz, acompanhante de Hércules. São oferecidos sacrifícios públicos porque ela fez o povo romano herdeiro de grande riqueza, que ela recebeu em testamento de seu amante Tarutílio.

24 de dezembro. Comicial.
25 de dezembro. Comicial.
26 de dezembro. Comicial.
27 de dezembro. Comicial.
28 de dezembro. Comicial.
29 de dezembro. Fasto.
30 de dezembro. Fasto.
31 de dezembro. Véspera das Calendas. Comicial.

31 dias.

Notas

Livro I

vv. 1-3: Membro da família imperial, Germânico Júlio César, filho de Druso Nero e Antônia, foi incluído na linha de sucessão dinástica por Augusto, que forçou Tibério, seu filho adotivo, a adotá-lo, em 4 d.C. Diferente de Tibério, Germânico, que era também seu sobrinho, foi célebre general e estadista reconhecido pela nobreza de atitudes. De sua produção literária restou a *Aratea*, tradução para o latim dos *Phaenomena*, de Árato. Por isso, Ovídio trata-o como poeta. Foi envenenado por Pisão, provavelmente por ordem de Tibério, quando se encontrava em Alexandria, em 18 d.C.

Inicialmente, parece que Ovídio dedicou os *Fastos* a Augusto. Porém, por ocasião da morte de Augusto, em 14 d.C., Ovídio alterou parcialmente o Livro I, modificando a dedicatória existente ao imperador. Uma vez que Ovídio se encontrava no exílio, em Tomos, é provável que tenha nutrido a esperança de receber de Germânico o indulto de seu degredo, razão pela qual tenha lhe endereçado suas homenagens.

vv. 28: Rômulo foi o fundador e o primeiro dos reis lendários de Roma. Seguiram-no Numa Pompílio, Túlio Hostílio, Anco Márcio, Tarquínio Prisco, Sérvio Túlio e Tarquínio, o Soberbo.

vv. 37: Trábea: gênero de toga romana, diferente da vulgar.

vv. 47: Por não haver expediente forense nos dias nefastos, o pretor não pronunciava as palavras formulares *do, dico* e *addico*, com as quais se manifestava nos processos.

vv. 54: *Nundinae* era o primeiro dia da semana de oito dias do calendário latino. Os dias eram marcados nos *Fasti* com as letras de *A* a *H* e, segundo o método romano de contar, que incluía o primeiro e o último do ciclo, as letras repetiam-se a cada nove voltas.

vv. 55: No calendário romano, as *Calendas* eram o primeiro dia do mês; os *Idos* eram o 15º dia dos meses de 31 dias (março, maio e outubro) e o 13º dia dos demais outros meses; o nono dia, contado de forma inclusiva, antes dos *Idos* se chamava *Nonas*.

vv. 64: Provavelmente os anos 15/17 d.C., durante a campanha de Germânico.

vv. 79-80: Início do novo consulado, quando eram celebradas as procissões até o Capitólio.

vv. 130: Em latim, *pateo, -ĕre* é abrir; *claudo, -ere*, fechar.

vv. 199-200: *Casa Romuli*, preservada no monte Palatino.

vv. 208: Lúcio Quíncio Cincinato. Segundo a tradição, em 458 a.C., tendo sido procurado em seu campo e aceito a função de Ditador, após derrotar os équos, abdicou do cargo e voltou para suas terras.

vv. 220: Antigo *As*. O cobre velho é a moeda, que é retomada no trecho dos vv. 227-254. Abaixo, uma imagem dessa moeda antiga.

vv. 258: Conhecidos como *Iani*, os arcos ficavam entre o Fórum Romano e o Fórum Júlio.

vv. 276: Farro: variedade rústica de trigo, também conhecido como candial.

vv. 341: *Costus Arabicus*.

vv. 365-366: Cirene, ninfa marinha.

vv. 387-388: Referência ao episódio de Ifigênia em Aulis.

vv. 393-394: Festival bienal (ou trienal, segundo o método inclusivo de contagem antigo), chamado *Trietéricas*.

vv. 445-446: As aves revelam os segredos ao *augur* e ao *auspex*.

vv. 451-452: Vênus.

vv. 453-454: Isis, identificada com a argiva Io.

vv. 463-464: Jutura, irmã de Turno; *Aqua Virgo*, aqueduto construído por Agripa em 19 a.C.

vv. 467: Manteve-se na tradução o termo *carme*, para realce da etimologia.

vv. 478: Os parrásios eram uma tribo da Arcádia.

vv. 501: Campo de Marte.

vv. 520 e ss.: Lavínia. Trata-se de referências aos eventos descritos na *Eneida*, de Virgílio.

vv. 530: Essa referência pode se referir a César ou a Augusto, uma vez que ambos foram divinizados e tiveram por pontífice outro imperador que seria também divinizado, como, respectivamente, o próprio Augusto e Tibério.

vv. 533: Respectivamente, Augusto, filho adotivo de César, e Tibério, filho adotivo de Augusto. Tanto César quanto Augusto foram divinizados.

vv. 536: Lívia, mulher de Augusto, adotada na *gens Iulia* sob o nome de Júlia Augusta.

vv. 582: Fórum Boarium.

vv. 588: *Flamen Dialis* – Sacerdote de Júpiter, instituído por Numa, e que se tornou o mais importante dos flâmines. Cf. Ovídio, *Fastos*, 2, 282.

vv. 594: Cornélio Cipião venceu Aníbal, em Zama, em 202 a.C., passando a se chamar Cipião Africano. Públio Servílio Isáurico venceu os isauros, em 80 a.C.

vv. 596: Valério Máximo, após vencer Messina, em 259 a.C., recebeu o apelido que o fez ser conhecido como Messala. Metelo conquistou a Numídia. Em 133 a.C., Cipião Emiliano derrotou a Numância, na Península Ibérica.

vv. 597: Druso foi irmão de Tibério e pai de Germânico, morto em 9 a.C.

vv. 602 (corvo): Tendo sido desafiado por um gigante gaulês para um duelo, pousou sobre o elmo de Marco Valério um corvo, que distraiu o inimigo e possibilitou a vitória. Os romanos venceram a guerra e, em recompensa à bravura, deram a Valério dez machados e um corvo de ouro, que lhe valeu o apelido de Corvo.

vv. 602 (colar): T. Mânlio, cônsul em 361 a.C., era chamado Torquato em função da corda que levava amarrada no pescoço, como lembrança da vitória sobre um gigante gaulês, de quem ele a tomara.

vv. 604: Pompeu Magno, vencido por César na batalha de *Fársalo*, em 49 a.C., morreu no ano seguinte, assassinado em Alexandria.

vv. 606: Quinto Fábio Máximo, o *Cunctator*.

vv. 670: Libos eram bolos de farinha, leite, óleo e mel, oferecidos aos deuses. Cf. Virg. *Georgicas*. 3, 394.

vv. 699: *Pilo* era o dardo utilizado pelo soldado romano.

vv. 706: Templo de Cástor e Pólux, dedicado em 6 d.C. por Tibério, que inseriu o nome do irmão.

vv. 709: Altar dedicado à Pax por Augusto, em 9 a.C., após a pacificação da Gália, da Espanha e da Germânia.

vv. 711: Augusto, ainda chamado Otaviano, venceu Cleópatra e Marco Antônio na batalha naval de Ácio, em 31 a.C., tornando-se senhor único do império.

Livro II

vv. 16: Diferentemente do Livro I, dedicado a Germânico, o Livro II mantém a provável dedicatória original a Augusto.

vv. 21: O *rex sacrorum* era encarregado de realizar *sacra publica*, ou seja, de realizar as cerimônias religiosas dos sacrifícios públicos.

vv. 34: *Dies Ferales* eram os dias em que aconteciam as festas anuais em homenagem aos mortos, no início de fevereiro.

vv. 41: Medeia.

vv. 43: Alcméon.

vv. 67-68: Bosque localizado na foz do rio Tibre.

vv. 69: Templo de Vesta.

vv. 121: Homero.

vv. 127: Augusto.

vv. 128: Ovídio pertencia à classe dos cavaleiros.

vv. 135: Tácio, rei dos cures, um povo sabino.

vv. 140: No paralelo, primeiro Rômulo aparece como raptor e violador das sabinas, enquanto Augusto era o responsável pelas leis que favoreciam o casamento, como a *lex Iulia de Maritandis Ordinibus* e a *lex Julia de Adulteriis Coercendis*. Na sequência, Rômulo é lembrado como o chefe de um grupo de salteadores, enquanto Augusto, como oponente do crime.

vv. 142: Em Suetônio, Augusto recusou o título de *Dominus*, ou Senhor. Cf. Suet. *Aug.* 53.1.

vv. 144: Deificação de César, pai adotivo de Augusto.

vv. 145: Ganimedes, o copeiro de Júpiter.

vv. 190: Ἄρκτος e Ἀρκτοφύλαξ (também chamado de Bootes) são as constelações de Ursa e Ursa Menor. Traduzem-se do grego para o português como *Ursa* e *Guardador da Ursa*.

vv. 195-196: Incidente ocorrido em 477 a.C. Cf. Lívio, 2, 48-50.

vv. 201-202: Arco localizado próximo ao templo de Jano.

vv. 241-242: Q. Fábio Máximo Cunctator, lutou contra Aníbal na II Guerra Púnica.

vv. 390: Tiberino Sílvio, nono rei mítico de Alba Longa, cidade fundada por Ascânio. Cf. Virgílio. *Eneida*, 8, 31-66.

vv. 391: O Fórum Romano e o Fórum Boário.

vv. 449: Juno Lucina, a que ajuda nos partos.

vv. 461: Dione é mãe de Vênus. Aqui, a própria Vênus.

vv. 480: Cures, capital dos sabinos.

vv. 527: Curiões eram os chefes das trintas Cúrias, em que Rômulo dividiu a população romana. O Grande Curião era responsável por convocar os *Comitia Curiata*.

vv. 558: Durante as cerimônias de casamento eram levadas as *taedae*, ou tochas de madeira resinosa, notadamente de pinheiro.

vv. 598: Mãe de Rômulo.

vv. 601: Em grego, Λαλέω, falar.

vv. 628: Ino.

vv. 687: *Tarquinia*, ou Tarquínia, era o nome de uma família romana, de origem etrusca, intimamente ligada à Monarquia. Lúcio Tarquínio Prisco foi o quinto rei de Roma, e Lúcio Tarquínio Soberbo foi o último. Sexto Tarquínio, filho do Soberbo, foi responsável pela violação de Lucrécia, esposa de outro Tarquínio, o Lúcio Tarquínio Colatino. O fundador da República foi, finalmente, outro membro da *gens Tarquinia*, Lúcio Júnio Bruto, filho de Tarquínia e neto de Prisco.

vv. 733: Tarquínio Colatino.

vv. 861: *Gradiuus*, em latim, o deus que anda.

Livro III

vv. 35: Amúlio, rei de Alba.

vv. 110: Apolo é o sol e Diana, a lua.

vv. 129: Os *hastatos* tinham lanças, ou *hastae*: os *primeiros* eram os soldados de infantaria que lutavam com espada, na vanguarda, e os *pilanos* levavam o *pilum*, ou a javalina. Os cavaleiros, ou *équites*, eram pertencentes à ordem equestre, ou a *ordo esquester*, e constituíam o segundo, e mais baixo, estrato da nobreza romana, após os pertencentes à *ordo senatorius*.

vv. 132: As tribos romanas eram os Ramnes, em homenagem a Rômulo e Remo; os ticiences, em homenagem a Tito Tácio, o rei dos sabinos; e os luceres, em homenagem a Lúcumon, o guerreiro etrusco que socorreu Rômulo na guerra contra os sabinos, ou ao bosque, *lucus*, em que Rômulo se abrigou.

vv. 153: Pitágoras.

vv. 155: Instituição do Calendário Juliano, em 46 a.C.

vv. 184: *Casa Romuli*, no Palatino. Cf. vv 1, 199, acima.

vv. 199: Conso foi uma antiga divindade da Itália, deus da terra e da agricultura, propiciador da fertilidade. Em sua homenagem havia dois festivais anuais, as Consuálias, em 21 de agosto e 15 de dezembro.

vv. 202: Alusão à Guerra Civil, uma vez que César era sogro de Pompeu.

vv. 259: Os sálios eram sacerdotes do culto de Marte, que durante os festejos levavam os "ancilos", os escudos sagrados, e executavam as danças rituais. Cf. versos 377 e ss.

vv. 363: Ressalta-se a condição sacerdotal de Numa Pompílio, já que os romanos cobriam a cabeça com as dobras da toga, ou com o *pallium*, quando realizavam os sacrifícios.

vv. 409: Traduz-se ἄμπελος por vinha, vinhedo.

vv. 420: Augusto recebeu o título de Pontífice Máximo em 12 a.C., e tinha como uma de suas funções presidir as celebrações das Vestais.

vv. 430: Referência aos fastos físicos. Nas Nonas de março, a única letra escrita era o F, em oposição aos dias Nefastos ou Comiciais. Os dois bosques encontravam-se nos dois picos que originalmente havia no alto do Capitólio.

vv. 456: Em grego, Ἱπποκρήνη, ou a Fonte do Cavalo, no Hélicon.

vv. 459: Ariadna, filha de Minos, rei de Creta. Após ajudar Teseu a matar o Minotauro, fugiu com o herói, sendo abandonada. Baco apaixonou-se por ela e transformou sua coroa em constelação.

vv. 499: Pasífae, esposa de Minos, apaixonou-se pelo touro de Netuno. Ao se unir a ele, gerou o Minotauro.

vv. 546: Ovídio retoma o tema virgiliano da história de Ana, irmã de Dido, na sequência do Livro 4 da *Eneida*.

vv. 552: Jarbas era pretendente de Dido. Cf. Virg. *Eneida*, 4.36 e ss.

vv. 556: Jarbas era pretendente de Dido. Cf. Virg. *Eneida*, 4.36 e ss.

vv. 574: Irmão de Dido e Ana, e seu inimigo.

vv. 611: Eneias, filho de Vênus, também chamada de Citereia.

vv. 654: No verso original, há um segundo jogo de palavras, que aproxima o nome *Anna* de *amne*, que se traduz por rio.

vv. 664: Referência à Revolta da Plebe, de 494 a.C., também conhecida como Revolta do Monte Sagrado, quando foram criados o Tribunato e o Edilato da Plebe.

vv. 690: Assassinato de Júlio César, nos Idos de março de 44 a.C.

vv. 699: Júlio César foi eleito Pontífice Máximo em 63 a.C.

vv. 772: *Toga Virilis*, ou toga viril, era o traje utilizado pelos romanos para marcar a passagem da infância para a adolescência. Caracterizava-se pela ausência de tintura ou de ornamentos e podia ser utilizada por qualquer romano adulto.

vv. 777: *Liber*, em português, traduz-se pelo adjetivo *livre*, mas também remete ao substantivo plural *liberi*, ou os filhos, mantendo o paralelismo com o verso 775, quando o deus foi chamado de *pai*.

vv. 786: Ceres. Os jogos eram as *Cerealiae*, realizados em 19 de abril.

vv. 793: Os argeus eram as 23 figuras masculinas lançadas ao Tibre nos Idos de março. Cf. Livro 5, verso 621 e ss.

vv. 824: Inventor da arte de fazer calçados. Cf. Hom. *Il.* 7, 219-223.

vv. 825: Construtor do cavalo de Troia. Cf. Virg. *Aen.* 2.264.

vv. 827: *Minerua Medica*, citada por Cícero. Cf. CIC. *Div.* 2.123.

Livro IV

vv. 1: *Alma Vênus* é a forma com que Lucrécio se dirige à deusa, no início do *De Rerum Natura*. Seus dois filhos são Eros e Anteros.

vv. 21: Augusto foi adotado por Júlio César, cuja ascendência se pretendia remontar a Vênus.

vv. 23: Rômulo, filho de Ília.

vv. 62: Ἀφρός em grego é espuma.

vv. 82: Referência ao exílio do autor, em Tomos, na Cítia.

vv. 115: Recorde-se que abril era o segundo mês no calendário de Rômulo.

vv. 120: Vênus foi ferida por Diomedes, ao defender Troia. Cf. Hom. *Il.* 5.335.

vv. 121: Paris, que escolheu Vênus a Minerva e Juno.

vv. 201: Assimilação de Reia com Cibele.

vv. 210: No mito do nascimento de Júpiter, em uma caverna de Creta, Reia, sua mãe, o teria entregado aos curetes e coribantes para evitar que o filho fosse engolido por seu pai, Saturno. Para impedir que o choro da criança fosse ouvido, os curetes e os coribantes executaram em volta dele suas danças ruidosas, com o chocar do bronze dos escudos e dos elmos. A assimilação de Reia com Cibele revela uma assimilação também dos curetes (originalmente sacerdotes de Reia) com os coribantes (originalmente sacerdotes de Cibele).

vv. 258: Os livros Sibilinos foram consultados em 204 a.C., no ano 549 da fundação da Urbe. Cf. Liv. 39.10.

vv. 305: Líder sabino, pretenso ancestral da *gens Claudia*. Cf. Virg. *Aen.* 7, 706.

NOTAS | 361

vv. 347: Cornélio Cipião Násica. Considerado o mais virtuoso romano, foi designado para acompanhar a imagem da Mãe Idaia até Roma. Cf. LIV. 29,14,8.

vv. 348: O templo, dedicado em 191 a.C., foi destruído por um incêndio em 111 a.C., sendo reconstruído por Metelo. Em 3 d.C., Augusto o restaurou.

vv. 380: A batalha de Tapso ocorreu no ano 46 a.C.

vv. 384: *Decemuiri stlitibus iudicandis*, responsáveis pelos julgamentos dos litígios. Atribui-se a criação dessa magistratura ao rei Sérvio Túlio.

vv. 622: Templo dedicado por Quinto Fábio Máximo, em 295 a.C.

vv. 624: *Atrim Libertatis.*

vv. 628: Batalha de Mutina, em 43 a.C., entre as tropas de Otaviano e de Marco Antônio.

vv. 873: M. Cláudio Marcelo tomou Siracusa em 212 a.C.

vv. 954: Quando Augusto assumiu o cargo de Pontífice Máximo, dedicou a Vesta uma Capela no Palatino, próxima à sua residência. Os três deuses citados no verso, portanto, seriam Apolo, cujo templo também estava localizado no Palatino, Vesta e o próprio Augusto.

Livro V

vv. 34: Cronos.

vv. 66: *Lex Villia annalis*, de 180 a.C., que estabelecia as idades mínimas exigidas para o *Cursus honorum*, ou a carreira das honrarias.

vv. 128: O Chifre de Amalteia, ou a Cornucópia.

vv. 129: Em latim, *Praestites* são os que permanecem de pé em frente. Por isso, são deuses protetores.

vv. 140: Os *Lares Compitales.*

vv. 150: O pico do monte Aventino.

vv. 157: Lívia Drusa, mulher de Augusto. Após 14 d.C., passou a ser chamada Júlia Augusta.

vv. 288: Lúcio e Marco Publício Maléolo, edis em 240 a.C.

vv. 330: Cônsules em 173 a.C.

vv. 391: Filira, filha do Oceano, que gerou o centauro Quíron de Saturno.

vv. 565: Os *spolia opima*, ou ricos espólios, tomados de Ácron.

vv. 583: Licínio Crasso, triúnviro com Pompeu e César, morreu com seu filho Públio, em 53 a.C., quando os pártias capturaram as insígnias romanas. Augusto as recuperou em 20 a.C.

vv. 669: 495 a.C.

vv. 728: *Q.R.C.F.* Duas possibilidades propostas por Ovídio: *Quando Rex Comitauit Fas*, cuja tradução é: quando o rei está presente, é lícito convocar o comício; ou *Quod Rex Comitio Fugerat*, cuja tradução é: porque o rei foi expulso do comício.

Livro VI

vv. 14: Hesíodo.

vv. 15: O Julgamento de Páris.

vv. 92: Provável referência a Augusto e à *Pax Augusta*.

vv. 142: *Marsi,* ou marsos, eram um povo do Lácio, célebre pelos encantamentos e magias.

vv. 165: Cf. verso 4, 129.

vv. 185: M. Mânlio Capitolino, 390 a.C.

vv. 194: Templo dedicado por Cornélio Cipião, em 259 a.C.

vv. 203: Templo dedicado por Ápio Cláudio Cego, em 296 a.C., após conquistar os etruscos e os samnitas.

vv. 210: Livros Sibilinos.

vv. 214: Sanco corresponde a Hércules, entre os Sabinos.

vv. 242: Templo consagrado em 217 a.C., após a derrota no lago Trasímeno.

vv. 260: Numa Pompílio.

vv. 352: Tomada de Roma pelos gauleses, em 390 a.C.

vv. 410: Pela etimologia, Vertuno vem de *uertere*, que em latim significa transformar-se.

NOTAS | 363

vv. 421: O Paládio.

vv. 425: Apolo.

vv. 438: Incêndio ocorrido em 241 a.C., sendo cônsules Lutácio e Mânlio Torquato.

vv. 443: Lúcio Cecílio Metelo, Pontífice Máximo.

vv. 449: As *pignora imperii*, os objetos, se acreditava, cuja posse garantia a Roma a continuidade de seu poder. Em Ovídio, o Paládio, o Fogo de Vesta e os Escudos Ancilos. Sérvio Honorato, porém, no século IV d.C., elevou o número de objetos para sete: a Agulha da Mãe dos Deuses, a Quadriga de Argila dos Veios, as Cinzas de Orestes, o Cetro de Príamo, o Véu de Ilíona, o Paládio e os Escudos Ancilos. Cf: Serv. *In Vergilii Carmina Comentarii ad Aen,* 7, 188.

vv. 478: Fórum Boário.

vv. 566: Rutílio Lupo foi morto pelos marsos em 90 a.C., no rio Toleno. No ano seguinte, os marsos também mataram Pórcio Catão.

vv. 568: General romano, morto na guerra contra os marsos.

vv. 625: Incêndio do Templo, em 213 a.C.

vv. 685: Pláucio foi censor em 312 a.C.

vv. 723: Postúmio Tuberto, ditador em 431 a.C. Venceu os équos e os volscos, no monte Álgido.

vv. 732: O templo foi consagrado em 278 a.C. a Sumano, deus dos Manes. Sumano era um dos nomes de Plutão.

vv. 752: Narrativa reportada também por Higino, *Astronomica,* 2.14. Segundo essa versão, quando Esculápio foi chamado para restaurar a vida de Glauco, uma serpente entrou no recinto. Esculápio a matou, mas, logo em seguida, outra serpente entrou no mesmo local, trazendo na boca ervas, e as deu à serpente morta, que reviveu. Vendo o prodígio, Esculápio utilizou as mesmas ervas para tratar Glauco.

vv. 766: Caio Flamínio Nepos morreu em 217 a.C., com mais quinze mil legionários, na batalha do lago Trasímeno.

vv. 769: Masinissa, aliado dos romanos, venceu Sífax; Asdrúbal era irmão de Aníbal, generais cartagineses.

vv. 803: Anco Márcio, quarto rei mítico de Roma. Sobre seu aspecto sacerdotal, cf. Livio, *Ab urbe condita*. 1, 34.

vv. 804: Márcia, irmã de Márcio Filipo, restaurador do templo de Hércules das Musas, foi esposa de Fábio Máximo.

vv. 809: Átia, sobrinha de Júlio César e mãe de Augusto, após a morte de Otávio, seu marido, casou-se com Márcio Filipo. No entanto, pelo poema, parece que se trata de outra Átia, talvez alguma irmã mais nova da primeira.

Notas aos *Fastos Prenestinos*

7 de janeiro: Sacerdote que presidia aos festins dos sacrifícios.

17 de janeiro: Quindecênviros e setênviros eram magistrados romanos que faziam parte, respectivamente, de colégios de quinze e de sete participantes.

Sobre o tradutor

Márcio Meirelles Gouvêa Júnior possui graduação em Direito pelas Faculdades Milton Campos (2000), mestrado em Estudos Clássicos pela Universidade de Coimbra (2009), mestrado em Literatura Clássica (2007) e doutorado em Estudos Literários pela UFMG (2013). Pesquisador da Universidade de Coimbra, é professor de Língua e Literatura Latina. Para a Coleção Clássica, organizou e traduziu as *Medeias Latinas* (2014), as *Geórgicas*, de Virgílio, os *Centões Virgilianos* e o *Apêndice Virgiliano*. No momento, prepara traduções da *Farsália*, de Lucano, e da *Argonáutica*, de Valério Flaco.

Esta edição do *Fastos* foi impressa para a Autêntica
pela Intergraf em agosto de 2015, no ano em que se celebram

2117 anos de Júlio César (102-44 a.C.);
2099 anos de Catulo (84-54 a.C.);
2085 anos de Virgílio (70-19 a.C.);
2080 anos de Horácio (65-8 a.C.);
2065 anos de Propércio (c. 50 a.C.-16 a.C.);
2058 anos de Ovídio (43 a.C.-18 d.C.);
2001 anos da morte de Augusto (63 a.C.-14 d.C.);
1959 anos de Tácito (56-114 d.C.);
1950 anos do Satyricon, de Petrônio (c. 65);
1616 anos das Confissões, de Agostinho (399)
e
18 anos da Autêntica (1997).
O papel do miolo é Off-White 70g/m² e, o da capa, Supremo 250g/m².
A tipologia é Bembo Std para textos.